本书系上海市哲学社会科学规划课题“日本TPP战略的美国因素及对中日关系的影响”（课题批准号2012EGJ001）的最终成果

# 日本TPP战略研究

ANALYSIS OF TPP STRATEGY IN JAPAN

蔡 亮·著

时事出版社

**图书在版编目（CIP）数据**

日本 TPP 战略研究/蔡亮著. —北京：时事出版社，2016. 9
ISBN 978-7-5195-0019-1

Ⅰ. ①日…　Ⅱ. ①蔡…　Ⅲ. ①国际贸易—贸易协定—研究—日本　Ⅳ. ①F744

中国版本图书馆 CIP 数据核字（2016）第 184212 号

出 版 发 行：时事出版社
地　　　址：北京市海淀区万寿寺甲 2 号
邮　　　编：100081
发 行 热 线：（010）88547590　88547591
读者服务部：（010）88547595
传　　　真：（010）88547592
电 子 邮 箱：shishichubanshe@sina.com
网　　　址：www.shishishe.com
印　　　刷：北京市昌平百善印刷厂

开本：787×1092　1/16　印张：21.5　字数：280 千字
2016 年 9 月第 1 版　2016 年 9 月第 1 次印刷
定价：88.00 元

**“一期一会，送黎明无数，磊落胸怀”**

——致我最挚爱的妻子

# 目　录

**前　言** …………………………………………………………………… (1)
　一、问题的提出 ………………………………………………………… (1)
　二、结构安排 …………………………………………………………… (12)

**第一章　TPP的发展阶段、特征及美国的战略意图** ……… (15)
　第一节　从"P4协定"到美国主导的发展阶段 ………… (15)
　第二节　美国加入TPP的经济战略意图及其特征分析 …………………………………………………… (31)
　第三节　美国的政治战略意图与日本加入TPP的意义 …………………………………………………… (60)
　本章小结 …………………………………………………………… (78)

**第二章　日本加入TPP的决策过程和国内的争论** ………… (80)
　第一节　日本参与TPP谈判的决策过程 ……………………… (80)
　第二节　TPP赞成派的观点分析 ………………………………… (103)
　第三节　TPP反对派的观点分析 ………………………………… (121)
　本章小结 …………………………………………………………… (146)

**第三章　日本的农业利益集团和日美TPP谈判** ………… (148)
　第一节　从TPP管窥"农协"的政治影响力 ………… (149)

第二节　安倍内阁的农业结构改革和“农协”的应对 …………………………………………………… (173)
第三节　利益集团视阈下日美TPP谈判的特征 ……… (198)
本章小结 …………………………………………………… (219)

**第四章　TPP和安倍内阁的对华外交布局** ………………… (221)
第一节　安倍内阁加入TPP的战略意图 ………………… (222)
第二节　安倍内阁的对华外交布局剖析 ………………… (237)
本章小结 …………………………………………………… (259)

**结　语** …………………………………………………… (261)

**附录1　2014年众议院选举农政联推选人和当选情况** … (286)

**附录2　安倍关于日本参与TPP谈判的发言** ……………… (304)

**附录3　安倍关于TPP达成基本协议的发言** ……………… (313)

**参考文献** …………………………………………………… (322)

**后　记** …………………………………………………… (337)

# 前　言

2015 年 10 月 5 日，备受瞩目的“跨太平洋伙伴关系协定”（Trans-Pacific Partnership Agreement，TPP）谈判终于达成基本协议。2016 年 2 月 4 日，美国、日本、澳大利亚、加拿大等参与谈判的 12 个国家又在新西兰的奥克兰正式签署了 TPP 协议。从 2010 年美国正式主导谈判以来，TPP 已连续多年成为全球关注的一个热点问题，且这一热度还将持续很长一段时间。换言之，TPP 所蕴含的意义及给世界政治、经济的未来走向所带来的巨大影响，都会随着基本协议的达成而开始逐步发酵。它宛如一出多幕剧，现阶段的协议很大程度上仅应视作其中一幕的高潮，后面还将有多幕的未知剧情会连续上演，因而观众的期待也会持续下去。更为重要的是，按照编剧的意图，TPP 其实只是一出更宏大的系列剧的组成部分，留给观众的后续一系列不可测的剧情将会更加汹涌澎湃、高潮迭起。显然，这个舞台是全世界，而演员是各个国家和地区，观众则由来自各国家和地区的会看门道和只看热闹的内行、外行组成。但无论是谁，他们关注这出剧的理由却相当一致，即都确信它会给每个人的生活带来变化。

## 一、问题的提出

提及 TPP，首先想到的是它已成为目前世界上规模最庞大的区域性自由贸易协定（FTA）。如其 12 个成员国总人口为 8.1

亿，约占世界人口总量的11%，但其GDP总量却高达28.046万亿美元，约占世界GDP的36.4%、世界贸易总额的25%①，且这一规模还将有很大的拓展空间。

其次，相比其他已经生效的FTA，TPP所覆盖的领域之广，提出的标准之高，皆非一般FTA可与之比拟，称得上名副其实的综合性、高标准的FTA。相比以往大多数FTA主要限于降低商品关税、促进服务贸易，较少涉及劳工和环境保护，TPP则意图在全面市场准入、区域性履约模式、应付贸易新挑战、包容性贸易和提供区域一体化平台这五个方面进行建章立制，为所谓的"21世纪具有里程碑意义的协议"定下基调。其协议范围涉及24个领域（货物贸易占3个领域，其他21个领域基本属于相关贸易规则制订的范畴），共分30章，依次为货物贸易、海关管理及贸易便利化、卫生与植物检疫措施、技术性贸易壁垒、贸易救济措施、投资、服务、电子商务、政府采购、知识产权、劳工、环境，及旨在确保TPP实现其潜力的"横向规定"章节，包括发展、竞争力、包容性、争端解决、例外和制度性安排等等。此外，除了更新现有自由贸易协定的传统措施以外，TPP还结合了互联网和数字经济、国有企业参与国际贸易投资、小型企业利用贸易协议能力等新出现的交叉性议题。②

总体而言，TPP要鼓励外国直接投资流入，刺激经理组织和经济治理的质量提高，如在服务业里推动更大的竞争和投资，借此刺激整体经济的生产力增长。但与此同时，各种贸易规则会对一国执政者往往偏好的特定政策构成具有约束力的限制。这些政策包括向国内企业提供优惠措施并限制进口竞争、歧视外国供应商和投资者的产业政策措施（如政府采购的偏向）等等。对此，TPP要求有关补贴和其他有利于国有企业的种种优惠政策应在一

---

① 「環太平洋パートナーシップ（TPP）協定交渉概要」、http://www.mofa.go.jp/mofaj/files/000022863.pdf。

② https://medium.com/the-trans-pacific-partnership.

国国内市场上实现公共和私人企业之间的竞争中立。此外，TPP还要求所有参与国应有效地落实和履行在诸如劳动、环境、知识产权和竞争政策之类的领域里的国际义务，并服从具有约束力的争端解决程序。

具体而言，TPP寻求破除对所有供应模式的贸易和投资的壁垒，引进对外国投资的新纪律（Investor State Dispute Settlement，ISDS），从而确保无歧视的待遇并对外国投资者提供安全和保护。当然，这其中优先得到重视的是关键的基础服务业，包括金融、保险、电信、航空快递及其他交通服务等等。TPP的目标是减少对商业机构的限制条件，设立对外国投资的新纪律，从而确保无歧视的待遇、安全和更大的透明度，如通过取消或减少外国所有权的限制并赋予外国个人和企业提供跨境服务而不要求其设立商业机构的权利。

即使将内容局限在货物贸易领域，TPP谈判共涉及了1.8万项商品，从结果看虽然没有实现美国设定的全部商品免除关税的预期目标，但自由化率为98%的高标准仍远远超过一般的FTA。在农业领域，TPP参与国承诺覆盖整个农产品，包括取消关税和简化像检验检疫标准这样的非关税措施。从结果看可以说事涵盖“几乎所有”农产品，并实施了对进口更为敏感的产品实行逐步开放的方案。如允许通过扩大关税配额实行部分自由化，而一些国家可能为其最敏感的产品争取豁免（最为典型的是日本将大米、猪·牛肉等五种重要农产品列为维持关税的“圣域”），遵循在美澳FTA中的糖和美韩FTA中的大米的先例（但从结果看，日本在相关领域的自由化率要超越前者）。在工业领域，工业品长期受到一系列有利于诸如汽车、电子产品和服装之类国内行业的限制措施的保护是很多国家的惯例，而TPP通过采用限制程度更小的原产地规则、创设无歧视地竞争政府采购合同的平台等措施，旨在取消抑制贸易流动的关税和消除非关税措施。

最后，TPP本身虽是经济协定，同时却又成为美国政治考量的重要工具。TPP和“跨大西洋贸易与投资伙伴协定”（Transatlantic Trade and Investment Partnership，TTIP），及“国际服务贸易协定”（Trade in Service Agreement，TISA）并称为21世纪美国新贸易战略的三大支柱。美国意图借此在主导全球贸易新规则和新秩序的同时，重塑世界贸易格局，以维护本国在世界政治经济舞台上的权力地位和国家利益，如TPP便是美国“亚太再平衡”战略的重要组成部分。① 众所周知，战后国际贸易体系的主导者一直是美国，但在多哈回合谈判延宕日久、裹足不前的同时，各种区域性的自由贸易协定方兴未艾之际，美国为扭转自身在国际竞争中的不利局面，也转而推进一些双边、多边的自由贸易谈判，最为典型的首推美加墨自由贸易区（NAFTA）。然而除此之外，无论是欧洲，还是被称为21世纪世界经济增长引擎的亚太地区，均未见到美国积极参与的身影。从这一角度而言，NAFTA在某种程度上成了经济版的“门罗主义”，美国在全球贸易格局中的下降趋势未能得到扭转。

尤其在东亚地区，随着中国的迅速崛起，出现了美国和其亚太盟友安全与经济关系日益失衡的局面。冷战时期，美国基本上是其各亚太盟友的最大贸易伙伴，但时至今日这一位置却被中国取代，并直接导致亚太地区形成了“安全美国、经济中国”的二元分离格局。② 显而易见，这也是美国在该地区影响力日益削减的投射，如2015年9月3日中国举行的天安门大阅兵，韩国总统朴槿惠尽管面临美国的多次施压，仍欣然受邀出席阅兵仪式。此外最典型的例子是越南和菲律宾，与中国在南海相关岛礁和海洋权益上的争端丝毫没有影响它们加入“亚洲基础建设投资银行”（Asian Infrastructure Investment Bank，AIIB）的积极性，

---

① “The Trans-Pacific Partnership（TPP）Negotiations and Issues for Congress” by Ian F. Fergusson，Mark A. McMinimy and Brock R. Williams，November 7，2014，http：//fas. org/sgp/crs/row/R42694. pdf.

② 杨剑：《美国二元战略伙伴系统的构建与调适》，载《现代国际关系》2011年第10期，第1—10页。

而美国对该组织的设立是明言抵制的。

更为重要的是，美国还发现自己在亚太地区经济一体化取得长足发展的情势下有被边缘化之虞。如无论是东盟的“10+1”、“区域全面经济伙伴关系”（Regional Comprehensive Economic Partnership，RCEP）还是中日韩 FTA，都有中国的身影，而美国却被排除在外。美国认为倘若这种趋势得不到扭转，亚太各国势必在经济上对中国的依赖不断加深，甚至进而会导致美国的亚太同盟体系走向瓦解。因此作为“亚太再平衡”战略的重要支柱，美国借 TPP 扭转各亚太盟国在经济上依赖中国这一发展态势的意图是显而易见的。而这与美国借 TPP 强化自身和各亚太盟国的安全联盟框架的意图之间实质上互为因果。进一步地美国还试图利用规则制定的主导权占据未来全球经济竞争中的新制高点，以逐步确立对华的制度优势，最终迫使中国就范。

实际上，美国也毫不隐晦地明言，TPP 针对的目标就是指中国，正如奥巴马总统在 2015 年度的国情咨文中所强调的那样，“如果不尽快通过美国与亚太国家的贸易协定，该地区的贸易规则可能就会由中国来制定”。① 2016 年 2 月 4 日，当相关国家在新西兰正式签署 TPP 协议之际，他又公开宣称：“TPP 让美国而不是像中国这样的国家来书写 21 世纪的贸易规则，这对于亚太地区而言尤为重要。”②

在经济全球化发展如火如荼的现阶段，中国作为世界第一贸易大国，其份额已占世界贸易总量的 13.4%，并成为世界 130 多个国家和地区的第一大贸易伙伴。其中，尤其是中美经贸关系持续深化发展，双边贸易、投资保持稳步增长。按国别计算，中美已互为最大的贸易伙伴，2015 年两国贸易总额达 5583.9 亿美

---

① Office of the Press Secretary，“Remarks by the President in State of the Union Address，” *The White House*，January 20，2015，http：//www.whitehouse.gov/the-press-office/2015/01/20/remarks-president-state-union-address-january－20－2015.

② “奥巴马：TPP 协议将使美国比中国更具优势”，http：//finance.sina.com.cn/stock/usstock/c/2016－02－04/doc-ifxpfhzq2427313.shtml。

元，同比增长0.6%，对华贸易已占美货物贸易总额的16.2%。与此同时，中美双向投资也保持增长。截至2015年底，美对华投资项目累计达6.6万个，实际投入774.7亿美元，已成为对华第六大外资来源地。而中国企业在美国累计直接投资则达466亿美元，美国是中国对外直接投资的第四大目的地。[①] 因此可以说，在经济全球化浪潮下，中美这种经济上相互依存日益加深的状态，从根本上导致了美国的TPP战略谋求的并非是对华采取冷战式的“遏制”、“封锁”方式，而更强调制度约束。为此，美国设计的路径依赖是先在亚太地区建成一个由其主导的、部分国家参与的自由贸易协定，再分阶段将其他亚太国家和地区纳入其中，最后使得中国面临要么被孤立在外，要么全盘接受美国主导的新贸易规则，“二次入世”般地加入TPP。

换言之，美国在全球塑造国际机制的能力远胜于中国，它特别擅长“打入”战略，历来是主动积极地介入有重大利益的国际机制中，以主导全局。从这一意义而言，TPP的高标准与其说是建立一个“21世纪具有里程碑意义的协议”，不如说是让东亚经济一体化的进程有可能偏离中国或中日韩共同设定的轨道，从而使TPP取代东亚地区内的各种形式的FTA。因此，无论是TPP本身也好，还是美国欲借TPP所要实现的战略目标也罢，它正处于现在进行时的状态。

中国学者李巍指出，美国的自贸区战略遵循的是现实制度主义逻辑，一方面它具有作为国际贸易体系中的区域性公共产品，为所有参与国都提供了深化经济合作的制度保障，通过形成统一市场来促进各方参与经济发展的国际制度性质，另一方面美国又在这一过程中夹带“私货”，让以FTA为核心的国际制度竞争正成为大国竞争的重要内容，而TPP作为美国“私有化”的权力

---

① “2015年商务工作年终综述之十六：深化合作共赢的中美经贸关系”，http://www.mofcom.gov.cn/article/ae/ai/201601/201601245056.shtml。

工具之一，强化安全同盟和重建国际规则构成了其主要的战略目标。①

然而，抛开中国将 TPP 视为外部倒逼机制而展开的诸如在国内多地建设自由贸易试验区等一系列改革，在国际上积极推进一些双边、区域 FTA 谈判，前者如中韩、中澳 FTA，后者如 RCEP，此外还倡导建立涵盖整个 APEC 成员的 FTAAP 等，并提出“一带一路”倡议，建立 AIIB 等对应措施不论，中国自身的超级体量，如拥有 13.7 亿人口，经济上是超过 10.42 万亿美元的世界第二大经济体，同时又是世界上主要的政治、军事大国等等，使得美国欲借助 TPP 完成上述对华战略目标必须妥善处理好如下三个问题。

第一，TPP 谈判中的双层博弈问题。FTA 虽然是各经济体之间的谈判，但实质上其过程是谈判方内部各利益部门之间和谈判各方之间这两个层面的多次博弈过程。在国内层面，美国作为 TPP 的主导国，其所谓的一系列贸易规则的设定，从利益集团的视角而言，不啻可以认为是其国内各利益集团借助本国的强势主导地位，事实上竭力维护自身利益的一种制度设计。这些利益集团通过美国贸易代表办公室，单方面要求其他谈判方顺应它们的喜好，而对各国的要求几乎置若罔闻。② 无独有偶，其他谈判方即使在推动谈判的方向上志趣相投，但它们也面临各自内部不同利益集团的压力。因此，从这一角度而言，参与 TPP 谈判的各方维护的并非是各国的国家利益，而是各国国内不同利益集团的利益，各国谈判者也如同各利益集团的辩护律师一般，每每为维护各集团的利益而交涉。但从美国与其他国家力量对比的角度而言，显然各国必然在美国的强压下做出更大的让步。

---

① 李巍、张玉环：“美国自贸区战略的逻辑——一种现实制度主义的解释”，载《世界经济与政治》2015 年第 8 期，第 127—154 页。

② Richard Katz, “Getting TPP right is better than getting it fast”, *Foreign Affairs Report*, No. 6, 2015, pp. 23 – 25.

然而，从国际层面来看，情况却恰恰相反。一般而言，FTA是大国权力的产物，谈判过程的顺利与否与主导国的推动力度息息相关。进一步地，从美国希冀借助TPP确立对华制度优势的战略目标而言，各国参与谈判原本就是为美提供助力，且认定美国对于早日达成协议的要求最为迫切。因此，它们强调为推动贸易自由化的早日形成，美国应在提供公共产品问题上展现出相当的胸襟，获利也宜着眼于绝对层面，即在“通过贸易自由化来推动其他参与国经济繁荣的同时，能够兼顾美国的利益”①。显而易见，从双层博弈的视角看，TPP达成协议实质上是美国为早日达成协议而对其他国家做出的让步和在多大程度上满足国内各利益集团诉求之间找到了平衡点。TPP谈判延宕日久，远远超过预期，整个过程可谓一波三折，协议的结果对各利益集团和各谈判方而言，必然也只是达到了各方虽不满意但能接受的程度。

第二，TPP的综合性和高标准程度问题。在经济全球化的浪潮中，终极目标是实现资本、劳动力及生产资料的全球最优化配置。因此，建立全球性的FTA是一个历史趋势，而此前建立各种双边和区域性的FTA也是题中应有之义。然而，受各个国家和地区自然禀赋的差异，及后天政治制度、经济基础、社会文化等各领域发展程度的参差不齐和某些独特的自身偏好，加上集体行动逻辑的困境等因素所限，要建立100%自由化率的FTA根本不现实。但如果TPP的自由化率等同于或略高于现阶段通行的一般的FTA，从中国的超大体量和较强的适应能力看，根本起不到重塑新的自由贸易规则和确立对华制度优势的战略目标。这就决定了TPP的自由化率必须接近100%，且要包含货物贸易以外的众多贸易规则的制定。

第三，TPP所涵盖的范围和规模问题。众所周知，TPP前身是由新加坡、新西兰、智利及文莱四国于2005年7月18日签署

---

① Richard Kats, “Free Trade and the TPP——Will Republicans Defeat the Trans-Pacific Partnership?”, *Foreign Affairs Report*, No. 11, 2015, p. 66.

（2006年5月28日生效）的一项涵盖货物、贸易、知识产权贸易和投资等广泛议题的FTA（俗称P4协定），其自由化率除文莱为99.2%外，其余三国均为100%。因此，P4协定绝对称得上是综合性、高标准的FTA。但由于四国规模偏小，影响力微弱，它并不为人关注。[①] 直到美国于2008年表态要参与TPP谈判，才使得其影响大增，P4也很快扩容成了P9。美国是世界唯一超级大国，它关注的问题自然会成为国际热点。但要通过TPP确立对华的制度优势，美国也不能唱独角戏，必须要把亚太地区中除中国以外的主要国家在中国之前全部纳入其中，而重中之重则是推动该地区除中美之外的超级第三国尽早参与谈判，如此才能达到最终迫使中国就范的目的。

不言自明，这个超级第三国非日本莫属。尽管经济上陷入"迷失的20年"，但日本仍是世界上举足轻重的经济大国，其经济总量稳居世界第三，几乎与除美国以外的其余10个TPP参与国相当。在安全层面，日本一直是美国亚太的最重要盟友，在美国的"亚太再平衡"战略中，日本表现最为积极，俨然已成为这一战略的"支点国家"。因此，从美国预设的战略目标看，TPP从开始到完成的过程中，美国居首发挥着战略主导作用，中国则被定位为最末的战略对象，而日本则居中，扮演着积极推动该目标实现的战略辅助角色。换言之，在美国的眼中，日本参与TPP谈判的最大意义仍在政治目的，而非经济利益。

从日本的立场来看，多数工商业者对参与TPP谈判持积极态度，他们在很大程度上将之视为日美FTA，希冀美国能在日本汽车关税问题上做出让步。但对于美国宣称TPP是综合性、高标准的FTA，原则上取消包括农产品在内的所有商品的进口关税，首先对一直受日本政府大力保护的农业领域而言不啻是灭顶之灾。

---

① Deborah Elma, *From the P4 to the TPP: Explaining Expansion Interests in the Asia-Pacific*, Paper Presented in UN ESCAP Conference on Trade-Led Growth in Times of Crisis, Bangkok, Thailand, November 2, 2009.

其次，TPP 中的某些新规则要求还将对日本国内的如邮政、医保系统等产生强力冲击。最后就是日本国内农业、经济领域的一些学者从制度经济学（Institutional economics）批判新古典主义经济学（Neoclassical economics）的视角出发，强调日本一直关注自然环境、社会基础建设和制度资本三者和谐的社会性共同资本（Social Overhead Capital），致力打造“遍地青山绿水”的“田园型都市国家”，重视的是收入分配的公平性。但 TPP 完全是反其道而行之，只是重视资源分配的效率性，为此不惜创造出一种一切事物通过市场实现的经济制度。日本加入 TPP 的结果只能使之蜕变成“跨国公司的天堂”和凡事依靠审判解决的美国式诉讼文化的“骨肉相残的沙漠之国”。[①] 前后两种截然不同意见的对立，一度使得日本因 TPP 问题而“一分为二”，即使在正式参与 TPP 谈判后，其国内大半与 TPP 相关的研究，论证的也是加入 TPP 对日本到底是利大弊大的问题。[②]

农业一直是日本经济的弱项，但由于其国内最主要的农业利益集团——“日本农业协同组合”（Japan Agricultural Cooperatives，简称“农协”、JA）具有强大的社会统合力与政治影响力，日本农业因而得以长期依赖政府的财政补贴及贸易保护。因此从这一角度而言，日本政府决定加入 TPP 恰好证明“农协”的影响力已大不如昔。实际上，在安倍内阁宣布参与 TPP 谈判的同时，一项主要针对“农协”的农业结构性改革也正悄然拉开大幕。这也从侧面解释了一个现象，即为何在日美 TPP 谈判过程中，美国的相关农业利益集团可以频频向美国贸易代表办公室施压，要求在谈判中迫使日本全面开放农产品市场，而鲜见“农

① 宇沢弘文「TPPは社会的共通資本を破壊する－農の営みとコモンズへの思索から－」、農文協編『TPP 反対の大義』農文協ブックレット2011 年、9—11 頁；宇沢弘文『社会的共通資本』岩波新書 2014 年、30 頁；田代洋一『農協・農委「解体」攻撃をめぐる7つの論点』筑波書房ブックレット2014 年、73 頁。

② 作山巧『日本のTPP 交渉参加の真実－その政策過程の解明－』文真堂 2015 年、1 頁。

协”等日本的农业利益集团向负责 TPP 谈判的时任内阁府特命担当大臣（经济财政政策）甘利明施压。

众所周知，日美 TPP 谈判的重点聚焦于农业和汽车领域，在美国相关利益集团的压力下，其一度要求日本全面开放农产品市场，却拒绝在汽车领域做出任何让步。面对美国的强势进攻，日本基本处于守势，这使得谈判的最大特征呈现为日本在多大程度上满足美国对其提出的让步要求。虽然从 TPP 谈判的结果来看，日本部分坚持了在农业领域的既定立场，并使得美国在汽车领域也做出了一定程度的让步，但其所谓的“死守大米等五种农产品关税”的保证，实际上只是在名义上兑现了不完全废除关税的承诺，因而被讥为“名存实亡”。① 而在汽车领域，美国撤除关税的缓冲期最长竟然达到 30 年，远远超过预定的撤废时间。②

从利益集团的角度而言，赞成和反对日本加入 TPP 的着眼点均在于经济利益。那么 TPP 到底能给日本带来多大的经济利益呢？且与正在谈判中的中日韩 FTA 和 RCEP 相比，到底哪个对日本的经济更有利呢？2015 年 12 月 24 日，日本政府公布的最新测算结果显示，TPP 对日本经济的提振作用为 13.6 万亿日元，约占日本 GDP 的 2.59%，如果算上日本此前与 TPP 的其他成员国签署 EPA③ 所带来的经济效应，这个数字将增至 20.1 万亿日元，约占日本 GDP 的 3.84%。④ 然而，这个结果立即遭到质疑，

① 田代洋一『官邸農政の矛盾——TPP・農協・基本計画』筑波書房ブックレット2015 年、21 頁。

② 「TPP 農林水産物市場アクセス交渉の結果」、http://www.maff.go.jp/j/kokusai/tpp/pdf/tpp_ 1.pdf;「TPP 協定の概要（要旨）」、『朝日新聞』2015 年 10 月 6 日。

③ 通常的双边或多边自由贸易协定被称为 FTA，其基本内核是取消关税和其他贸易限制，在区域组织内部实行商品免税流通，但对成员国以外国家的独立关税壁垒保持不变。日本认为不涉及投资、服务、人员流动及金融货币等领域的 FTA 门槛较低，也不能涵盖全球化背景下的新变化，因此其在区域经济整合的方式上主要采用包括上述领域的 EPA（Economic Partnership Agreement，经济伙伴协议）模式。

④ 「TPP 協定の経済効果分析について」、http://www.cas.go.jp/jp/tpp/kouka/pdf/151224/151224_ tpp_ keizaikoukabunnseki01.pdf。

被批评为测算草率。① 而根据较为客观的2013年时安倍内阁的测算结果显示，TPP所带来的经济利益是3.2万亿日元，不但低于RCEP的5.0万亿日元，甚至不如中日FTA的3.3万亿日元。②

显而易见，从日本政府对TPP、中日韩FTA和RCEP的态度分析，总体上呈现出对前者积极，对后两者消极的特点。而无论是安倍内阁，还是此前的菅直人、野田佳彦内阁，他们不顾国内的强烈反对，执意要加入TPP，也就间接说明了日本政府十分乐意配合美国的战略部署，经济利益只是其次。对此，曾任农林水产省的国际交涉官、负责TPP谈判的作山巧就明言，日本参与TPP谈判的最大外部因素是来自美国的外压，其次就是日本从外交和安全保障视角进行考虑的结果，即尽管日本会因加入TPP后废除绝大多数农产品关税而使得经济上蒙受重大损失，但相比之下，从牵制中国和强化日美同盟的政治层面来看，总体上还是利大于弊。③

基于此，本书主要围绕日本加入TPP的战略意义、日本国内围绕加入TPP的争论和攻防、日本的利益集团和日美TPP谈判及从安倍内阁的TPP战略意图来管窥其对华外交的布局这四个问题展开论述。

## 二、结构安排

全书的结构安排主要由前言、正文和结语三个部分组成。前言主要是引出问题，正文则按照前言引出的问题分四章进行论

① 「TPP甘い試算　対策効果を過大に評価」、『日本農業新聞』2015年12月25日。

② 作山巧『日本のTPP交渉参加の真実—その政策過程の解明—』文真堂2015年、187頁。

③ 作山巧『日本のTPP交渉参加の真実—その政策過程の解明—』文真堂2015年、21、193頁。

述，结语侧重于中国的应对。具体而言：

第一章重点讨论日本加入 TPP 的战略意义。这里所谓的“战略意义”，意指日本参与 TPP 谈判对推动美国重构国际贸易规则这一战略目标的实现而言意义巨大，其重要性远非其余国家可与之等量齐观，因而具有战略性。第一章分成三个部分，首先论述 TPP 从 P4 到 P12 的演变过程，其次分析美国主导 TPP 的经济战略意图和 TPP 的相关特性，最后从美国主导 TPP 的政治战略意图角度入手、探究日本加入 TPP 的战略意义。

第二章主要以日本国内围绕加入 TPP 的争论和展开的攻防为研究对象，着重从政治、经济的不同横向维度和实际利益、理念设计的不同纵向维度出发，详细分析了日本国内的 TPP 赞成派和反对派各自的观点及论据等。第二章分成三节，第一节论述了日本参与 TPP 谈判的决策过程，第二、三节分别对 TPP 赞成派和反对派的主要观点进行了归纳。

第三章题为日本的利益集团和日美 TPP 谈判，侧重以“农协”为考察对象，通过描述其在反对日本加入 TPP 的一系列活动中展现出的社会动员力和政治影响力，来分析日本的利益集团在其加入 TPP 问题上所扮演的角色。第三章分成三个部分，首先论述“农协”在反 TPP 活动中的政治影响力，其次概括安倍内阁农政改革的主要内容，最后以利益集团为视角，论述日美 TPP 谈判的特征。

第四章从安倍内阁的 TPP 战略意图来管窥其对华外交的布局这一问题展开，主要分成两个部分：第一是分析安倍内阁的 TPP 战略意图，指出日本政府在 TPP 问题上的主要着力点是积极配合美国战略部署这一政治考量，经济利益则位居其次。第二是以日本在 TPP 问题上透出的战略意图为切入点，综合剖析安倍内阁对华外交的目标定位和政策布局，并指出对中日关系的影响。

结语部分将关注点放在了中国应对这一问题上，主要包括对 TPP 的应对和对现阶段日本政府对华外交的应对。前者从国内、国际的不同层面和消极、积极的不同态度上探析中国对TPP的应对策略，后者从战略、战术的不同视阈，国内、双边、国际的不同层面，指出中国在对日外交中应遵循的战略目标和应重视的战略布局。

# 第一章　TPP 的发展阶段、特征及美国的战略意图

TPP 作为美国自贸区战略的重要组成部分，一方面具有作为国际贸易体系中的区域性公共产品，通过形成统一市场来促进各参与方经济发展的国际制度性质；另一方面作为美国“私有化”的权力工具之一，强化安全同盟和重建国际规则构成了 TPP 的主要战略目标。换言之，美国主导下的 TPP 是一个经济、政治的复合体，而在政治层面上显然是以中国为主要的战略对象。基于此，本章要解决的问题有三：一是在美国的战略谋划中，TPP 的最终范围应是多大；二是 TPP 在贸易新规则的建章立制问题上呈现出怎样的特征；三是在美国的战略规划中，日本加入 TPP 的战略意义何在？

## 第一节　从“P4 协定”到美国主导的发展阶段

众所周知，现阶段在世界范围内如火如荼开展的各种双边自由贸易协定（FTA）和区域贸易协定（RTA）是自 1990 年代初期起如雨后春笋般剧增起来的。据统计，从关贸总协定（GATT）成立到 1990 年近半个世纪的时间内，全球的 FTA 合计不足 100 个，但这一数字到 2013 年时已激增至约 600 个，去除

一些失效的，现阶段在全球范围内仍有效的FTA有379个。[①] 这种全球范围内兴起的“新地区主义”或曰“地区主义新一波”[②] 现象的产生，是与全球范围的贸易自由化谈判陷入僵局息息相关。

自1995年1月1日，世界贸易组织（WTO）正式成立以来，作为多边贸易体制的法律基础和组织基础、众多贸易协定的管理者和各成员贸易立法的监督者，及就贸易进行谈判和解决争端的场所，WTO已成为当代最重要的世界经济组织之一。截至2014年6月26日，WTO共有160个成员，成员之间的贸易总额占全球贸易总额的97%以上，因而素有“经济联合国”之称。[③] 然而，该组织在“家大业大”的同时也必然会陷入严重的“集体行动的困境”[④] 中，这从多哈回合贸易谈判的坎坷多舛中便可见一斑。

多哈回合贸易谈判早在2001年11月9日便正式启动，但因南方集团（发展中国家）与北方集团（发达国家）在投资保护、市场竞争政策、政府体制透明化及农业补贴等问题上分歧太大而迟迟未能完成。有人甚至发出“多哈已死”的断言。[⑤] 2013年

---

① 浦田秀次郎『世界と日本にとってのTPP』日本経済新聞出版社2013年、145頁。

② Edward D. Mansfield & Helen V. Milner, “The New Wave of Regionalism”, *International Organization*, Vol. 53, No. 3, Summer 1999, pp. 589 - 627; Norman D. Palmer, The New Regional ism in Asia and Pacific, Lexington Books, 1991.

③ http: //www. wto. org/english/thewto_ e/thewto_ e. htm.

④ 集体行动的困境背后凸显的是个体理性与集体理性之间的冲突，它认为两者之间并不必然存在和谐的利益关系。换言之，个体理性并非是集体理性的充分条件。尤其在大集团中，集体行动并不是一种自然现象，甚至可以说在很多情境下，集体不行动才是自然的结果。因此，系统地论述集体行动逻辑的理论内涵和实践意义的美国经济学家奥尔森（Maneur Olson）提出：“除非一个集团中的人数很少，存在强制或者其他某些特殊手段促使个人按照他们的共同利益行动，而理性的、自利的个人将不会采取行动以实现他们的共同的或集团的利益。”所谓“其他某些特殊手段”，奥尔森强调的是“实施选择性激励”。参见Maneur Olson, *The Logic of Collective Action*, Cambridge: Harvard University Press, 1971, p. 2。

⑤ Pascal Lamy, “Is Doha dead?”, The Economist Online, September 5, 2012, http: //www. economist, com/blogs/freexchange/2012/09/pascal-lamy-world-trade.

12月7日，WTO第九届部长级会议在印度尼西亚巴厘岛落下帷幕，会议发表了《巴厘部长宣言》，通过了“巴厘一揽子协定”（Bali package），包括10份文件，内容涵盖了旨在实现贸易便捷化的简化海关及口岸通商程序、允许发展中国家在粮食安全问题上具有更多选择权、协助最不发达国家发展贸易等方面。这是多哈回合谈判启动12年以来的第一份全球多边贸易协定，标志着WTO成立18年来多边谈判实现了“零突破”。但诚如媒体指出的那样，它“只是多哈回合协议的一个缩水版协议，离多哈回合谈判的全面完成尚十分遥远”。[①]

2015年12月15日，WTO近50多个成员达成了近20年来规模最大的关税减免协议，取消了对201项信息技术（IT）产品1.3万亿美元贸易的限制。这其实是对1996年签署的《信息技术协定》（ITA）的扩围，将令全球GDP每年增加1900亿美元，包括从全球定位系统设备和视频游戏到下一代半导体的多种产品的贸易成本将降低。贸易部长们说，这还将有助于重振WTO。根据扩大后的ITA，关税壁垒将分三个阶段取消：2016年7月协议生效时，65%的新关税细目（代表88%的进口）将取消；3年后，更多的减税意味着89%的税收细目（代表95%的进口）将取消；其余关税将在2024年1月前取消。尽管一些重要的产品类别没有被纳入（包括LED显示屏和锂电池），但专家们仍称赞达成该协议是多边贸易谈判的一项重大突破。

与此同时，WTO的各成员经过5天的艰苦谈判，于2015年12月19日在肯尼亚首都内罗毕就取消农产品出口补贴一事达成一致，发达国家承诺立即取消补贴，发展中国家将在2018年底之前取消补贴，特殊情况可延长至2023年。对此，WTO总干事总干事罗伯托·阿泽维多（Roberto Azevedo）高度评价说，这项协议是该组织20年发展历程中“在农业领域取得的最重要的成

---

① “世界贸易组织达成‘巴厘一揽子协定’是起点非终点”，载《经济日报》，2013年12月8日。

果”。而主管贸易的欧盟委员安娜·塞西莉亚·马尔姆斯特伦（Anna Cecilia Malmstrom）也盛赞说：“对此前持怀疑态度的人来说，这项协议证明了WTO的重要性及其取得成果的能力。”尽管如此，这次会议还是未能修复南北国家在如何打破多哈僵局这一问题上存在的严重分歧，即便与会者在计划之外增加了第五天的会议，但也未能在打破这一僵局上取得任何进展。

鉴于此，很多国家和地区遂开始钟情“区域撬动多边”的迂回路径。甚至是作为WTO制度创设者的美国也不例外，如美国于2001年提出的“竞争性自由化”（Competitive Liberalism）政策，就旗帜鲜明地宣称美国宜在全球、地区及双边三个层次推进FTA谈判，以刺激他国为避免贸易损失转而积极寻求与美国或其他国家签署新的FTA，意图借此促进国际贸易自由化的发展。[①] 以此为背景，各种FTA和RTA似乎成了经济全球化和区域一体化过程中的新宠儿，其蕴含的基本逻辑是WTO因成员过多，且各成员之间经济、社会发展极不均衡导致谈判一波三折。相比之下，FTA和RTA的范围较小，且主要成员更易发挥主导性，谈判的难度也随之大为降低，因此在全球范围内短期难以达成协议的内容，可以在FTA和RTA的小范围内率先实现，而当众多的FTA和RTA不断涌现，范围覆盖越来越大的时候，其达成的成果也就在一定程度上意味着全球多边自由贸易谈判中的难点正在实现阶段性突破。从这一意义而言，与全球多边自由贸易谈判相向而行的FTA和RTA谈判充当着逐步推动全球多边自由贸易协定最终完成的辅助性功能。

但另一方面，FTA和RTA中不同的优惠待遇和原产地规则，又使得其对于全球多边自由贸易协定而言极易出现“意大利面碗效应”（Spaghetti bowl phenomenon）。具体而言，现行的FTA和RTA都呈现“封闭性”特征，即在成员与非成员之间提供具

① Robert. B. Zoellick, “Free Trade and Hemispheric hope”, Remark before the Council of the Americas, Washington DC, May 15, 2001.

有歧视性的优惠待遇，协定规定的最惠国待遇只适用于成员，而对非成员则适用一般特惠及以WTO协定为基础的特惠待遇。这种情况下，所谓最惠国待遇实际上已经偏离了WTO的原则，而是从“最惠国待遇”（most-favored-nation）转化成了“最差国待遇”（least-favored-nation），基于WTO原则下的最惠国待遇的关税率实际上成为条件最差的关税率。与此相关且具延伸的就是每个FTA和RTA协议中的涉及原产地规则（rules of origin）的条款越来越多，具体实施细则也变得愈加复杂，这种叠床架屋现象如同碗里的意大利面条，一根根地搅在一起，剪不断，理还乱。[①]

具体到东亚地区，上述“意大利面碗效应”体现得尤为显著。诚然，从1990年代至今的20多年里，东亚经济整合在经济全球化的大背景下也取得了不小进展，区域内贸易及投资等都大幅增长。此外，该地区也建立起了众多的区域治理机制和经济合作机制，如东盟（ASEAN）、亚太经济合作组织（APEC）、东盟—中日韩（“10+3”）峰会、“10+1”峰会、东亚峰会（EAS）及中日韩峰会等等，但大都比较虚弱，缺乏权威性和领导力。因此，众多合作机制的叠床架屋反而使得东亚地区形成了一种制度过剩（institutional surplus）的格局，这非但不利于东亚区域的经济整合，还阻碍了东亚地区的经济合作，结果使得东亚区域内的经济整合在广度和深度上都呈现明显滞后状态。[②] 以至于有学者认为东亚是“令人沮丧的地区主义”（frustrated regionalism）。[③]

东亚地区形成的制度过剩，一方面表现为制度上数量上的多

---

① Jagdish Bhagwati, “US Trade Policy: The Infatuation with FTAs”, Discussion Paper Series No. 726, April 1995.

② 对于东亚地区整合滞后的原因，李巍认为现有的解释基本上可以归纳为“经济差异论”、“依赖外强论”、“国内政治论”和“历史文化论”四种。但每种解释均存在不同程度的解释缺陷，因此他在总结的基础上提出了制度过剩阻碍了东亚区域经济整合的前提假设。参见李巍：“东亚经济地区主义的终结？——制度过剩与经济整合的困境”，载《当代亚太》，2011年第4期，第6—32页。

③ Deepak Nair, “Regionalism in the Asia Pacific/East Asia: A Frustrated Regionalism?” *Contemporary Southeast Asia*, Vol. 31, No. 1, 2008, pp. 110 – 142.

余，另一方面则体现为制度在发展水平上的低下。所谓过犹不及，制度过剩导致的后果与制度缺乏一样均抬高了各国家和地区彼此之间的交易成本，形成了学者称之为的“多重地区主义”（multiple regionalisms）现象。[①] 进一步地，不同的制度塑造了不同的身份，多重制度的共存不仅从总体上破坏了构筑一个统一的共同身份认同的努力，还加剧了域内各国家和地区身份认同的模糊，直接导致了域内主要行为体区域经济政策偏好的分散。受此影响，东亚地区形成了严重的要素扭曲和效率损耗。

至于制度过剩的缘由，李巍分析认为，这是过去20年来该地区进行大规模制度建设的产物。[②] APEC成立伊始，亚太地区只有3个合作论坛和3个FTA，但到2012年已签署或实施的FTA为121个，63个FTA正在谈判，另有56个FTA正处于研究当中。然而，大规模的制度建设并没有为东亚经济地区主义的深入发展铺平道路，使得东亚地区出现一个制度化程度高、治理能力强的区域机制，来推动东亚经济进行更高层次和更广议题的经济整合。其暗含的制度竞争恰恰阻碍了在东亚地区发展出一个强有力的、统一的制度架构，来协调政府间的区域经济合作和构建共同身份认同，从而导致了东亚经济地区主义长期难以获得实质性进展。诚如中国太平洋经济合作全国委员会会长唐国强所指出的那样，目前APEC成员在合作方向和重点上已经面临“选择的困惑”，且该地区的经济一体化和碎片化趋势实际上是同步上升的。[③] 商务部国际经贸关系司司长张少刚也强调说，自贸区数量多意味着规则多，碎片化程度高，最终导致同一企业在与不同的经济体进行贸易往来时，花在适应规则、破除制度障碍上的成本

---

① Shaun Breslin, “Comparative Theory, China, and the Future of East Asian Regionalism (s)”, *Review of International Studies*, Vo. 36, 2010, p. 717.

② 李巍：“东亚经济地区主义的终结？——制度过剩与经济整合的困境”，载《当代亚太》，2011年第4期，第13页。

③ “唐国强：克服‘意大利面碗效应’”，载《人民日报》，2014年11月6日。

远高于贸易合作本身。①

不可否认，这背后是相关大国对东亚地区领导权的角逐。与东亚经济体系利益攸关的区内和区外大国，各自存在不同的制度建设偏好，它们在地缘经济的竞争中，推动自己所偏好的区域机制在制度竞争中占据优势地位。如中日互争东亚地区的主导权，东盟一心想维护自身在东亚经济整合中的领导作用，因此既害怕中日两国任何一方独大，更担忧中日在区域经济整合中出现步调一致，在欢迎域外大国势力渗入其中的同时也因为面临两难而谨慎小心，即一方面支持域外大国平衡域内大国的影响力，另一方面又忧心受到域外大国的排挤。至于主要的域外大国——美国，一方面要积极参与到东亚的区域经济整合中来，另一方面又绝不认同一切将之排除在外的自由贸易协定。② 但由于东亚地区存在十分复杂的利益组合和权力分配的变化格局，结果导致任何一种区域机制都难以占据完全的压倒性地位，从而形成了制度过剩，这导致了东亚区域经济整合的滞后。

制度过剩导致东亚区域经济整合的滞后，加剧了域内主要行为体区域经济政策偏好的分散，因此在经济后果上呈现出严重的“意大利面碗效应”也就不足为奇了。“意大利面碗效应”的提出者美国经济学家贾格迪什·巴格沃蒂（Jagdish Bhagwati）认为，“意大利面碗效应”的化解之道无外乎间接地瓦解既有的相关协定，即通过新的自由贸易协定有效地削减最惠国关税和非关税措施。③ 很显然，要想在东亚地区破除“意大利面碗效应”的最佳良方就是制定“亚太交规”，即启动亚太自由贸易区（Free Trade Area of the Asia-Pacific，FTAAP）的谈判，为亚太区域经济

---

① “商务部国际司张少刚：用‘亚太交规’破除‘意大利面碗’效应”，http：//finance. people. com. cn/n/2014/1106/c1004 - 25987338. html。

② 浦田秀次郎『世界と日本にとってのTPP』日本経済新聞出版社 2013 年、157—159 頁。

③ Jagdish Bhagwati，“US Trade Policy：The Infatuation with FTAs”，Discussion Paper Series No. 726，April 1995.

一体化的未来发展提供了一个清晰的参考。2014年11月11日，在北京闭幕的APEC领导人非正式会议决定启动和推进亚太自由贸易区进程，批准了《亚太经合组织推动亚太自由贸易区路线图》，各方同意在2016年完成针对FTAAP相关的议题，完成“集体性战略研究”（Collective Strategic Study）。虽然各方因对完成FTAAP的期限争议较大，最终表述为不设定具体日期的“以逐步、共识决的方法，及早完成”，但这仍标志着亚太地区朝着实现FTAAP方向迈出了实质性的一步。①

“坚持开放的多边贸易体制和减少区域性贸易壁垒”是亚太地区各经济体追求贸易与投资自由化和便利化的目标，也是APEC确立的宗旨。早在1994年，APEC就通过了《茂物宣言》，提出发达成员和发展中成员应分别于2010年和2020年实现贸易与投资自由化。1997年，为加速实现《茂物宣言》提出的目标，APEC成员经济体领导人共同做出实施部门自愿提前自由化（EVSL）的决定。然而此后不久，随着1998年亚洲金融危机的爆发，EVSL计划即宣告失败，这意味着通过某些行业（部门）先行自由化然后推动全盘自由化的途径是行不通的。它直接导致了APEC推进其成员间贸易与投资自由化的进程明显减速甚至停滞，并间接影响了WTO多哈回合谈判的开展。②

由此可见，虽然FTAAP倡议最初是由加拿大于2004年提出，并在2006年的APEC河内领导人非正式会议上将其写入领导人声明中，但实现整个亚太地区的贸易与投资自由化和便利化可谓是APEC一直不变的宗旨。然而，这毕竟是APEC框架内一个非常大胆的贸易投资自由化方案，21个成员在经济发展阶段、政治、社会制度等领域差异巨大，各成员在实现茂物目标方面的

① “习近平：APEC会议决定启动亚太自由贸易区进程批准了路线图”，http：//politics. people. com. cn/n/2014/1111/c1024 -26007042. html。

② 刘中伟、沈家文：“跨太平洋伙伴关系协议（TPP）：研究前沿与架构”，载《当代亚太》，2012年第1期，第37页。

努力程度及进展情况都不尽一致，要21个成员直接就缔结FTA-AP进行讨论和谈判，绝非易事，其基本逻辑与多哈回合谈判多年未果是一致的。事实上，APEC20多年的发展历程也清晰地昭示了这一点。尤其是采取怎样的路径依赖和规制建设等问题，因牵涉主导权之争，导致了其敏感性和复杂性愈加凸显。因此，尽管部分APEC成员坚持探讨先行自愿自由化（APEC-X）方案，先后构筑和发展了一系列地区合作与对话机制，如“10+1”、“10+3”、东亚峰会、东亚双边货币互换机制等，以期借此推动茂物宣言目标的实现和更广泛的亚太地区贸易自由化。但正如前所述，其很大程度上却导致了亚太地区经济整合的滞后。对此，美国采取的方式被称为“探索式发展”（pathfinder approach），即先在一个它认为合理的范围内进行FTA谈判，并完成建章立制的工作，然后再逐步扩大范围，直至涵盖全部APEC成员的路径依赖方式。[①] 而其所谓的“建章立制”，实质上就是将通行于其国内的商贸运行规制借助自由贸易谈判的平台，扩大转换成亚太地区通行的新的贸易规则范本。众所周知，美国借助的平台就是后来被各方广为关注的TPP。

一般认为，TPP虽由美国高调主导并强势推动，却非其首创。它最初是由新西兰、新加坡、智利和文莱四国在APEC框架内签署的小型多边贸易协定（正式名称为“跨太平洋战略经济伙伴关系协定”，Trans-Pacific Strategic Economic Partnership Agreement，简称TPSEP，俗称“P4协定”）。但追根溯源，TPP最早曾是美国提出的一个倡议。1998年，由于亚洲金融危机的打击和EVSL计划的失败，APEC从其高峰滑落，成员们缺乏推动亚太区域贸易自由化的热情，转向双边自由贸易协定。这显然不符合美国的利益，因为美国主导APEC，就是要撬开整个亚太区域市场。在此背景下，时任美国贸易代表的巴尔舍夫斯基

① 馬田啓一「TPPとアジア太平洋の新通商秩序——経済連携の潮流をどう読むべきか」、『世界経済評論』Vol. 57，No. 5，2013年、30頁。

（Charlene Barshefsky）在1998年11月APEC峰会期间，非正式地倡议成立“太平洋五国自由贸易区协定”（Pacific 5 FTA agreement，简称“P5”），旨在加速亚太地区贸易自由化的进程。它由美国、新加坡、新西兰、澳大利亚和智利等国组成，美国想把它变成APEC的“核心集团”（core group）。

据中国学者陆建人的研究，美国选择这些国家组建P5并非一时冲动，而是经过一番考虑的。当时已有不少东盟国家，包括泰国、菲律宾、马来西亚以及澳大利亚和智利都希望与美国签订双边FTA。但在东南亚美国看中的却是新加坡，在南美看中的是智利。这是太平洋两岸积极推动FTA/RTA的国家，是美国实现“太平洋经济共同体”的两个“支点”，借助这两个支点和它们的FTA网络，美国可以把触角伸向亚太各地。而澳大利亚是美国的重要贸易伙伴，经济规模也相对较大，可以扩大P5的市场容量。另外，新加坡、智利和新西兰三国当时已经在商谈建立自由贸易区事宜，有了一定的基础。①

然而，随着1999年WTO西雅图谈判失败，全球掀起一股声势浩大的反对全球化和自由贸易的浪潮，促使克林顿政府把更多的精力放到维护美国在全球多边贸易体制中的利益上去。小布什上台后，又因为“9·11”事件的发生，美国政府将重点转向反恐，无暇他顾，最后仅由新西兰、新加坡和智利三国继续推动这一贸易自由化进程。② 2002年10月，新西兰、新加坡和智利三国首先在墨西哥APEC领导人非正式会议期间启动了“太平洋三国更紧密经济伙伴协定”（简称“P3”）谈判。2005年4月，文莱参与谈判，并于同年7月18日签署协定。

“P4协定”于2006年5月28日正式生效，这是四国就货

---

① 陆建人：“美国加入TPP的动因分析”，载《国际贸易问题》，2011年第1期，第43—44页。

② 樊勇明、沈陈：“TPP与新一轮全球贸易规则制定”，载《国际关系研究》，2013年第5期，第4页。

物、贸易、知识产权贸易和投资等相关领域给予互惠的经济合作协定。它们希望通过深化贸易、投资等领域的合作来强化四国之间的经贸关系，其目标是各成员在 10 年左右的时间内毫无例外地取消所有商品的进口关税，实现真正的贸易自由化。

**表 1—1 “P4 协定”中关税减让概要**

| P4 成员 | 关税减免缓冲期较长的品种 | | | | 例外品种 |
|---|---|---|---|---|---|
| | 缓冲期 | 品种名 | 品种数 | 占总体比重 | |
| 文莱 | 10 年内 | 运输器材及零部件 | 838 | 7.8% | 酒、香烟、小火器 |
| | | 石油制品、调整润滑剂 | 29 | 0.3% | |
| 智利 | 12 年内 | 乳制品 | 34 | 0.4% | — |
| | 10 年内 | 小麦 | 2 | 0.03% | |
| | | 油脂 | 29 | 0.4% | |
| | | 砂糖、同类产品 | 18 | 0.2% | |
| | | 纤维类 | 124 | 1.6% | |
| | | 鞋类 | 46 | 0.6% | |
| 新西兰 | 10 年内 | 革制服装类附属品 | 12 | 0.2% | — |
| | | 纤维类 | 571 | 7.9% | |
| | | 鞋类 | 67 | 0.9% | |
| 新加坡 | 协定生效时全部产品免除关税 | | | | |

资料来源：作山巧『日本のTPP交渉参加の真実—その政策過程の解明—』文真堂2015 年、36 頁。

按照“P4 协定”，在条约生效时，智利 89.53% 的商品免除关税，文莱为 92%，新西兰是 96.5%，新加坡则达到 100%。而关于各国最终实现贸易自由化的时间，新西兰和文莱是 2015 年，智利是 2017 年，届时四国中除文莱取消 99.2% 的商品关税外，其余三国都实现全面取消关税。① 其文件主要包含协议正文

① 石川幸一、馬田啓一、木村福成、渡邊頼純編著『TPPと日本の決断——「決められない政治」からの脱却』文真堂2013 年、198 頁；石田信隆『TPPを考える：「開国」は日本農業と地域社会を壊滅させる』家の光協会2011 年、9 頁。

文本（20 章）、四个附件（关税减让表、特定原产地原则、服务减让表和投资保留）、两个补充协议（《环境合作协定》《劳工合作备忘录》）和其他附属文件等。

**表 1—2 “P4 协定”主要文本目录一览**

| 条目 | 内容 | 条目 | 内容 |
|---|---|---|---|
| 前言 | | 第十二章 | 服务贸易 |
| 第一章 | 最初规定 | 第十三章 | 临时入境 |
| 第二章 | 定义 | 第十四章 | 透明度 |
| 第三章 | 货物贸易 | 第十五章 | 争端解决 |
| 第四章 | 原产地规则 | 第十六章 | 战略伙伴关系 |
| 第五章 | 海关程序 | 第十七章 | 管理与制度条款 |
| 第六章 | 贸易救济 | 第十八章 | 一般条款 |
| 第七章 | 卫生和植物卫生措施 | 第十九章 | 一般例外 |
| 第八章 | 技术性贸易壁垒 | 第二十章 | 最终条款 |
| 第九章 | 竞争政策 | 补充协议 | 环境合作协定 |
| 第十章 | 知识产权 | 补充协议 | 劳工合作备忘录 |
| 第十一章 | 政府采购 | 其他 | 新西兰和智利政府采购的附函；卫生和植物卫生措施执行安排；战略合作执行安排；交换文莱加入 TPSEP 的附函；交换文莱市场准入的附函；交换技术性贸易壁垒的附函 |

资料来源：《跨太平洋伙伴关系协定（TPP）重要文献集》，上海：复旦大学金砖国家研究中心，2013 年版，第 2 页。

中国学者樊勇明认为，“P4 协定”为 TPP 奠定了“高标准”的基础，主要体现在以下三个方面：

首先，从正文文本可以看出，这是一个全面的自由贸易安排，所涵盖的内容非常广泛，包括货物贸易、原产地规则、海关程序、贸易救济、卫生与植物卫生措施、技术性贸易壁垒、竞争政策、知识产权、政府采购、服务贸易、临时入境、透明度、争端解决机制、战略伙伴关系、管理与制度条款、总则、一般例外等。

其次，从 P4 附件也可以看出这是个高质量的自由贸易协定。如在市场准入方面，P4 要求成员国在 10 年内分阶段完成全部贸易货物的零关税，并列出了各国的关税减让表；在服务贸易领域采取负面清单的高开放水平。这种零关税的目标也是当前 TPP 谈判的焦点。

最后，P4 还签署了两份补充协议《环境合作协定》《劳工合作备忘录》，这些内容后来演变成 TPP 的环境条款和劳工条款。①

除了“高标准”外，“P4 协定”还具有跨度大、网络化、开放性及时代性等四个特点。② 具体而言，P4 横跨亚、大洋和南美三洲，因此“P4 协定”可谓是当今唯一跨越太平洋的多边自由贸易区协定。P4 成员均是市场开放程度较高、外贸发达的国家，并通过 FTA 网络与外部市场的联系广泛。尤其是新加坡和智利两国均是在全球范围内缔结 FTA 最多的国家，并形成了以本国为轴心、横跨范围广阔的 FTA 网络。进一步地，这使得 P4 其他国家也可以互相利用这种 FTA 网络，积极开拓亚太和国际市场。与其他封闭性的 FTA 不同，“P4 协定”专门设立了“开放条款”，明确表示欢迎亚太地区其他经济体加入，寄希望于有更多的国家和地区加入。此外，与过去的经济合作协议有所不同的是，除了具备传统自由贸易协定的关税减让内容外，“P4 协定”还将当前国际贸易与经济一体化中出现的新议题，诸如食品安全、气候变化、政策透明度以及“边境内问题”等包括在内，议题与时俱进，不断更新，并增加了“战略合作”内容，涵括知识产权保护、劳工标准、环境标准、促进中小企业发展等

---

① 樊勇明：“关于选编《跨太平洋伙伴关系协定（TPP）重要文献集》的若干说明”，载《跨太平洋伙伴关系协定（TPP）重要文献集》，上海：复旦大学金砖国家研究中心，2013 年版，第 2 页。

② 陆建人：“美国加入 TPP 的动因分析”，载《国际贸易问题》，2011 年第 1 期，第 43—44 页。

内容。

由此可见，“P4 协定”就是 APEC 一小部分成员开始尝试在亚太地区贸易自由化道路上先迈一步的办法，即毋须等待全部21 个成员一致同意后再来缔结一个全区域的自由贸易协定，因为那会耗费很多年，而是采取 21 减 ×（“21 - ×”）的办法，让愿意先走一步的成员通过自愿谈判，组成 APEC 区域内的小自由贸易区，以推动茂物目标的实现。① 这与美国的主张其实比较一致，然而 P4 的人口与经济规模都偏小，2009 年四国人口总计为2465 万，GDP 总和仅占世界的 0.8%，贸易额所占比重也只有2.2%，在国际贸易体系中可谓人微言轻。②

其次，P4 国家之间的经济结构互补性很强，因此尽管“P4协定”要求毫无例外地取消所有商品的进口关税，实现真正的贸易自由化，但所遇阻力并不大。加之 P4 彼此的贸易量在各国所占比重偏低，且四国相互间已签署了 FTA，“P4 协定”框架下所取消的关税不足 300 万美元。这也是促使“P4 协定”能够比较顺利达成的主要原因。但也正是因为上述两大缘由，尽管“P4 协定”专门设立了“开放条款”，明确表示欢迎亚太地区其他经济体加入，寄希望于有更多的国家和地区加入，以为本地区

---

① “P4 协定”的前言指出：“一、基于各方共同利益及所有适用领域不断深化的关系，本协定规定，在各方间建立跨太平洋经济伙伴关系；二、本协定覆盖的领域专指商业、经济、金融、科技和合作领域。如各方协商同意，本协定也可延伸至其他领域，以扩大和加强本协定带来的利益；三、各方力图支持亚太经合组织扩大贸易自由化进程及相应的贸易自由开放目标；四、本协定的贸易目标，通过其原则和规定详细阐明，包括国民待遇条款、最惠国条款及政策透明度，旨在：（一）鼓励每一缔约方境内贸易规模扩大，多样性增强；（二）消除各方之间货物服务贸易壁垒，促进跨境货物服务流动；（三）促进自由贸易区公平竞争的条件；（四）大量增加每一缔约方境内的投资机会；（五）为每一缔约方境内的知识产权提供充分有效的保护和实施；（六）创建防范和解决贸易争端的有效机制。”参见《跨太平洋伙伴关系协定（TPP）重要文献集》，上海：复旦大学金砖国家研究中心，2013 年版，第 4 页。

② “World Economic and Financial Surveys: World Economic Outlook Database”, http: //www. imf. org/external/pubs/ft/weo/2009/10/weodata/index. aspx.

的贸易增长和福利提升作业积极贡献，可惜却并不为人所关注。① 中国学者盛斌对此解读认为，P4 均属于开放型经济体，“P4 协定”的签署反映了“意愿相投”的开放经济体对自由贸易理念的信奉和践行，也是它们对 APEC 框架下贸易自由化进展缓慢的一种强烈反应。而它能否有持久的生命力在很大程度上取决于成员的扩展。② 因此，随着美国高调宣布参与谈判，立即引发了全球的强烈关注，如同为 TPP 倡导的亚太地区贸易自由化进程注入了一剂强心剂。

2008 年 2 月 4 日，美国宣布参与谈判，并于当年 3 月、6 月和 9 月就“P4 协定”中尚未解决的金融服务和投资议题进行谈判。9 月 22 日，时任美国贸易代表苏珊·施瓦布（Susan Shwab）代表小布什总统正式告知国会，美国将考虑参与 TPP 谈判。而在澳大利亚、秘鲁和越南三国也于同年 11 月相继宣布参与谈判后，小布什政府又于同年 12 月 30 日告知国会他与上述三国谈判的打算。美国原定在 2009 年 3 月就开始首轮谈判，但时值世界金融危机爆发和美国政府更迭，新政府需要时间来重估贸易政策，故未能按照原计划如期进行谈判。如奥巴马 2009 年 1 月就职后就美国的贸易政策一直采取低调的态度，对外宣称首先要对前任政府的贸易政策进行“全面和系统的评估”。为此，美国国会贸易政策工作委员会在 2009 年 3 月就加入 TPP 举行了特别听证会，并取得了工商界多数集团的支持。③ 以此为背景，奥巴马总统最终于 2009 年 11 月 14 日在东京演讲时正式宣布美国将参与 TPP 谈判。

---

① Deborah Elma, *From the P4 to the TPP: Explaining Expansion Interests in the Asia-Pacific*, Paper Presented in UN ESCAP Conference on Trade-Led Growth in Times of Crisis, Bangkok, Thailand, November 2, 2009.

② 盛斌：“美国视角下的亚太区域一体化新战略与中国的对策选择——透视‘泛太平洋战略经济伙伴关系协议’的发展”，载《南开学报（哲学社会科学版）》，2010 年第 4 期，第 71 页。

③ Jeffrey J. Schott, Barbara Kotschwar and Julia Muir, *Understanding the Trans-Pacific Partnership*, Peterson Institute for International Economics, Washington D. C., 2013, pp. 29-30.

在演讲中，他不但明确表示要将TPP作为实现FTAAP的前提，并强调美国要借助TPP来促进美国的就业和经济繁荣，并为设定21世纪贸易协定标准做出重要贡献。他指出："我认识到近年来美国没有跟上该地区的区域经济整合步伐，因此我要在此明确表态，这个时代过去了。美国作为一个亚洲太平洋国家，要加入到该地区未来的经济整合过程中。……美国还将与跨太平洋伙伴关系国家（P4）接触，以达成一项地区性协议，这项协议将拥有众多会员，并达到21世纪贸易协议所应有的高标准。"① 随后，时任美国贸易代表办公室（USTR，Office of the United States Trade Representative）贸易代表的罗恩·柯克（Ron Kirk）于2009年12月14日正式通告美国国会，美国将参与TPP谈判，并强调要建立一个高标准、体现创新思想、涵盖多领域和范围的亚太地区一体化合作协定。②

2010年3月，以美国为首的八国在澳大利亚墨尔本开始了第一轮谈判。同年10月，马来西亚宣布参与第三轮谈判。2012年10月，加拿大和墨西哥也宣布参与谈判。2013年3月15日，日本正式宣布参与TPP谈判，并于同年7月23日在马来西亚举行的第十八轮谈判收尾之际挤上了谈判桌。至此，TPP正式进入P12阶段。从P4到P8，再从P8、P9到P11、P12，这一历程就是美国借助"P4协定"已有的议题推行自己的贸易议题，全方位主导谈判的过程。

经过长达5年半的艰难谈判，各国终于在2015年10月5日达成TPP的基本协议。2016年2月4日，12国又在新西兰的奥克兰正式签署了TPP协议。虽然TPP是否能够生效还要经过各国国会的批准，且这一过程也并不轻松，但协议的正式签署标志

① "奥巴马总统在东京发表演讲"，http：//chinese. usembassy-china. org. cn/111409pv. html。

② "USTR Formally Notifies Congress of Intent to Join TPP Negotiations"，December 14，2009，http：//www. ustr. gov/about-us/press-office/fact-sheets/2009/december/tpp-statements-and-actions-date.

着亚太地区以FTA为核心的国际制度竞争及背后的大国竞争迈出了关键性的一步。众所周知，P12并非TPP的尽头，而是其中至关重要的一个发展阶段，且随着韩国、印度尼西亚、泰国，乃至台湾等国家和地区纷纷表态要加入TPP，意味着TPP扩容的序幕事实上已被拉开。按照美国的战略部署，TPP的范围将涵盖整个APEC，而中国应在接受TPP的一系列新的国际贸易规则的情况下，最终被纳入其中。

## 第二节　美国加入TPP的经济战略意图及其特征分析

如前所述，奥巴马总统宣布参与TPP谈判得到了美国国内工商界多数集团的支持，这也从一个侧面证明TPP符合美国贸易政策中的一些战略目标，尤其是对亚太地区的战略意图。具体而言，借助TPP不但可以将美国纳入亚太地区经济一体化进程中，且还有助于美国通过制定和确立有利于本国竞争力的一系列贸易规则，在确立美国出口竞争优势、振兴经济的同时，主导亚太地区经济一体化的进程，以牢牢掌控美国在该地区的主导权。正如罗恩·柯克在向国会的通告中所说的那样："TPP旨在形成一个高标准的、广泛的区域协定。这一协定将为跨太平洋地区的经济一体化创造一个潜在的平台，是提高美国在世界上经济增长最快国家中的经济利益的手段，也是扩大美国出口的工具，这对我们恢复经济、创造和保持高薪、高质量的工作至关重要。TPP谈判的成功达成将要求建立一个高标准的拥有广泛成员基础的21世纪协定，为美国的工人、农民、农场主、服务供应商和小型企业提供经济显著的崭新的市场准入机会。"①

① "USTR Formally Notifies Congress of Intent to Join TPP Negotiations", December 14, 2009, http://www.ustr.gov/about-us/press-office/fact-sheets/2009/december/tpp-statements-and-actions-date.

奥巴马就任总统时，正值金融危机肆虐全球，而美国是金融危机的发源地，经济遭到重创，增长乏力，外贸出口动力不足，不但导致赤字高企，失业率也居高不下。为走出危机和重振经济，美国政府在2009年3月公布了以“让贸易为美国家庭服务”为主体的《2010年贸易政策议程和2009年年度报告》。报告制订了在未来5年内美国出口翻番和由此拉动增加200万个就业岗位的雄心勃勃的目标。[①] 可见，在后危机时代，扩大出口已经成为美国削减贸易赤字，增强综合竞争力，实现经济再平衡和增长方式由“消费驱动”向“出口驱动”转变，创造高收入和高质量就业的“救命稻草”。2010年1月27日，奥巴马在国情咨文中再度重申了上述报告的目标。以此为基础，时任美国商务部长的骆家辉于2月4日提出了“国家出口行动计划”（National Export Initiative），并强调亚太地区是实现上述目标的主要区域。[②] 而根据该计划，美国政府旋即于同年3月高调制定了“出口促进战略”，并为此成立了“出口促进内阁”（Export Promotion Cabinet）和“总统出口委员会”（President's Export Council）。[③]

近年来，随着亚太地区已成为带动世界经济增长的主要引擎，亚太市场已成为美国制造业产品、农产品和服务业的主要出口目的地。据预测，从2010年到2020年，全世界的新兴市场中中等收入人口将从9.3亿增至30.6亿，其中的75%左右、23.1亿人居住在东亚的新兴市场国家和地区。此外，新兴市场的富裕阶层也将在10年里增加4.3亿人，从而使得全球富裕阶层总数达到6.9亿人，其中约半数的3.5亿人就生活在东亚的新兴市场

---

① “2010 agenda emphasizes expanding market access, enforcing rules”, http://iipdigital.usembassy.gov/st/english/article/2010/03/20100303155048abretnuh0.1413385.html#axzz3JAeumcqW.

② “National Export Initiative”, http://trade.gov/nei/.

③ “Executive Order 13534 – National Export Initiative”, March 11, 2010, http://www.whitehouse.gov/the-press-office/executive-order-national-export-initiative.

国家和地区，其规模足以与欧盟相匹敌。[①] 因此尽管遇上了金融危机，2008 年美国出口至亚太地区的制成品、农产品和服务分别高达 7470 亿美元、760 亿美元和 1870 亿美元，占同年美国相应类别总出口的 72%、64% 和 34%，对亚太地区的出口总计为 10095 亿美元，占同年美国总出口的 55%。[②]

但另一方面，由于东亚地区内部贸易增长较快，且美国未在该地区加入任何一个 FTA/RTA，因此尽管过去几年中，美国对亚太地区的出口总额增长了 62%，但其出口所占份额却下降了约 3%。[③] 美国进而担心自己有可能被排斥在亚太地区巨大的贸易市场之外，“然而即使我们的出口已经增长，我们也看到在亚太地区美国并没有参与贸易协定带来的经济增长。虽然美国已经达成了一些协定，目前已有包括亚太国家在内的 175 个 FTA 生效，另有 20 个有待执行和 50 多个正在谈判。这些协定和其他经济发展一起，在过去 10 年里导致了美国在亚太主要市场份额的严重下降，这意味着更少的出口创造型工作”。[④] 另据美国贸易代表办公室的统计，因 FTA 而导致的贸易转移结果将使美国每年蒙受 250 亿美元的出口损失。[⑤] 从这一角度而言，美国急需一个崭新而全面的 FTA 来巩固并拓展其在 21 世纪最具活力地区的经济地位与影响力。“我们希望扭转这一趋势，增强美国的竞争力和增加我们在这一地区创造工作的经济机遇和份额。……我们的目标是与国会和其他利益相关者紧密合作，以形成一个 21 世

---

① 山澤逸平、馬田啓一、国際貿易投資研究会編著『通商政策の潮流と日本：FTA 戦略とTPP』勁草書房 2012 年、72 頁。

② USTR, “Economic Opportunities and the TPP”, http://www.ustr.gov/about-us/press-office/fact-sheets/2009/december/economic-opportunities-and-tpp; http://www.gmw.cn/content/2010-03/08/content_1066985.htm.

③ USTR, “Economic Opportunities and the TPP”, http://www.ustr.gov/about-us/press-office/fact-sheets/2009/december/economic-opportunities-and-tpp.

④ “USTR Formally Notifies Congress of Intent to Join TPP Negotiations”, December 14, 2009, http://www.ustr.gov/about-us/press-office/fact-sheets/2009/december/tpp-statements-and-actions-date.

⑤ http://www.gmw.cn/content/2010-03/08/content_1066985.htm.

纪的区域贸易协定，为美国的工人、制造商、服务供应商、农民、农场主、小型企业和消费者带来利益。”①

需要强调的是，相比小布什政府偏重贸易的目标只为“促进美国的就业与经济繁荣”，奥巴马政府提出要以“崭新而全面的FTA”为平台，凸显了其贸易政策中的经济战略意图，即通过贸易实现广泛的政治、外交、社会和发展目标的“多功能性”。如在“2010年贸易议程”中，奥巴马就特别强调了贸易政策要能够体现美国的价值观念，包括：社会责任（尤其是劳工和环境标准）、政治透明度、气候变化和清洁能源、中小企业成长、社会网络关系等所谓的“巧政策”（smart policy）。② 换言之，奥巴马政府的FTA政策相比于20世纪的各种FTA，后者以零关税为目标，重点放在了对国内制度的放宽，也就是出现了从所谓的“边境壁垒”（on the border）到“境内壁垒”（behind the border）的转移。从“看得见的贸易”（visible trade）到“看不见的贸易”（invisible trade）的转移。③

因此，在与贸易伙伴的谈判中，美国将更加关注强化贸易规则体系，以捍卫自身的贸易权利，同时力压对方消除“边界内措施”（behind-the-border measures）壁垒，包括知识产权保护、政府采购、贸易便利化、管制改革、竞争政策、消费者安全等问题。④ 而“P4协定”虽小，但却几乎包含了美国所要的所有条款，除具备知识产权、服务贸易等美国的“强项”以外，还包

① “USTR Formally Notifies Congress of Intent to Join TPP Negotiations”, December 14, 2009, http://www.ustr.gov/about-us/press-office/fact-sheets/2009/december/tpp-statements-and-actions-date.

② “2010 agenda emphasizes expanding market access, enforcing rules”, http://iip-digital.usembassy.gov/st/english/article/2010/03/20100303155048abretnuh0.1413385.html#axzz3JAeumcqW.

③ 山澤逸平、馬田啓一、国際貿易投資研究会編著『アジア太平洋の新通商秩序：TPPと東アジアの経済連携』勁草書房2013年、321—322頁。

④ “B. An economic perspective on the use of non-tariff measures”, http://www.wto.org/english/res_e/booksp_e/anrep_e/wtr12-2b_e.pdf.

括投资、竞争政策、政府采购透明度和贸易便利化这四项“新加坡议题”（Singapore issues）。众所周知，“新加坡议题”是WTO谈判中的烫手山芋，由于多数发展中国家不愿意接受，一般不纳入FTA谈判范围。[①] 但TPP却有这些内容。更重要的是，TPP还包括了具有约束力的环境与劳工标准两个附件，符合美国的利益，因此容易得到美国政府、党派和工商界利益集团的支持。在美国已经签订的双边FTA协定中都含有这些条款，这也是美国所推崇的所谓“高质量”FTA必须具有的内容。实际上，在美国国会研究服务处发表的报告中已将上述意图表露无遗：“TPP为美国提供了机会，使其通过一份‘全面和高标准’的FTA的谈判反映其贸易利益，该协定的条款以美国在21世纪前10年里，尤其是最近缔结的那些自由贸易协定的条款为基础……以使其能够占据主导地位。”[②]

而为了将TPP设定为全面的、高水平的和开放性的新型协议，成为21世纪自由贸易协议的典范。美国在参与TPP谈判伊始便提出新的谈判不能沿用原先的“P4协定”，而要缔结新的贸易协定。[③] 实际上，美国主导下的TPP谈判不仅涉及农业、工业和知识产权等传统贸易议题，而且还把诸如金融服务业、投资、电信等新的贸易课题也列为TPP谈判的重要议题。更重要的是，

---

① http：//www. wto. org/english/thewto_ e/whatis_ e/tif_ e/bey3_ e. htm.

② “The Trans-Pacific Partnership（TPP）Negotiations and Issues for Congress” by Ian F. Fergusson，Mark A. McMinimy and Brock R. Williams，November 7，2014，http：//fas. org/sgp/crs/row/R42694. pdf.

③ 如时任美国国务卿的希拉里就曾指出：“TPP需要包含对工人、环境、知识产权和创新的严格保护。它们还应该促进信息技术的自由流动和绿色技术的推广普及，提高我们的监管体系的协调性和供应链的效率。我们取得的进步最终要以人民的生活质量为衡量尺度——要看男女公民能否有尊严地工作、获得体面的报酬、抚养健康的家庭、教育子女、并且能够掌握机会改善自己和下一代的命运。我们希望，具有高标准的TPP能够成为今后各种协议的一个基准——并且发展成带来更广泛的地区互动的平台，最终形成亚太自由贸易区。”参见Hillary Rodham Clinton，“America's Pacific Century”，Foreign Policy，11 Oct 2011，http：//www. foreignpolicy. com/articles/2011/10/11/americas_ pacific_ century。

TPP提出了不少传统FTA没有关注的横向或跨领域议题，如监管一致性、竞争力和供应链问题、发展、中小企业等。尤其引人注目的是，美国还把TPP的触角深入到各国国内政治，如有关“投资”的提案涉及各国的国有企业、“关于监管一致性的提案”要求各国在中央政府层面建立一项监管协调与审查的机制，这不仅是贸易协定谈判中首次提到的新问题，也影响到各国国内经济金融监管体系。有些提案则是赤裸裸地为美国的强势产业和企业进军亚太市场服务。最典型的是“美国关于医疗设备、医药产品和化妆品技术性贸易壁垒的说明”和“透明度章——有关医疗技术透明度和程序公平的附件”，这些文件直接要求亚太国家加强药品的市场准入，从而使美国的大型制药公司能够更方便地进入TPP国家市场。[①] 这样，美国主导下的TPP谈判共涉及跨境服务、金融、投资、劳动等24个领域的自由化，协议文本也扩展到了30章。

**表1—3 TPP与“P4协定”及日本的EPA内容比较**

| | “P4协定” | TPP | 日本的EPA是否涵盖 |
|---|---|---|---|
| | 前言 | | ○ |
| 第一章 | 最初规定 | 制度性事项 | ○ |
| 第二章 | 定义 | 制度性事项 | ○ |
| 第三章 | 货物贸易 | 工业品市场准入 | ○ |
| | | 纤维·服装业市场准入 | ○ |
| | | 农业市场准入 | ○ |
| 第四章 | 原产地规则 | 原产地规则 | ○ |
| 第五章 | 海关程序 | 贸易便利化 | ○ |
| 第六章 | 贸易救济 | 贸易救济 | ○ |
| 第七章 | 卫生和植物卫生措施 | 卫生和植物卫生措施 | ○ |
| 第八章 | 技术性贸易壁垒 | 技术性贸易壁垒 | ○ |

① http：//www. ustr. gov/about-us/press-office/fact-sheets/2011/november/outlines-trans-pacific-partnership-agreement.

续表

| | "P4 协定" | TPP | 日本的 EPA 是否涵盖 |
|---|---|---|---|
| 第九章 | 竞争政策 | 竞争政策 | ○ |
| 第十章 | 知识产权 | 知识产权 | ○ |
| 第十一章 | 政府采购 | 政府采购 | ○ |
| | | 投资 | ○ |
| 第十二章 | 服务贸易 | 越境服务 | ○ |
| | | 金融服务 | ○ |
| | | 电信服务 | ○ |
| | | 电子商务 | ○ |
| 第十三章 | 临时入境 | 商务人员的流动服务 | ○ |
| 第十四章 | 透明度 | 制度性条款 | ○ |
| 第十五章 | 争端解决 | 争端解决 | ○ |
| 第十六章 | 战略伙伴关系 | 合作 | ○ |
| 第十七章 | 管理与制度条款 | 制度性条款 | ○ |
| 第十八章 | 一般条款 | 制度性事项 | ○ |
| 第十九章 | 一般例外 | 制度性条款 | ○ |
| 第二十章 | 最终条款 | 制度性条款 | ○ |
| | 环境合作协定 | 环境 | △ |
| | 劳工合作备忘录 | 劳动 | △ |
| | 其他 | 横向规定 | |

（注）○表示日本已签署 EPA 中单独的章节中已列出的内容；△表示日本已签署 EPA 中虽然在独立章节中未被列出但却包含的内容。

资料来源：山澤逸平、馬田啓一、国際貿易投資研究会編著『通商政策の潮流と日本：FTA 戦略とTPP』勁草書房 2012 年、228 頁。

**表 1—4　TPP 各成员国平均税率**　（%）

| | 工矿业制品 | 农林水产品 |
|---|---|---|
| 新加坡 | 0.0 | 0.2 |
| 新西兰 | 2.2 | 1.5 |
| 日本 | 2.5 | 17.3 |
| 加拿大 | 2.6 | 11.3 |
| 文莱 | 2.9 | 0.1 |

续表

| | 工矿业制品 | 农林水产品 |
|---|---|---|
| 澳大利亚 | 3.0 | 1.3 |
| 美国 | 3.3 | 4.9 |
| 秘鲁 | 5.2 | 6.3 |
| 智利 | 6.0 | 6.0 |
| 墨西哥 | 7.1 | 21.5 |
| 马来西亚 | 7.6 | 10.9 |
| 越南 | 8.7 | 17.0 |

资料来源：作山巧『日本のTPP交渉参加の真実—その政策過程の解明—』文真堂2015年、7頁。

2015年10月5日（美国亚特兰大当地时间10月4日），参与TPP谈判的12国经贸部长宣布达成基本协议。各国宣布，通过谈判达成了高标准、高追求、全面、平衡的协议，这将促进各缔约国的经济增长；支持创造及保有就业；强化创新；提升生产力和竞争力；改善生活水平；减少贫困；提升透明度、治理水平；以及加强对劳工和环境的保护。这意味着TPP为亚太地区的贸易与投资设置了全新的高标准。为此，美国贸易代表办公室盛赞其为朝着开放贸易和区域一体化的最终目标迈出的重要一步。

而作为21世纪具有里程碑意义的协议，TPP在考虑到新世代议题的同时，为全球贸易创设了新标准。这将使TPP国家在全球经济中具有更强大的竞争力。它由五个决定性特征组成：

1. 全面的市场准入。TPP全方位撤销或实质性削减了所有货物和服务贸易的关税及非关税壁垒，包括货物和服务的贸易与投资，从而为美国企业、工人和消费者创造了新的机遇和利益；

2. 区域性履约模式。TPP有助于生产和供应链升级以及实现贸易无缝对接，提高生产效率，以实现美国创造和支持就业、提高生活水平、促进环保节能、带动跨境经济一体化以及开放国内市场等政策目标；

3. 应对贸易新挑战。通过正面回应数字经济发展、国有企业的全球经济角色等新问题，TPP 寻求提升创新力、生产力和竞争力；

4. 包容性贸易。为确保处于不同发展阶段的经济体，以及各种规模的的企业都能从贸易中获益，TPP 容纳了以下新元素：帮助中小企业理解协议条款；利用机会呼吁缔约国政府重视各种特殊挑战。该协议还包括对于发展及贸易能力建设的具体承诺，以确保所有缔约国都能兑现承诺，并充分利用协议优势。

5. 提供区域一体化平台。TPP 旨在为区域经济一体化提供平台，以吸纳亚太地区的其他经济体。①

参与 TPP 谈判的 12 国因经济发展水平参差不齐，尽管在增进 TPP 伙伴国家间的贸易与投资，促进创新、经济增长与发展，并支持创造和保持就业这一原则问题上各国意见一致，但各国根据本国产业结构特征，对加入 TPP 所带来的经济实惠也是各有盘算。美国对 TPP 成员国出口的主要商品是机械（如计算机、涡轮机、农业设备）、电气机械（如集成电路、半导体和手机）、汽车和精炼石油产品。然而，美国进口的主要商品因国家不同而差别巨大，如从澳大利亚、日本、智利、新西兰和秘鲁进口的主要商品是农产品和自然资源产品，而从越南进口的主要是服装产品。加拿大和墨西哥是美国原油的主要供应者，但也提供像电气机械和汽车及零部件这样的工业产品。新西兰和马来西亚从美国进、出口相同的主要产品——电气机械和机械。②

多数 FTA 的基本要素之一，是自由贸易协定的伙伴承诺对其商品贸易取消大多数关税和配额。号称“全面自由化的高水平的 21 世纪新贸易协定”的 TPP 目标是商品贸易实现全面零关税，尽管从结果看还是承认例外商品的存在，但它的分阶段取消关税的商品类别超过 1.8 万，整体自由化率高达 98%。这些关

---

① https：//ustr. gov/sites/default/files/TPP-Final-Text-Preamble. pdf.

② http：//www. ustr. gov/about-us/press-office/fact-sheets/2011/november/trans-pacific-partnership-tpp-trade-ministers’ -re.

税税则规定分阶段取消的关税，当协议生效时许多产品立即开始分阶段取消关税，而更为敏感的产品的关税在不同时期分阶段取消（时间最长为30年）。现在所有TPP成员国都处在取消一些关税的过程中，因为每个国家与另一个或更多的其他TPP成员国签订了FTA。而各方确认TPP可与缔约方间的其他国际贸易协定并存，包括WTO协定、双边和区域协定等。[①]

具体而言，谈判的核心首先就是市场准入问题。商品、服务和农业的市场准入往往是FTA谈判的核心。然而，非关税壁垒也影响到市场准入，如对贸易的技术壁垒和检验检疫标准，尽管被视为规则。在后面这些问题上的谈判旨在确保随着关税壁垒的减少，它们不会被其他的保护形式取代。

1. 纺织品、服装和鞋类。这一产业是多个TPP缔约方经济增长的重要贡献部门。但它属于劳动密集型产业，对于是否取消关税问题，也是发达国家与一些发展中国家（包括越南）之间最易产生分歧的领域。如为了避免美国国内生产商受到进口敏感型产品的不利影响，美国在其自由贸易协定中包含了分阶段取消关税的漫长时期、特殊的保障措施和限制性的原产地规则。如一些美国鞋厂主张对进口鞋子保持高的关税率，而越南则致力于降低关税，以便获得美国市场的更大准入。发展中国家主张，为了与其他国家（如中国）的生产商竞争，它们需要大型市场的优惠准入。

按规定，这一产业的绝大多数产品关税将立即取消，一些敏感产品的关税削减将经历更长的过渡期。此外，TPP的相关条款还确定了要求使用缔约方区域内的纱线和纤维织物作为原材料的原产地规则，这将促进区域内的供应链和投资融合。仅对“短缺清单”中的产品，允许使用非缔约方供应的特定纱线和纤维织物作为原材料。值得注意的是，它还包括针对打击偷逃关税和

---

① https：//ustr. gov/sites/default/files/TPP-Chapter-Summary-Initial-Provisions-and-General-Definitions. pdf.

走私行为的海关合作和执行安排，以及应对进口激增可能对国内产业造成严重损害或严重损害威胁的纺织品特殊保障措施。[①]

2. 服务贸易。美国高度重视增大服务供应商的市场准入，尤其是金融服务，包括保险和银行业；专业服务包括法律服务和民办教育服务；电信服务；快递；电子商务。美国寻求扩充贸易伙伴在世贸组织内根据《服务贸易总协定》做出的有限承诺，尤其是鉴于美国感到WTO伙伴在当前休眠的多哈回合中未能扩充那些承诺。美与澳大利亚、秘鲁、新加坡和智利签订的FTA中已经涵盖服务贸易，但有关服务贸易的创新是奥巴马政府把TPP设想为贸易协议的“21世纪模式”的关键成分之一，且美国试图让TPP的服务条款尽可能范围广泛，以便涵盖未来具有巨大服务市场的加入者的贸易。

服务业还可以进一步细分为：

（1）跨境服务业。TPP将之单列为第十章。关于跨境服务业——买家和卖家在其中位于不同的领土上——的这一部分将采用“负面清单”（negative list approach），即条款适用于所有类型的服务，除非被某个伙伴国在协议的附录中排除在外。一般认为这种方法比在《服务贸易总协定》中所使用的“正面清单”（positive list approach）更全面，后者要求协议签订者明确所涵盖的每一种服务。“负面清单”的方法也适用于在该协议生效后出现的任何新型服务被自动涵盖，除非明确地加以排除。

TPP包括了WTO和其他贸易协定包含的核心义务：国民待遇、最惠国待遇、市场准入，即要求TPP缔约方不得对服务提供实施数量限制（例如限制服务提供者或交易数量），或要求特定的法律实体或合资企业；当地存在，即不要求来自另一国的服务提供者以建立办事处、隶属机构或成为居民作为提供服务的前提条件。TPP缔约方以“负面清单”的形式接受上述义务，这意味

① https://ustr.gov/sites/default/files/TPP-Chapter-Summary-Textiles-and-Apparel.pdf.

着缔约方市场向其他TPP缔约方服务提供者完全开放，但不包括协定两个附件中任一规定的例外（不符措施），即第一，现有措施，一方接受该类措施在未来不再加严的义务，并锁定未来任何自由化措施；以及第二，一方在未来保留完全自由裁量权的部门和政策。TPP缔约方还同意以合理、客观、公正的方式实施普遍适用的管理方式，接受对新服务规则制订的透明度要求。但上述的优惠不适用于空壳公司或由TPP缔约方禁止交易的非缔约方控制的服务提供者。TPP允许与跨境服务提供有关的资金自由转移。此外，该章还包括一个快递服务附件，以及一个鼓励各方就专业服务资质互认和其他管制事项开展合作的附件。①

（2）金融服务业。TPP协议表示，包括保险和保险相关服务、银行业及其相关服务、具有金融性质的辅助服务在内，它被列为第十一章。目的是为各缔约方提供重要的跨境及投资市场准入机会，同时也确保了各缔约方监管本国金融市场和金融机构，以及在危机时期采取紧急措施的能力。

该章包含了其他贸易协定中涵盖的核心义务，包括：国民待遇、最惠国待遇、市场准入，以及包括最低标准待遇在内的投资章节条款。协定规定TPP缔约方金融服务提供商无需在另一缔约方设立运营机构即可向其境内提供服务，除非出于适当管理和监督的需要，该服务提供商须在另一缔约方注册或者得到授权。只要TPP一缔约方的国内企业被允许提供某项新服务，其他缔约方的服务提供商可以向该缔约方境内提供该服务。在“负面清单”的相关规定上，该章与跨境服务业相同。

TPP制定的规则正式承认监管程序对加速有资质的服务提供者提供的保险服务，以及为实现该目的实施的程序的重要性。此外，TPP协定还包含了证券管理、电子支付卡服务以及信息传输与数据处理服务等领域的具体承诺。

---

① https：//ustr. gov/sites/default/files/TPP-Chapter-Summary-Cross-Border-Trade-in-Services. pdf.

该章还规定，部分特定条款可通过中立和透明的仲裁来解决纠纷。这些条款包括与最低待遇标准有关的投资争端解决条款，要求仲裁员具备金融服务专业知识的条款，以及该章中为便利投资争端解决过程中对审慎例外和其他例外适用的解读、建立的国家间的磋商机制。协定部分例外条款允许TPP缔约方金融监管者保留广泛的自由裁量权，包括在追求货币政策或者其他政策方面保留审慎例外和非歧视例外措施，以采取措施促进本国金融体系的稳定和完整。①

实际上，该章的种种规定是以美韩FTA为蓝本的。如在美韩FTA中就区分了跨境交易的金融服务和在买家的祖国设有商业机构的供应商所出售的服务。而就拥有外国商业机构的供应商的情况而言，美韩FTA已采用了“负面清单”模式；就跨境贸易的情况而言，它限制了特定银行业和保险服务的范围。美韩FTA和其他的美国FTA规定其中没有任何东西会阻碍协议的一方实施慎重措施以确保其金融系统的完整与稳定。美国供应商主张，对政府拥有并经营保险供应商的监管不那么严格，因此，它们相对私营保险公司具有竞争优势。这也就解释了，TPP为何会对日本邮政的保险业务提出更严格监管的要求。

此外，美国关心的有关金融服务的另一个问题，是保证位于日本的美国金融服务供应商能够在日常业务所需的情况下用电子或其他手段从东道国传输信息。这种信息可以包括会计信息和人力资源信息，某家公司会希望把这种信息传输到某个集中的地方并处理，而不是在个别地点处理并保存。但是大多数服务也要求供应商与买家同处一地，而当供应商在买家所在国以直接投资的形式设立商业机构并向买家出售服务时，服务贸易会大量发生。因此，TPP的条款将外国投资与服务贸易联系起来（第九章为投资，第十章为跨境服务贸易）。且许多服务供应商是知识产权的

---

① https：//ustr. gov/sites/default/files/TPP-Chapter-Summary-Financial-Services. pdf.

所有者，主张强有力的知识产权保护，这是TPP的另一章的主题（第十八章为知识产权），如娱乐节目的销售商。还有，对服务贸易的大多数壁垒表现为国内规章制度的形式。因此，监管一致性的交叉目标会影响服务贸易。

为此，TPP的第十三章单独处理电信贸易。TPP打算提高外国服务供应商的电信网络的准入程度和有关电信服务的规章制度的透明度。连同这些目标，美国在美韩FTA中寻求并得到了允许美国投资于外国电信公司的承诺。服务条款的谈判可能导致发达国家与发展中国家之间发生争执。前者致力于扩大服务业的市场准入，后者对服务贸易的自由化一向更为谨慎，因为它们害怕在自己认为是国内就业来源之一的部门里的竞争，担心强迫开放往往由政治上强大的利益集团控制的部门所造成的政治影响。①

3. 政府采购。美国是复边（plurilateral）的WTO《政府采购协议》的成员，寻求在其FTA协定中包含政府采购的条款。在TPP成员中，只有新加坡是上述协议的成员。因此，它在互惠的基础上为各国企业提供了竞标超过一套资金阈值的某些联邦和州政府合同的机会。美方人员在TPP谈判中提出设立与此类似的一章（TPP协定中被列为第十五章）。支持者主张政府采购的互惠性质将允许美国企业参与海外的重大政府采购项目。这个市场的潜力相当大，根据WTO的数据，政府采购占一国GDP的15%到20%，而《政府采购协议》成员之间的政府采购市场的规模在2008年就已经达到1.6万亿美元。② 基于此，各方认为对于在透明、可预期和非歧视原则下进入对方庞大的政府采购市场，是TPP缔约方的共同利益。

需要提及的是，在谈判过程中美国国内很多州对美国贸易代表办公室施压，要求别国对美国敞开大门，但不允许本国对别国

---

① http：//www. ustr. gov/about-us/press-office/fact-sheets/2011/november/trans-pacific-partnership-tpp-trade-ministers'-re；https：//medium. com/the-trans-pacific-partnership.

② http：//www. wto. org/english/thewto_ e/minist_ e/minll_ e/brief_ gpa_ e. htm.

敞开大门。这种双重标准显然违反非歧视原则，势必会招致各国的一致反对。经过谈判，各缔约方就国民待遇和非歧视这两大核心原则做出承诺，同意及时发布有关信息，为供应商预留足够时间获取标书文件及投标，并承诺公平和无偏见地对待投标者，并为其保密。此外，各缔约方同意采用公平和客观的技术规格，以公告和标书文件中明确的规格作为唯一标准进行评标及授予合同；同时，各方将建立相应的程序，允许投标者对某项授标进行质疑并提出投诉。各缔约方都同意在附件中列出一份本章所涵盖的机构和采购活动的正面清单列表。①

其次是农业问题。在双边FTA的农业条款谈判中，大多数注意力集中在美国能够在未来的伙伴国里为其农业商品和食品得到什么样的进一步的市场准入。其结果反映在“商品的国民待遇和市场准入”一章之中，具体包括以下方面。

1. 农业领域的市场准入。美国农业在TPP谈判中既有进攻性又有防御性的利益。美国农业和农业联合企业（agribusiness）/食品制造业部门大多积极看待美国尚未与之签订FTA的4个国家（日本、文莱、马来西亚和越南）的市场开放前景。不过，美国奶制品部门采取了防御性的态势，寻求保持现有对进口的保护措施。如它们最担心的是新西兰奶制品出口商会构成的竞争。2012年新西兰从美国的农业进口额为3.71亿美元，出口额为22.40亿美元，逆差高达18.69亿美元。美国糖生产部门同样既反对在任何既有的FTA协定中与某个TPP成员国（如澳大利亚）重开糖市场准入条款的谈判，又反对向任何TPP参与者做出新的市场准入让步。2012年，美澳农业贸易额是美国出口12.54亿美元，进口26.77亿美元，逆差为14.23亿美元。日本被视为美国农业最有前途的市场，美国的利益集团主张随着时间推移减少和/或取消其对农产品进口的高关税率和限制性配额。

① https://ustr.gov/sites/default/files/TPP-Chapter-Summary-Government-Procurement.pdf.

2012年，美日农业贸易总额为140亿美元，但美国对日本的农产品和食品出口总额达135亿美元，占美国同类出口的10%。

进一步而言，美国奶制品部门在TPP谈判中有3个目标：第一，限制新西兰奶制品进入美国市场；第二，确保美国出口的奶制品完全自由地进入加拿大（美国对加拿大的农业贸易大部分是自由的，加拿大使用关税配额限制美国奶制品进口，对奶酪为245%，对黄油为298%，对墨西哥是全部自由）；第三，在交易的农产品中落实食品安全与卫生规则。它表示美国奶制品部门，最终是否会对TPP协议予以支持，取决于它对美国谈判人员达成的最终奶制品和相关条款的优缺点的评估。

而美国国内糖生产商和加工商既反对在任何既有的FTA中与某个TPP成员国（如澳大利亚）重开糖市场准入条款谈判，又反对向美国没有与之签订FTA的任何其他TPP参与者（如越南）做出新的市场准入让步。因此尽管澳大利亚在本国制糖部门的敦促下正在寻求就糖进入美国市场问题的重新谈判。① 但美国贸易代表办公室依然宣称美国不会就现行FTA中的市场准入条款重开谈判。早在2012年8月，美国贸易代表办公室的一位高官在制糖会议上就明确表态："此时不打算与澳大利亚就市场准入关税问题进行任何深入谈判"，奥巴马政府在未来贸易协议中"对谈判什么非常谨慎"，而该办公室"与美国农业部的合作非常密切，从而确保任何承诺……不会对糖计划造成负面影响。"②

2. 其他各章节中的农业问题。主要包括以下方面：

（1）动植物检验检疫的标准。美国实行的是双轨制进程。每份缔结的FTA都包含一章重申在WTO的《动植物检验检疫协议》中做出的多边承诺。该协议确定了所有WTO成员应遵循的

---

① http://www.abc.net.au/rural/news/content/201209/s3594165.htm.

② http://www.sugaralliance.org/newsroom/no-additional-sugar-access-for-australia-in-tpp.html.

规则和纪律，从而确保每个国家的食品安全以及动植物卫生法律和制度是透明的、在科学上是站得住脚的、公平的。此外，美国谈判人员也寻求在并行的谈判中解决残余的双边动植物检验检疫争端，利用它们作为在FTA谈判中就敏感问题达成协议的手段，或确保所完成的贸易协议回到国内的到政治支持。在TPP谈判中，各成员国就动植物检验检疫一章的谈判确定了与人类健康和动物/植物安全问题有关的更为详尽的义务，它们会超越在WTO的《动植物检验检疫协议》中所能找到的义务。

（2）烟草管理。美国允许TPP成员国的公共卫生部门采用规章制度，"为了保障公众健康对特定烟草产品/类别而实施无关原产地的基于科学的限制"。[①] 目标是为美国食品药物管理局根据《2009年家庭吸烟预防与烟草控制法》管理烟草产品创造一个"安全港"。为了改善公众健康，对烟草产品的制造、分销、营销和销售，这项法律授予美国食品药物管理局广泛的新的监管权力。[②] 显而易见，美国的提案旨在保护那种权力——减少最终谈定的TPP协议以阻碍美国食品药物管理局管理烟草产品的方式被利用的可能性。该提案不会涉及市场准入，因此，不会阻碍烟草产品（包括烟叶）被分阶段减少和取消关税和配额。这就避免了将美国产品置于竞争劣势的情况，而且设立了在美国谈判的未来的贸易协议中排除烟草或其他产品的先例，从而将烟草产品排除在贸易自由化之外。

（3）地理标志。认可为保护某个国家特定地区所生产的独特产品的质量和声誉而使用地理标志。地理标志主要适用于农产品、葡萄酒和烈酒，如洛克福羊乳干酪（Roquefort cheese）、爱达荷州土豆、香槟或托斯卡纳橄榄油。被这样认定的产品，符合根据一个国家的商标法和规章制度得到侵权和/或不公平竞争的

---

① http：//www. ustr. gov/about-us/press-office/fact-sheets/2012/may/tpp-tobacco-proposal.

② http：//www. fda. gov/TobaccoProducts/default. htm.

救济的资格。地理标志的认定（类似于注册商标）保护消费者免受欺骗性或误导性标签的影响，向他们提供对产品的选择和作为其购买决定的基础信息。生产商受益是因为地理标志认定承认其产品在市场上的独特性（乌拉圭回合《与贸易有关的知识产权方面的协议》第22.1条把地理标志称为“识别一种原产于一成员境内或境内某一区域或某一地区的商品的标志，而该商品特定的质量、声誉或其他特性基本上可归因于它的地理来源”的某种标记或标签）。

第三是规则制定问题。TPP中的许多条款早已成为美国自由贸易协定的标准模板的一部分。主要包括：

1. 知识产权。美国在其FTA谈判中一直在寻求加强知识产权的保护，其倾向（a）将现有的知识产权保护应用于数字媒体；（b）就知识产权而言对贸易协议的谈判“反映的保护标准类似于美国法律”。在TPP谈判中，美国寻求让其他成员国签署世界知识产权组织的《表演和录音制品条约》，文莱、马来西亚、新西兰和越南没有签署该协议。它又涵盖：

（1）执法问题。美国要求对“商业规模”（commercial scale）的“故意”假冒商标和盗版行为进行刑事处罚。商业规模包括没有导致直接或金钱收益的行为，如文件分享。它也会要求对进口假冒标签和包装实施刑事处罚，无论是不是故意为之；而且它会要求对在电影院用录像机录像（cam-cording）的人员进行刑事处罚。

（2）互联网服务提供商问题。美国提出对版权加上一些限制以符合所谓的“三步检验法”：（a）符合国内版权法；（b）与著作的正常利用不冲突；（c）没有不合理地损害权利所有人的利益。该提案还使每个国家在其国内版权法中有义务提供这样的被称为合理使用的例外。

（3）贸易便利药物供给问题。取消药物和医疗器械的关税；减少药品分销的海关障碍和国内壁垒；遏制假药贸易；重申TPP

各方致力于《关于“与贸易有关知识产权协定”和公众健康的多哈宣言》。

（4）生物制剂问题。美国寻求在TPP中涵盖生物制剂，生物产品12年的数据独占条款。但在知识产权章节的最终协议文本中，TPP最终规定各成员国在一种新药被批准销售后，至少5年内禁止他人开发仿制药。而对于生物制剂的保护期，TPP则为成员国设立了两种选择：自该生物制剂在该国被批准销售之日起，8年内禁止他人仿制；成员国也可以为该生物制剂提供5年的保护期，只要该成员国能采取其他措施达到相同的市场效果。显而易见，美国做出了最后的妥协和让步。[①]

（5）商业机密问题。（a）以技术转让为条件的市场准入；（b）试图为国有企业购买知识产权获取许可证而设立优惠条件；（c）要求使用本地拥有或开放的知识产权；（d）推动制定令当地企业具有不公平的竞争优势的当地标准；（e）要求不必要地披露机密的商业信息，或者未能保护那样的信息。

2. 原产地规则。原产地规则确定源自签署FTA地区的那些商品，因此，它们根据该协议符合优惠待遇的条件，并构成了TPP的第三章。为了制定简单可行的原产地规定；促进区域供应链并确保TPP真正为各缔约方而非其他国家带来利益，12个缔约方同意制定单一的原产地规定，明确规定某一产品是否为“原产”，以及是否适用于TPP关税优待（具体产品的原产地规定附于协议正文之后）。TPP协议采取“累积制”，即来自某个缔约国的原料只要在任何缔约国中被用于生产制造，将与其他缔约国的原料受到同等对待。TPP各缔约方还制定了一套适用于所有缔约国的系统，显示和识别缔约国制造的产品是否符合TPP原产地规定，以确保公司企业能在TPP区域内便捷活动。进口商只要能够提供支持性文件，即可索求获得关税优待。此外，这一章

---

① https：//ustr. gov/sites/default/files/TPP-Chapter-Summary-Intellectual-Property. pdf.

还向各权威机构提供了一整套用于检验这种索求的验证程序。①

这在纺织品和服装上争执程度尤其大。美国一直使用的是“从纱认定”（yarn forward）规则。要求如果从纺纱到最终成衣，一件服装产品的整个制作过程在该自由贸易协定地区内发生，那么可以认为该产品来自这个FTA地区，从而符合优惠待遇的条件。美国希望在TPP谈判中采用更为严格的“从纱认定规则”。但一些美国服装企业、零售商和分销商，以及包括越南在内的一些成员国寻求采用限制性没有那么大的“裁剪和缝制”或单次变形（single transformation）规则。大家决定采用折中办法，如美国提出了“供不应求的条款”，以便允许服装成衣在永久或暂时的基础上使用一定数量的非原产的原材料。②

3. 技术性贸易壁垒。该问题表面上旨在保护消费者健康和安全以及其他合理目的而制订的标准和规章制度，但通过设计或实施，它们歧视进口商品。为了尽可能减少贸易失真（distortion）程度，WTO成员必须遵循“贸易技术壁垒协议”。该协议涵盖各行业采用的自愿标准、政府出于健康和安全目的实施的技术制度、政府为确定某件产品是否符合所要求的标准而采用的评估程序。它确立了各成员遵循的规则和程序，包括确保那些标准、技术制度和符合要求的评估程序是非歧视地应用的，而且不以超过必要程序的方式限制贸易。此外，它要求成员在制订和实施规章制度时落实透明度，在合适的地方使用国际标准，在可能的情况下承认贸易伙伴的国内技术制度等效于其国内制度。该协议的关键条款之一是WTO成员必须有一个企业可以索取标准和制度信息的中央问询点。到了美韩FTA时已经扩充了该协议，如规定伙伴国对准备实施的标准和制度及其实施有发表意见的机会等。

---

① https：//ustr. gov/sites/default/files/TPP-Chapter-Summary-Rules-of-Origin-and-Origin-Procedures. pdf.

② http：//www. tppapparelcoalition. org/uploads/Short_ Supply_ Power_ Point. pdf.

以此为基础，TPP缔约方同意以透明、非歧视的原则拟订技术法规、标准和合格评定程序，同时保留TPP缔约方实现合法政策目标的能力。各方同意通过合作确保技术法规和标准不增设不必要的贸易壁垒。为降低交易成本，特别是小企业的交易成本，各方同意建立便利TPP缔约方评估机构间对合格评定结果进行互认的规则，使企业更容易进入TPP市场。根据TPP的规定，各方允许公众就拟议的技术法规、标准和合格评定程序发表意见，使其获知规制程序，确保贸易商了解其所需遵守的规则。各方还同意在技术法规出台与合格评定程序实施之间有合理的时间间隔，使企业有充分的时间适应新规定。此外，TPP还针对化妆品、医疗器械、药品、信息与通讯技术产品、红酒和精馏酒精、预包装食品和食品添加剂配方、有机农产品等特定产品的规制拟定了专门的附件，以推动区域内立法路径的一致性。①

4. 医疗技术与药物的透明度。TPP参与者如日本、澳大利亚、加拿大和新西兰等国均设有由政府为其全国卫生服务购买处方药品的国家管理机构。美国对这种制定全国医疗计划的做法和程序表示关切，包括新西兰管理处方药的医药管理局在内，它们往往使得在美国生产的“创新型医药产品”处于劣势，因为政府使用不透明的程序或不提供正当程序可以阻止那些产品进入该国的医疗技术市场。而在与澳大利亚就类似的体制进行谈判时，美澳两国同意进行一系列磋商并采用透明的机制，旨在使美国制造商有机会提出在药典中包含其产品的理由。新西兰排除了对医药管理局的改革，除非美国在联邦或州层面的药物定价或在像医疗补助（medicaid）这样的报销计划中给予“互惠的”让步。日本现行的医疗保障体系是一种覆盖全体国民的健康保险制度，但美国在谈判中要求日本引入“保险医疗”与“自由医疗”并存的“混合式医疗”体系。而日本医师会则担心此举会导致日本

① https：//ustr. gov/sites/default/files/TPP-Chapter-Summary-Technical-Barriers-to-Trade. pdf.

现行的全民健康保险制度崩溃，导致民众会为自身的医疗承担更多费用。

5. 外国投资。外国投资是美国一直高度重视的事项，尤其是关于外国商品和服务供应商在伙伴国的领土上设立机构的权力。内容包括：对外国投资和投资者的非歧视性待遇；待遇的最低标准；征用规则；外国投资者向东道国领土外的转移支付；确定不合法的措施的例外；国家与国家和投资者与国家之间的争端解决程序；禁止采用业绩要求，如强制性的出口水平和国产化的规定。

争端最大之处在于是否引入投资者—政府争端解决条款（ISDS）。它允许外国私人投资者针对东道国政府寻求国际仲裁，以便根据该协议解决所谓“违反外国投资条款”的指控。目前，除了美澳 FTA 外，美国缔结的所有 FTA 都包含了 ISDS 条款。该条款旨在保护外国投资者在诸如政府征用外国人持有的资产之类的情况下不受国内司法系统变化的影响，尤其是在发展中国家。但同为发达国家的澳大利亚却表示强烈反对。

最终，TPP 缔约方拟定的规则要求以非歧视投资政策与保护为法律保护的基本规则，同时保障各缔约方政府实现合法公共政策目标的能力。TPP 包含了其他投资相关协定提供的基本保护内容，包括国民待遇、最惠国待遇、符合习惯国际法原则的最低待遇标准，禁止非公共目的、无正当程序、无补偿的征收，禁止当地成分、技术本地化要求等实绩要求，任命高管不受国籍限制，保证投资相关资金自由转移，但允许各缔约方政府保留管理脆弱资金流动的灵活性这一权利，包括在国际收支危机、威胁、或其他经济危机背景下，通过非歧视的临时保障措施（譬如资本控制）限制与投资相关的资金转移，维护金融体系完整性、稳定性等。

TPP 各方采用“负面清单”，意味着除不符措施外，市场将对外资全面开放。不符措施包括两个附件：一是确保现有措施不再加严，且未来的自由化措施应是具有约束力的；二是保留在未来完全自由裁量权的政策措施。

此外，TPP 还为投资争端提供了中立、透明的国际仲裁机制，同时通过有力的措施防止这一机制被滥用，确保政府出于健康、安全和环境保护目的进行立法的权利。程序性的保护措施包括：透明的仲裁程序、法律之友意见书、非争端方意见书、无理滥诉快速审理和可要求赔偿的律师费、临时裁决的审议程序、TPP 缔约方间有约束力的共同解释、提出诉求的时效，以及禁止起诉方启动平行诉讼程序等。①

6. 竞争政策。各国的竞争法律和规章制度旨在通过确保区域内公平竞争方面有共同利益，要求各缔约方建立相应的法律制度，禁止损害消费者利益的限制竞争行为和商业欺诈行为。

各方同意实施或维持禁止或限制竞争行为的法律，致力于在各自国内将该法律适用于所有商业行为。为确保上述法律的有效实施，各缔约方同意成立或保留国家竞争法律执法部门，采取或维持法律法规，禁止给消费者利益带来损害或潜在损害的商业欺诈行为。各方同意，在适当情况下，就互利的竞争活动开展合作。12 国同意在程序正当性、程序公正性方面承担义务，允许针对违反一方竞争法导致的损害采取私人行动。此外，TPP 缔约方同意在竞争政策和竞争执法领域开展合作，包括通知、磋商和信息交换等。这方面不适用于 ISDS，但各缔约方可就与竞争政策有关的关切进行磋商。②

7. 贸易救济。旨在为受到进口伤害或有可能受到伤害的国内行业提供救济。最经常使用的 3 种贸易救济措施：（1）反倾销救济，旨在针对按低于公平市场价值出售的进口商品的不利价格影响提供救济；（2）反补贴救济，它被用来对抗外国政府给予进口商品补贴的不利影响；（3）保障行动，它被用来提供暂

---

① https：//ustr. gov/sites/default/files/TPP-Chapter-Summary-Investment. pdf.

② https：//ustr. gov/sites/default/files/TPP-Chapter-Summary-Competition. pdf.

时的救济，以便国内行业能够适应公平贸易导致进口商品激增的不利影响。只要以公平的方式采取这些行动，而且它们符合WTO所规定的规则，WTO就准许这些行动。

因此TPP规定在不影响缔约方WTO权利和义务的前提下，通过对最佳实践的认可，提高了贸易救济程序的透明度和程序正当性。它规定了过渡性的保障机制，允许缔约方在特定时段内，针对因TPP实施关税削减引发进口激增导致对国内产业的严重损害，实施过渡性保障措施。这些措施的实施期至多可达两年，并可延长一年，但若超过一年则必须逐步实现自由化。保障措施的实施方必须遵守通知和磋商要求，并提供各方均同意的补偿。各方不可在同一时间就同一产品实施超过一项TPP规定的保障措施；各方不可对关税配额产品进口实施保障措施。对于在WTO框架下实施的保障措施，若来自TPP缔约方的产品进口并非造成严重损害或损害威胁的原因，则可予以排除。①

8. 劳工。TPP中将劳工问题单列在第十九章。所有TPP缔约方均为国际劳工组织成员，并认识到推动国际认可的劳工权利的重要性。各方同意在各自法律和实践中采取或维持国际劳工组织1998年宣言所承认的核心劳工权利，即结社自由和集体谈判权、消除强迫劳动、废除童工、禁止最恶劣形式的童工劳动、消除就业歧视。各方同意由法律监管最低工资、工时以及职业健康和安全。这些共识同样适用于出口加工区。12个缔约方同意不为吸引贸易或投资而减损基本劳工权利法律的实施，不会持续性或经常性地怠于实施劳动法，从而影响缔约方间的贸易投资。除各国承诺在本国范围内取消强迫劳动外，该章还要求阻止强迫劳动或童工生产的产品进口，及包含强迫劳动产品成分的产品进口，包含无论这些成分的来源是否为TPP缔约方。12个缔约方承诺，确保提供公正透明的行政和司法途径，为违反劳动法行为

---

① https：//ustr. gov/sites/default/files/TPP-Chapter-Summary-Trade-Remedies. pdf.

的受害者提供有效救济。各方还同意在该章实施的过程中允许公众参与，包括建立机制采纳公众意见。

劳工问题的相关规定将适用于ISDS。为促进TPP缔约方间劳工问题的快速解决，该章建立了劳工对话，各方可选择该方式解决规定范围内的任何劳工问题。该对话允许快速研究相关问题，允许缔约方间通过一致同意的行动方案解决问题。此外，该章还建立了劳工合作机制，包括为利益相关方提供机会，帮助确定各方一致同意的合作及参与领域。①

9. 环境。环境问题紧挨着劳工问题，被列在第二十章。作为世界上相当比例人口、野生动植物和海洋生物的家园，TPP缔约方郑重承诺保护环境，包括共同应对环境挑战，譬如污染、野生动植物非法交易、非法采伐、非法捕捞和海洋环境保护。各方同意有效实施各自的环境法，不为了鼓励贸易或投资削弱环境法。各方还同意履行《濒危野生动植物国际贸易公约》，采取行动打击野生动植物非法贸易并开展合作。此外，各方同意推动可持续林业管理，保护本国领土内濒危野生动植物，保护湿地等特别自然保护区的生态完整性。为保护公共海域，TPP缔约方同意开展可持续的渔业管理，推动鲨鱼等重要海洋生物保护，打击非法捕捞，禁止某些可导致对渔业资源过度捕捞或非法、未申报、无管制捕捞的有害补贴。各方还同意增强补贴项目的透明度，尽最大努力克制引入可导致过度捕捞或捕捞能力过剩的新补贴。

TPP缔约方同意减少船舶污染，保护海洋环境，减少臭氧层破坏物质的排放。各方重申实施多边环境协议的承诺，决定提高环境政策决策、实施和执行透明度。此外，各方同意为公众参与环境章节实施提供机会，包括公众意见书和环境委员会的公开环节。该章适用于争端解决程序。各方还一致鼓励自愿性的环境倡议，例如企业社会责任项目。各方承诺加强合作解决共同关心的

---

① https：//ustr. gov/sites/default/files/TPP-Chapter-Summary-Labour-1. pdf.

问题，包括保护区、生物多样性的可持续利用，以及向低碳和更具适应力的经济转型。①

最后是平行和交叉问题。主要包括：

1. 监管的一致性问题。这是TPP中新增的交叉贸易问题之一，被列在了第二十五章。目标是推动缔约方建立有效的跨部门磋商和协作机制，以促进监管一致性，从而确保TPP市场上的商业主体享有开放、公平、可预期的监管环境。

该章鼓励缔约方推行广泛采纳的良好监管实践，例如针对正在制订的监管措施的影响进行评估，就监管方案选择依据及监管性质进行沟通等。它还要求缔约方确保法律法规清晰简洁，确保公众能够获取新出台的监管措施的信息，如可能通过网络在线发布，确保定期审议现行监管措施，确定其仍是达成预期目标的最佳途径。此外，该章还鼓励缔约方就计划采取的所有监管措施发布年度公开通报。为实现上述目标，各方同意设立了一个专门委员会，该委员会将为TPP缔约方、企业和民间团体提供机会通报实施情况，分享最佳实践经验，并考虑潜在合作领域。值得注意的是，该章相关内容的规定并不影响TPP缔约方出于公共健康、安全和其他公共利益考虑进行监管的权利。②

2. 国有企业问题。国有企业是一国政府直接或间接拥有或者影响的企业。因此，各国政府可能向这些企业提供私营企业所不享有的优待，如补贴、廉价信贷、政府采购的优先准入和贸易保护，从而阻碍竞争。基于此，尽管TPP缔约方均有国有企业，各国也认可国有企业在提供公共服务和其他活动中发挥着重要作用。然而，各缔约方认识到，寻求实现有关国有企业的竞争中性（competitive neutrality）、建立国有企业规则框架大有益处，为此专门在TPP中将国有企业和制定垄断问题单列在第十七章。

---

① https：//ustr. gov/sites/default/files/TPP-Chapter-Summary-Environment. pdf.

② https：//ustr. gov/sites/default/files/TPP-Chapter-Summary-Regulatory-Coherence. pdf.

该章适用于主要从事商业活动的大型国有企业。各方同意确保各自国有企业以商业考虑为基础做出交易决定，除非这么做与其提供公共服务的授权不符。各方还同意确保各自国有企业或指定垄断不歧视其他缔约方的企业、货物和服务。各方同意各自法院对外国国有企业在本国领土内实施商业活动享有管辖权，并确保行政部门以公正的方式管理国有企业和私营公司。各方同意，不通过对本国国有企业提供非商业帮助给别国的利益带来不利影响，不通过向在别国领土内生产、销售产品的国有企业提供非商业帮助损害另一缔约方的国内产业。各方同意与他国分享本国国有企业名单，并应要求提供关于国有企业中政府所有或控制的内容，以及向国有企业提供的非商业协助方面的信息。但该章也规定了一定的例外规则，包括国内或全球经济紧急情况的意外，以及各国的保留例外。①

3. 电子商务问题。TPP缔约方承诺，将在确保保护个人信息等合法公共政策目标得到保障的前提下，确保全球信息和数据自由流动，以驱动互联网和数字经济。12个缔约方也同意，不将设立数据中心作为允许TPP缔约方企业进入市场的前提条件，也不要求转让或获取软件源代码。各方同意禁止对电子传输征收关税，不允许缔约方以歧视性措施或直接阻止的方式支持本国类似产品的生产商或供应商。为保护消费者，TPP各缔约方同意实施并保持针对网上诈骗和商业欺诈行为的消费者保护法，并确保隐私和其他消费者权益保护在TPP缔约方市场得到执行。各缔约方有义务采取措施阻止推销性质的商业电子信息。为促进电子商务，该章（第十四章）鼓励各缔约方促进企业和政府间的无纸化贸易，例如电子海关单据；同时，该章还包括了商业交易的电子认证和电子签名条款。TPP缔约方对该章的部分义务做出了不符措施保留。12个缔约方同意共同帮助中小企业从电子商务中

---

① https：//ustr. gov/sites/default/files/TPP-Chapter-Summary-State-Owned-Enterprises. pdf.

受益。该章还鼓励就个人信息保护、网上消费者保护、网络安全和网络安全能力等开展政策合作。①

4. 竞争力与供应链问题。半成品贸易是国际贸易中一个越来越重要的成分，这种半成品代表了沿着全球供应链的多个阶段——一件商品从其基本成本转化为消费者使用的成品所走的路线。这条路往往跨越多条国际边界线，有时不止一次。为协助提升 TPP 缔约方以及亚太地区整体的竞争力，各方规定将建立一系列正式机制，通过政府间对话，以及政府、企业和民间团体的对话，评估 TPP 协定对参与各方竞争力的影响，以评估进展情况，把握新机遇，应对新挑战，特别着眼于日益深化的区域供应链。竞争力和商业便利化委员会就是其中之一，将定期举行会议评估 TPP 对区域和国家竞争力的影响，以及对区域经济一体化的影响。该委员会将听取各利益攸关方对于 TPP 如何进一步提升其竞争力的意见和建议，包括促进中小微型企业参与区域供应链等。该章同时确立了一套该委员会评估供应链表现的基础框架，包括促进中小企业参与供应链的方式、利益攸关方和专家意见的审议等。②

5. 中小企业问题。美国定义是雇员少于 500 人的企业。TPP 将该问题单列为第二十四章，目的是促进中小企业参与贸易、确保中小企业分享 TPP 的利益，如获取外国关税税则和影响进口的规章制度的问题。这个问题在谈判中进展的较为顺利，早在 2012 年 5 月的达拉斯（第十二轮）谈判中便告结束。③

作为市场准入、文书削减、互联网接入、贸易便利化、快递等其他章节承诺的补充，该章要求每一个 TPP 缔约方创建一个针

---

① https：//ustr. gov/sites/default/files/TPP-Chapter-Summary-Electronic-Commerce. pdf.

② https：//ustr. gov/sites/default/files/TPP-Chapter-Summary-Competitiveness-and-Business-Facilitation. pdf.

③ “The Trans-Pacific Partnership（TPP）Negotiations and Issues for Congress” by Ian F. Fergusson，Mark A. McMinimy and Brock R. Williams，November 7，2014，http：//fas. org/sgp/crs/row/R42694. pdf.

对中小企业用户、用户友好型的网站，提供关于TPP的信息并介绍中小企业如何充分利用TPP的方法，包括描述与中小企业相关的TPP条款、涉及知识产权的法规和程序、外国投资法规、商业注册程序、雇佣法规和税收信息。此外，该章设立中小企业委员会。该委员会将定期召开会议，审议TPP服务中小企业的情况，讨论如何进一步扩大中小企业收益，监督出口咨询、协助、培训、信息分享、贸易融资等支持中小企业的合作或能力建设项目。①

综上所述，TPP绝非只是着眼于亚太地区经济整合，美国所谓的制定“全面自由化的高水平的21世纪新贸易协定”所凸显的经济战略意图，是意欲重掌新一轮全球经贸规则制定的主导权。而共同支撑这一主导权制定的除TPP外，还有启动于2012年的“全球诸边服务业贸易谈判”（TISA，Trade in Service Agreement）和2013年的“跨大西洋贸易与投资伙伴协议”（TTIP，Transatlantic Trade and Investment Partnership）。对此，李巍研究指出：“通过上述三大自由贸易协议谈判的三管齐下，美国试图在已经发生重大变化的国际贸易格局中重新占据主导地位，并且通过制定新一代的国际贸易规则保持自身规则制定者的重要角色。”②

如前所述，美国擅长将国内通行的规则和法律转为区域贸易规则，再通过区域贸易规则撬动多边贸易谈判。而谈判所签署的协议在一定程度上就是一定时期内国际通行的制度规范，美国的制度霸权由此建立并能加以有效维系。从这一角度而言，透过对TPP的发展脉络、已经透露出来的信息和主要内容的分析，将不难把握未来全球贸易规则的发展方向。对此，樊勇明总结认为，

---

① https：//ustr. gov/sites/default/files/TPP-Chapter-Summary-Small-and-Medium-Sized-Enterprises. pdf.

② 李巍、张玉环：“奥巴马政府国际贸易战略走向与中国的应对”，载《国际关系研究》，2014年第2期，第121页。

未来全球的贸易规则将沿着三个方向发展:“第一，货物贸易将进一步与环境标准、劳工标准等发达国家占优势的国内事务挂钩;第二，服务贸易与投资保护将是新一轮全球贸易规则制定的核心和重点;第三，否定发展中国家区别对待原则，美国式‘市场至上主义’将成为新一轮全球贸易规则制定的基本理念。”[①]

## 第三节　美国的政治战略意图与日本加入 TPP 的意义

从经济的角度而言，美国推动 TPP 谈判首先的考虑是视之为恢复经济、扩大出口、提高就业的重要手段。用罗恩·柯克的话说是:“TPP 将为跨太平洋地区的经济一体化创造一个潜在的平台，是提高美国在世界上经济增长最快国家中的经济利益的手段，也是扩大美国出口的工具，这对我们恢复经济、创造和保持高薪、高质量的工作至关重要。TPP 谈判的成功达成将要求建立一个高标准的拥有广泛成员基础的 21 世纪协定，为美国的工人、农民、农场主、服务供应商和小型企业提供经济显著的崭新的市场准入机会。”[②] 而 FTA 竞争原本就是由竞争自由化推动的。FTA 的形成推动着其他国家参加，乃至结成新的 FTA，其本身也具有推动改革开放的效果。[③]

因此，最初的“P4 协定”尽管质量很高，但毕竟市场太小，如果不扩充成员，这个总人口仅有 2465 万（2009 年）的 FTA

① 樊勇明、沈陈:“TPP 与新一轮全球贸易规则制定”，载《国际关系研究》，2013 年第 5 期，第 3 页。

② “USTR Formally Notifies Congress of Intent to Join TPP Negotiations”, December 14, 2009, http: //www. ustr. gov/about-us/press-office/fact-sheets/2009/december/tpp-statements-and-actions-date.

③ 山澤逸平、馬田啓一、国際貿易投資研究会編著『通商政策の潮流と日本: FTA 戦略とTPP』勁草書房 2012 年、2 頁。

对解决促进美国的就业和经济繁荣基本上可说是杯水车薪。从这个逻辑上而言，美国主导下的TPP将扩大规模视为首要任务也就是当然之选。这一点奥巴马也早已说得很清楚，即TPP只是美国通往更大RTA的“入口”，最终目的是形成一个拥有广泛成员的RTA。不言而喻，这个RTA指的就是FTAAP。倘若APEC21个成员都加入其中，这个总人口占世界40.5%，GDP占全球55%，对外贸易总额占全球45%的FTAAP将是世界上规模最大的RTA。同样地，一个涵盖全部APEC成员的FTAAP对美国经济的促进作用也是不言自明的。

**表1—5 TPP、RCEP和FTAAP对亚太主要国家的经济影响测算**

（2025年的GDP增加额，括弧内为增长率，

单位：10亿美元,%，以2007年为基准）

| | TPP12 | TPP16* | RCEP | FTAAP |
|---|---|---|---|---|
| 美国 | 76.6（0.38） | 108.2（0.53） | -0.1（0.00） | 295.2（1.46） |
| 日本 | 104.6（1.96） | 128.8（2.41） | 95.8（1.79） | 227.9（4.27） |
| 中国 | -34.8（-0.20） | -82.4（-0.48） | 249.7（1.45） | 699.9（4.06） |
| 韩国 | -2.8（-0.13） | 50.2（2.37） | 82.0（3.87） | 131.8（6.23） |
| 东盟 | 62.2（1.67） | 217.8（5.86） | 77.5（2.08） | 230.7（6.20） |
| 新加坡 | 7.9（1.90） | 12.3（2.97） | 2.4（0.58） | 18.1（4.37） |
| 越南 | 35.7（10.52） | 8.7（14.34） | 17.3（5.10） | 75.3（22.15） |
| 马来西亚 | 24.2（5.61） | 30.1（6.98） | 14.2（3.29） | 43.5（10.09） |
| 泰国 | -2.4（-0.44） | 2.5（7.61） | 15.5（2.79） | 30.0（5.38） |
| 菲律宾 | -0.8（-0.24） | 22.1（6.88） | 7.6（2.35） | 17.4（5.42） |
| 印度尼西亚 | -2.2（-0.14） | 62.2（4.02） | 17.7（1.14） | 41.3（2.67） |
| 澳大利亚 | 6.6（0.46） | 9.8（0.68） | 19.8（1.38） | 30.1（2.10） |
| 新西兰 | 4.1（2.02） | 4.7（2.36） | 1.9（0.92） | 6.4（3.16） |
| 印度 | -2.7（-0.05） | -6.9（-0.13） | 91.3（1.74） | 226.2（4.32） |

* 指TPP12国加上韩国、印度尼西亚、泰国和菲律宾四国。

资料来源：Peter A. Petri and Michael G. Plummer，ASEAN Centrality and the ASEAN-US Economic Relationship，East-West Center，2014，http：//scholarspace. manoa. hawaii. edu/bitstream/handle/10125/32922/ps069. pdf? sequence = 1.

显而易见，APEC各成员中对促进美国经济贡献最大的应该是中国。鉴于中国的经济规模、地缘优势和在全球产业链中的位置，TPP如果没有中国的深度参与，亚太地区的区域合作机制都无法实现“帕累托最优”。对此，奥巴马早在2009年11月14日在东京三得利音乐厅做基调演讲时也明确表示：“事实上，与中国的合作关系对于我们刺激经济复苏的努力至关重要。”① 而实际上，与中美两国经济规模和市场规模相匹配的是，自建交以来的30多年间中美双边货物贸易额增长迅猛，经贸关系早已成为两国关系的重要组成部分。作为世界上最大的发展中国家和最大的发达国家，中美在资源禀赋、市场、资金、技术等方面各具优势，互补性很强，两国开展经济合作的潜力巨大。因此，尽管中美自建交以来的双边关系历经各种风风雨雨，但并未阻挠双边经贸关系发展迅速的趋势。

1979年1月，中美两国正式建立外交关系。同年7月，两国政府签订《中美贸易关系协定》，相互给予最惠国待遇。中美经济贸易从此进入迅速发展时期。按中方的统计，双边货物贸易从1979年的24.5亿美元，到2015年已增至5583.9亿美元，增长近228倍，对华贸易已占美货物贸易总额的16.2%。按国别计算，中美已互为最大的贸易伙伴。与此同时，中美双向投资也保持增长。截至2015年底，美对华投资项目累计达6.6万个，实际投入774.7亿美元，已成为对华第六大外资来源地。而中国企业在美累计直接投资则达466亿美元，美国是中国对外直接投资的第四大目的地。② 可以说，中美之间的合作内容已从单一的贸易扩展到各个经济领域。

由此可见，从中美的经济规模及经贸合作的紧密程度而言，

---

① “奥巴马总统在东京发表演讲”，http：//chinese.usembassy-china.org.cn/111409pv.html。

② “2015年商务工作年终综述之十六：深化合作共赢的中美经贸关系”，http：//www.mofcom.gov.cn/article/ae/ai/201601/201601245056.shtml。

美国要扩充TPP的规模，中国理应成为美国优先考虑的对象，但实际情况却恰恰相反。

诚然，当美国强势主导并推进TPP谈判伊始，中国对TPP的看法比较负面，认为其就是美国编织的一张遏制中国发展的包围网，并质疑这将导致中国面临“二次入世”的窘境。而对于中国是否参与TPP谈判，国内各界的态度也相对消极，归纳起来基本有三点：（1）现在参与TPP谈判为时过早；（2）应视TPP谈判的进展情况再决定何时参与谈判；（3）中国应撇开TPP，建立一个新的由中国主导的RTA框架。[①]

但随着时间的发展，中国的态度逐渐由被动转向主动，如2013年5月30日，商务部发言人沈丹阳接受媒体采访时就曾指出：“中方一直重视并跟踪TPP谈判的进展情况，也不断听取国内各部门和产业界对TPP的相关看法。我们将在认真研究的基础上，根据平等互利的原则，分析加入TPP的利弊和可能性，并希望与TPP成员相互交流谈判的信息和资料。”[②] 2014年4月9日，商务部部长助理王受文更是强调说：“TPP谈判，确实没有中国参加。另外RCEP美国没有参与。有些人有这样的想法，TPP是反中国的，而RCEP是反美的。从我个人看，这两种想法都是没有根据的。……TPP和RCEP都可以是我们的基石，让我们通过它以跳板方式向整个亚太地区规模更大的自贸区发展，中国对TPP持有非常感兴趣和开放的心态。”[③] 2016年2月，当各方正式签署TPP协定后，商务部再度表态说：“TPP内容广泛，中方正在研究，评估工作也在进行中。……中国将继续按照十八届三中全会确定的‘形成面向全球的高标准自由贸易区网络’要求，

---

① 石川幸一、馬田啓一、渡邊頼純編著『TPP交渉の論点と日本—国益をめぐる攻防—』文真堂2014年、47頁。

② “商务部新闻发言人沈丹阳就若干经贸热点问题接受媒体联合采访”，http://www.mofcom.gov.cn/article/ae/ag/201305/20130500146218.shtml。

③ “王受文：中国对TPP持有感兴趣和开放的心态”，http://finance.people.com.cn/n/2014/0409/c1004-24861194.html。

积极参与和推动本地区高度透明、开放和包容的自由贸易安排，我们希望亚太地区的各项自由贸易安排能够相互促进，共同为亚太地区的贸易投资和经济发展作出贡献。”[①]

然而另一方面，美国对中国是否参与TPP谈判问题态度却一直消极。如美国贸易代表办公室就认为，中国参与谈判的前提是中方应积极推进美中投资协定谈判。遵循这一思路，当2014年1月14—15日，中美两国在上海就双边投资协定谈判开展了第11轮磋商后，美国贸易代表迈克尔·弗罗曼（Michael Forman）发表谈话指出这是中国向参与TPP谈判迈出的第一步。[②]

围绕着中国参与TPP谈判问题，美国应有的立场与实际的态度之间存在着巨大的矛盾性，这主要可以从经济与安全两个方面进行解读。经济方面主要是中美之间长期存在的所谓贸易不平衡问题。自1979年两国建交直到1992年，双边贸易都是美方顺差，但自1993年开始的20年间，双边贸易基本呈现中方顺差，且数额庞大的趋势。[③] 从中美两国的经济结构角度来看，中国在

---

① “商务部国际司负责人就《跨太平洋伙伴关系协定》正式签署表态”，http：//www. mofcom. gov. cn/article/ae/ai/201602/20160201251518. shtml。

② 石川幸一、馬田啓一、渡邊頼純編著『TPP交涉の論点と日本—国益をめぐる攻防—』文真堂2014年、54—55頁。

③ 由于统计口径等问题（如美国把香港转口贸易额笼统地计算在中美贸易之中，但它实际上有很大比例应归于中国之外其他国家或地区通过香港的贸易转口。再如美在计算对华贸易时，出口金额按离岸价格计算、进口金额按到岸价格计算，从而将装卸、运输和保险等费用的双倍数额计入中美贸易逆差）的差异，中美双方关于双边贸易统计的数字一直出入很大，美方往往高估双方的不平衡数值。如中方统计双边贸易中方顺差是从1993年开始的，但美方统计却显示从1983年开始美对华贸易已处于逆差。另以2013年为例，中方统计显示两国货物贸易总额为5210.1亿美元，中方顺差为2158.5亿美元。但美方统计显示2013年两国货物贸易总额为5621.84亿美元，美方逆差高达3187.113亿美元。这个数字比中方统计的2013年全部外贸顺差的2597.5亿美元还要高。而2014年前三季也出现同样情况，美方统计两国货物贸易总额为4256.674亿美元，美方逆差为2518.408亿美元，而中方的统计则显示前三季度整个外贸顺差不过2316亿美元。但仅从数据来看，无论中美哪一方的统计都显示美国是中国对外贸易最大顺差来源地。参见http：//www. census. gov/foreign-trade/balance/c5700. html； http：//www. customs. gov. cn/publish/portal0/tab49667/info691900. htm；中华人民共和国国务院新闻办公室：“关于中美贸易平衡问题”，http：//www. gov. cn/zwgk/2005 -05/26/content_ 1033. htm。

纱、纤维和纺织品、皮革和皮革制品、基础制成品、非电子机械产品、服装等消费品上都具有比较优势，不同于美国在高技术产品上的比较优势。以2013年的双边贸易为例，家具玩具、纺织品及原料和贱金属及制品在中国对美出口商品中分别占据第二、三、四位，所占比例分别为11.0%、9.2%和4.9%。中国的家具和玩具、鞋靴和伞等轻工产品和皮革制品箱包占美国同类商品进口总额的60.7%、69.7%和62.6%，具有绝对竞争优势。中国还是美国纺织品及原料的首要来源地，所占比重为37.8%，而来自其他国家的进口占比均不超过10%。与此同时，美国对华出口的主要商品为机电产品、运输设备和植物产品，分别占其对华出口总额的19.3%、18.9%和14.0%。[①] 由此看来，中美两国无论从生产结构还是消费能力上，都存在着明显的互补性。按照国际贸易的正常模式，中美相互之间的贸易往来具有取长补短、各取所需的效果，这种互补性很强的双边贸易结构理应有利于双方发挥各自的比较优势，可以极大地促进两国经济发展和人们生活水平的提高，达到双赢的结果。

然而，由于受到中美两国居民消费习惯的差异，用“内需不足”的中国商品来弥补美国“低储蓄、高消费”的消费缺口；国际直接投资使某些产品的生产从本国迁移到国外，从而引发进口的增加；中国的市场化水平不高，出口产品价格不能反映真实成本；美国对华出售高科技产品设限[②]等因素的影响，导致了中美合理国际分工的人为扭曲，更使得两国双边贸易出现了严重的不平衡现象。而单纯的贸易总额统计在反映这种现象的同时却掩盖了隐藏在两国贸易背后的被称为“顺差在中国，利润在美国”[③] 的问题。

---

① http：//countryreport. mofcom. gov. cn/record/view. asp？ news_ id = 37946.

② 刘欣、戴芸：“解构中美贸易顺差问题——试析生产全球化、国际产业转移之影响”，http：//cyzy. miit. gov. cn/node/3369。

③ “中美贸易失衡面面观，顺差在中国利润却在美国”，http：//finance. chinanews. com/cj/2012/02 – 29/3707293. shtml。

以同为中美双边货物贸易的最大宗商品——机电产品为例。2013年中国对美出口的总额为2179.8亿美元，占中国对美出口总额的49.5%。其中，电视和电器产品出口1175.3亿美元，机械设备则为1004.5亿美元。[①] 从构成看，中国对美出口的机电产品全部是制成品。众所周知，在经济全球化快速发展的时代，各国家和地区根据彼此的比较优势展开跨国分工与合作，并形成了垂直分工的金字塔模式。所谓的对外贸易，与其说是在不同的国家和地区之间进行，毋宁说是在参与同一世界生产链的企业与企业之间展开。

在国际分工和产业链中，美国经济构成主要以金融以及高新技术产业为主，经济结构日趋服务化和信息化，产业结构不断向着资本、技术和信息密集型方面转化，物质生产制造业所占比例相对较少。概言之，美国位于金字塔的顶端，属于技术创新国；中间是西欧与日本这样的技术改良和转化国，以及从亚洲四小龙等新兴市场国家为代表的技术应用国；底层是广大发展中国家，主要以廉价的制造成本（尤其廉价的劳动力）为竞争点的加工、制造国，而中国现在尚处于这一层面。因此，作为第一大发展中国家，中国因拥有庞大的消费市场、廉价的劳动力资源，以及改革开放以来实施的各项引资优惠政策，这些条件使得中国保持了经济的平稳、快速增长，在生产全球化的时代成为跨国公司进行合理布局的理想场所。但在金字塔体系中，国家越是处于顶端，所创造的增加值越高，参与国际分工凭借的比较优势越具有独具性，越具有不可替代性；越是处于底端，加工贸易及转口贸易所占比重越大，其所创造的价值也越少，比较优势越具有普遍性，可替代性越高。

现阶段，加工贸易已成为中国对外贸易的重要组成部分，其比重超过了50%，且构成了中国外贸顺差的主要来源。进一步

---

① http://countryreport.mofcom.gov.cn/record/view.asp?news_id=37946.

地，中国对外出口中半数以上是由外资企业实现的。具体到对美国出口，据统计，从出口主体来看，中国国有企业对美国的贸易是平衡的，几乎没有顺差。中国外贸对美国顺差的75%是由在华的外资企业出口形成的，这其中约60%是美资企业。这些企业在中国大多采用加工贸易形式，即原料、市场两头在外，大进大出，80%以上的原材料从国外进口，把零部件组装的流程放在中国，之后再出口，在国内的增值部分仅占其总价值的20%左右。从贸易总量看，一般通行的统计口径以国境为标准，中国由此成为了世界第一对外大国和最大的外贸顺差国。但从利益流向看，在经济全球化和跨国公司为投资主导的今天，加工贸易形成的顺差实际是各国名义上的顺差，真正的利益不在顺差国家，更多是在跨国公司的母公司所在地，子公司在中国加工赚取的利润成为其母公司利润的主要来源。如出口到美国市场上的一个由中国加工的6美元产品，成本是1美元，其中原材料占70—80美分，20—30美分的加工费由中国获得，而大头5美元利润，由拥有该品牌的美国企业获得。①

具体以风靡全球的苹果手机为例。苹果手机的背面基本都印有“美国苹果公司，中国制造”的字样，因此从中国的出口数据统计看，肯定是相当的光鲜亮丽。但在苹果公司遍及全球的庞大产业链上，在iPhone这个代表世界制造业顶级水平的“明星”产品上，中国制造再次显露出短板和尴尬。

在2014年iPhone 6发布和供货之前，苹果在全球的硬件供应商达到590家，中国大陆就达351家，占59.5%。其余四成被日本（139家）、美国（60家）、台湾（42家）等国家和地区占据。但根据华泰联合证券对苹果利润的研究报告显示，每部iPhone5手机的苹果官网定价为649美元（16G），其中的58.5%被苹果公司占去，只留给零配件供应商200多美元的盈利

① “中美贸易失衡面面观，顺差在中国利润却在美国”，http://finance.chinanews.com/cj/2012/02-29/3707293.shtml。

空间，但其中最昂贵的配件是应用了最新触摸技术的显示屏，每个44美元。虽然也有中国企业宣称为苹果提供触摸屏，但韩国的LG、日本的夏普和Japan Display这三家企业才是主要供货商，它们大约占据了10%的利润。此外，iPhone5的无线部分是另一个占成本比较大的组件，为34美元，机械成本有33美元，A6芯片成本是17.5美元。但这些组件也基本与中国无缘。中国供应商参与的部分，主要是电池（成本3美元）和耳机（成本10美元以下）。至于手机组装工序，每部手机的生产人力成本只有8美元。换言之，真正由中国企业提供的零配件，成本仅约20美元，相当于这部手机售价的3%，在整体利润分配中，中国企业的利润占比也仅为2.2%。[①]

从这几个数据可以看出，在中国的加工出口中，中国人和中国企业赚取的金额极少，剩下的都是进口零件或者外企工厂的收入。进一步地，日本、台湾等国家和地区的部分苹果硬件供应商也在中国大陆设厂，直接向中国大陆的苹果供应商供货，虽然不是直接出口，但是在获得收入和利润后，仍然是外企的利润。此外值得注意的是，随着中国本土智能手机生产厂商规模迅速扩大，中国一般贸易类比的手机出口大幅增加。但上述所谓国产手机，如华为、中兴、小米等，也普遍采用外企的关键零部件，企业实际利润相当有限。

应该说中美贸易不平衡现象的扩大同步于经济全球化和产业的国际贸易转移，因此要改善这一问题，中国固然应提高内需，调整产业结构，出口更多高质量的产品，减少靠数量、低廉价格制胜的产品出口，但美国也应放宽对华高技术产品的出口管制，提高本国居民的储蓄率，降低消费，减少进口。然而实际上，美国却将这一问题归咎为中国在人民币汇率、反倾销以及知识产权等方面不按国际规则行事所致。因此，美国的对策不但体现在对

① “苹果利润链中国只赚2%”，http：//finance.sina.com.cn/world/20121005/061713293000.shtml。

人民币汇率等问题上对中国不断施压，更重要的是建立一个新的自由贸易规制，用制度约束的方式迫使中国就范。

在安全方面，面对中国在东亚区域合作中日益彰显的主导趋势，美国意图建立积极有效的对华“对冲战略”（hedging strategy）。[①] 如前所述，东亚地区的区域合作在近十多年来取得了引人注目的进展。东盟在积极推进自身政治与经济一体化的同时，也构筑与发展了以其为核心的一系列地区合作与对话机制，包括：“东南亚区域论坛”“10 +1”、“10 +3”和“东亚峰会”（“10 +6”）等等，造就了当前东亚区域合作的框架基石。2003年由“10 +3”签订的东亚地区双边货币互换网络机制——《清迈协定》也获得了稳步发展。进一步地，随着2009年规模为1200亿美元的亚洲区域外汇储备库成立，标志着“清迈倡议”的多边化进程取得了重大实质性进展，在亚洲货币合作上又迈出了坚实的一步。此外，为有效应对世界金融危机和加强东北亚的区域合作，中日韩三国自2008年起已举办了6次领导人峰会，使东亚最有影响力的三个大国走上了制度化的区域合作轨道。

但因上述种种区域合作机制或将美国排除在外，或未明确声明包括美国，遂使人感到美国在某种程度上被排斥在东亚一体化进程之外。实际上，造成这样的结果倒也未必是东亚国家主观上故意将美国排除在外，美国自身的因素才是主因。对此，盛斌总结认为主要有三点：（1）1997年亚洲金融危机后，由美国主导的国际货币基金组织（IMF）体制的僵化和缺乏友善的救助方案伤害了许多东亚国家，并成为它们难忘的历史伤痛，从而使得本地区对美国的依赖、期待乃至亲近大为下降；（2）由于小布什政府奉行单边主义政策，并忙于反恐战争，在其执政的大部分时

---

① “对冲”一词本意是“树篱”、“障碍物”，后引申出“妨碍”、“包围”的意思。“对冲战略”指用两面下注的方法，达到制约和阻碍对手的目的。参见Nick Bisley, *Building Asia's Security*, International Institute for Strategic Studies, London, 2009, p. 94。

间里缺乏对亚洲事务的关注，挫伤了美国与东亚国家的关系，因而被称为“华盛顿的疏忽或失误”；（3）随着美国经济泡沫的崩溃，并逐步陷入历史上最严重的经济危机，其在东亚的地位和影响力也开始下降。[①]

与美国在东亚的地位和影响力开始下降成鲜明对比的就是中国的崛起以及东亚共同价值观和发展模式的形成，这可以说也是对填补由于美国的冷漠和衰落形成的地区性制度真空的一种自然反应。而美国彼得森国际经济研究所所长弗雷德·伯格斯滕（C. Fred Bergsten）甚至认为，世界金融危机后全球治理的可能失败将进一步激发东亚区域一体化的进程。[②] 对此，美国既担心因东亚区域一体化造成的贸易和投资的“转移效应”将严重削弱其参与本地区的商业机会与竞争能力，更忧虑中国在本地区的进一步崛起和主导地位最终形成。

另一方面，不可否认的是，面对中国的崛起，一些周边国家不同程度地在安全上有所忧虑，因而希望美国强化对本地区事务的参与，以平衡中国日益增强的影响力。这既是东亚地区因安全与经济二元结构分离所造成的“结构性紧张”局面[③]的重要背景，也为奥巴马政府相继提出“重返亚太”（pivot to Asia）和“亚太再平衡”（Asia-Pacific rebalance）的战略提供了施展舞台。

奥巴马上台后，时任国务卿希拉里打破近50年的传统，将首次出访的地区安排在东亚，体现了亚洲在美国政府外交关系中的重要性。2009年11月14日，奥巴马本人也在亚洲之行的首站——日本东京三得利音乐厅发表了他的亚洲政策的基调演讲，

---

① 盛斌：“美国视角下的亚太区域一体化新战略与中国的对策选择——透视‘泛太平洋战略经济伙伴关系协议’的发展”，载《南开学报（哲学社会科学版）》，2010年第4期，第73页。

② C. Fred Bergsten, Pacific Asia and the Asia Pacific: The Choices for APEC, Policy Brief, July 2009, http://www.piie.com/publications/pb/pb09-16.pdf.

③ 杨剑：“美国二元战略伙伴系统的构建与调适”，载《现代国际关系》，2011年第10期，第1页。

全面阐述了美国新政府对亚洲的外交、安全与经贸政策，强调了亚洲对于美国国家利益的重要性，并宣告美国不但将介入该地区的事务，还将承担着维护该地区和平与繁荣的责任，以恢复美国在亚洲的地位与威信。①

美国认为，美元的金融主导地位和美国的全球军事优势是维系其霸权的两大支柱。因而在增强对东亚地区事务的介入时，也包含了军事和经济两个方面。② 军事上，美国于2010年提出由海军和空军联合作战的“空海一体战”（ASB）战略构想。所谓的“空海一体战”是将中国的导弹基地、航天系统和网络空间作为打击目标，实现在“海、陆、空、天、网”五维空间内应对实力日益增强的中国。为此，美国以和日本、澳大利亚等亚太盟国的合作为基础，将原有的由美日、美韩及美澳等双边安全合作机制构成的扇形结构延展为涵盖了菲律宾、越南及印度等国的网状结构。2012年1月，时任美国国防部长帕内塔公布了题为“维持美国的全球领导地位：21世纪国防的优先任务”的新国防战略，指出：“为牵制中国经济和军事力量的增强，在联系西太平洋、东亚、南亚以及印度洋的弧形地带重新均衡美军力量。美国关注中国开始拥有拒止和地区封锁的能力。如何遏制和摧毁中国的这种能力，将成为美军的重要任务。”③ 之后，他在“香格里拉对话会”（SLD）上又表示，到2020年前，美国海军将目前在太平洋与大西洋5：5的战舰部署格局改为6：4。

如果从冷战的旧思维来看，美国似乎要意图建构一个封锁中国的“包围圈”，亚洲由此将进入中美对峙的冷战局面。但冷战时期所谓的对峙，是指两个国家从理论上说互不兼容，包括体制

---

① “奥巴马总统在东京发表演讲”，http：//chinese. usembassy-china. org. cn/111409pv. html。

② Joel Rathus，“The US，ASEAN and China：Emergence of New Alignments，” *East Asian Forum*，August 28，2010.

③ “Sustaining U. S. Global Leadership：Priorities for 21st Century Defense”，January 3，2012，http：//www. defense. gov/news/Defense_ Strategic_ Guidance. pdf.

上的不兼容，即如果不歼灭对方，自己就不能够生存下去的零和博弈状态。显然这既不符合美国对华“对冲战略”的实质，也与国际格局、地区形势不相适应，更有损美国的国家利益。正如奥巴马本人所指出的那样：“许多人都质疑我们对中国兴盛的看法，但正如我说过的——在一个相互联系的世界上，实力不必用于你死我活的对抗，各国也无须忧惧他国的成功。发展相互合作的领域——不是势力范围的相互竞争——将为亚太地区带来进步。”①

美国在军事上的种种作为，实质上是巩固以传统盟友为伙伴、以安全为主题既有军事同盟结构。其建构的所谓“对华包围网”不是与中国进行军事对抗的方式，而是一种软均势或制度均势战略，是美国利用中国周边国家对中国的疑虑心理，充当“离岸平衡手”（offshore balancer）的一种手段。与此同时，美国也认识到仅凭军事力量已无法维持在东亚的主导地位，且在经济上东亚早已成为美国出口的主要对象，在投资方面无论是美对东亚的投资，还是东亚对美的投资不但数额庞大，且增速很快。这就决定了除了要在安全方面建立对华的约束规范外，还要在经济方面建立类似的制度框架，以在深化美对东亚，尤其是中美经济相互依存关系的同时，还能够实现有效的制度约束。基于此，TPP 自然就成为了美国“亚太再平衡”战略的经济基础和在经济上建构对华“包围网”的重要舞台。对此，中国学者俞新天就曾高度概括地指出，奥巴马主导下的美国对华对冲政策的新特点就是“相互依存 + 制度约束”。②

TPP 的目标是建设“21 世纪具有里程碑意义的新贸易协定”，且范围最终要涵盖 APEC 全部 21 个成员，成为 FTAAP。而

---

① “奥巴马总统在东京发表演讲”，http：//chinese. usembassy-china. org. cn/111409pv. html。

② 俞新天：“美国对冲政策的新特点与中国的应对”，载《国际问题研究》，2012 年第 5 期，第 55—68 页。

表1—3所测算的数据显示，尽管建成FTAAP相比其他FTA/RTA而言，给亚太各主要经济体带来的经济利益都是最大，然而从绝对值来看，获利最大的却并非是美国，而是中国。这既昭示了建构所谓“中国包围网”的不切实际性，同时也证明了有中国参与的RTA对整个亚太地区而言都将有利于深化彼此在经济上的相互依存。TPP的目的之一是让美国能够有效地融入到东亚区域一体化的进程中，且是通往FTAAP的重要前提，而后者势将涵盖包括中国在内的所有APEC21个成员，加之FTAAP给各成员带来经济利益又是最大的。因此，TPP将世界第二大经济体——中国排除在外既不符合美国的国家利益，更在逻辑上充满了矛盾。

那么美国的意图是什么呢？TPP本身属于经济范畴，但因为暗含了建设“21世纪具有里程碑意义的新贸易协定”的目标，也就拥有了实现美国在亚太建立新的制度霸权的政治战略意图。上文所述的逻辑矛盾之所以存在，实际上更主要的是一种排序颠倒所造成的问题。换言之，正确的表述不是经济上深化相互依存，并建立制度约束，而恰恰相反。具体牵涉到中国加入TPP的问题，美国的意图是接纳中国成为新成员既有必然性更具必要性，但如果在建章立制的过程中就纳入中国参与谈判，等同于在一定程度上赋予中国参与制度建设的权利。相比之下，在TPP谈判完成之后，再让中国以“二次入世”的方式加入TPP更加符合美国的国家利益。这既实现了在建章立制过程中不允许中国染指的政治战略意图，又满足了美国要深化与亚洲，尤其是中美相互依存的经济战略意图。从这一意义而言，TPP所反映出的美国对华“对冲战略”意图应该是“强化制度约束+深化相互依存”。

需要强调的是，“重返亚太”也好，“亚太再平衡”也罢，美国的举动已昭示其在实施亚太战略时面临的一个二元困境——需要同时经营两个相互矛盾的战略伙伴系统：一个是以传统盟国为伙伴、以安全为主题的旧的伙伴系统；另一个是以新兴大国为伙伴、以经济为主题的新的伙伴关系。这反映出的不是美国有充分提供公共产品的能力，恰恰显示了其在这方面能力的不足。①换言之，美国要完成上述一系列的政治、经济战略部署，仅凭一己之力是难以实现的，必须依靠亚洲的其他盟国积极配合美国的战略布局。② 诚如奥巴马所指出的那样："美国寻求与本地区国家巩固已有的同盟并建立新的伙伴关系。为此，我们需依靠美国与日本、韩国、澳大利益、泰国和菲律宾达成的盟约。……这些同盟关系继续为本地区国家和人民奠定了安全与稳定的基础，使他们得以追求机会和繁荣。"③

在实现中，为了配合"亚太再平衡"的战略构思，美国正在亚太地区积极主导"辐辏格局"（hub-spoke structure）的建构。现阶段，美国正致力于在该框架中实现同盟体系的结构性拓展，为此急需该地区的各个盟国积极予以合作，在这一格局中发挥"战略支点"和"战略点缀"的作用。相比"战略点缀"可以发挥锦上添花的作用，美国急需的是发挥雪中送炭作用的"战略支点"国家的支持。显然，在亚太地区能够发挥这一作用的唯有日本。这当然首先是由日本在该地区拥有的独一无二（中美以外）的强大综合国力所决定。

日本是亚洲第二大经济体、世界第三大经济体、全球供应/生产链的关键环节。仅从各项经济指标来看，其是否参与TPP谈判就是意义非凡的。如日美GDP占全部TPP谈判国的80%以上，以至于TPP变相成了日美FTA。而作为美国重要的贸易伙伴之一，日本占美国总体商品贸易量的6%（2012年），总体服务

---

① 杨剑："美国二元战略伙伴系统的构建与调适"，载《现代国际关系》，2011年第10期，第1页。

② Kurt M. Campbell，Ely Ratner，"Far Eastern Promise"，*FOREIGN AFFAIRS REPORT*，No. 5，2014，p. 58.

③ "奥巴马总统在东京发表演讲"，http：//chinese. usembassy-china. org. cn/111409pv. html。

贸易的7%（2011年）。此外，日本还被视为美国农业最有前途的出口市场。尽管日本在农产品保护方面历来被外界诟病，但即使如此2012年日美农业贸易总额仍达到140亿美元，其中，美国对日出口更高达135亿美元，占美国对外农产品出口总额的10%。基于此，美国的相关利益集团主张随着时间推移，日本减少和/或取消其对农产品进口的高关税率和限制性的配额，通过TPP可以为美国的农产品出口带来更大的利益。① 实际上，美国政府曾于2012年2月就是否支持日本参与TPP谈判问题，向全美各大企业和行业协会进行意见征集，结果显示86.1%的意见支持日本参与谈判，如全美商业会议所、全美制造业者协会、美国贸易紧急委员会、全美服务产业联盟等。大企业如波音、GE也表态支持。反对意见主要来自汽车行业，担心因此受到巨大冲击。② 对TPP的影响力而言，日本的加入会使其占全球GDP的比重从30.3%上升至近36.4%，贸易量也将上升至全球的1/4。③ 从APEC内部来看，在P9阶段，美国一国所占比重为39%，其余八国合计仅为7%，即使加上加拿大的5%和墨西哥的3%，其影响力远不如比重占15%的日本来得大。由于有了日本的加入，TPP成员国占APEC比重已达68%，可以说使其朝着实现FTAAP的道路上又迈进了一步。

如前所述，TPP能否顺利实现既定目标，除了取决于其涵盖的内容外，是否有重量级的新成员参与谈判也至关重要。细数参与TPP谈判的12国，除美日两国外，只有加拿大和澳大利亚相对分量较重。但加拿大和墨西哥是NAFTA的成员，换言之早已

① “The Trans-Pacific Partnership（TPP）Negotiations and Issues for Congress” by Ian F. Fergusson, Mark A. McMinimy and Brock R. Williams, November 7, 2014, http://fas.org/sgp/crs/row/R42694.pdf.

② 山澤逸平、馬田啓一、国際貿易投資研究会編著『アジア太平洋の新通商秩序：TPPと東アジアの経済連携』勁草書房2013年、250—251頁。

③ Kaori Kaneko, “Japan will join Asia-Pacific free trade talks”, *The CHRISTIAN SCIENCE MONITOR*, April 20, 2013, http://www.csmonitor.com/World/Latest-News-Wires/2013/0420/Japan-will-join-Asia-Pacific-free-trade-talks.

是美国经济势力范围的一员，且远离东亚，对东亚地区的政治、经济影响力也显得有限。澳大利亚也与美国签署了FTA，其他情况也与加拿大类似。换言之，在日本参与谈判之前的TPP宛如美国带着一群小伙伴在唱独角戏，虽然成员数量可观，但分量却显得单薄。而美国要使建成后的TPP能够充分具有"21世纪具有里程碑意义的新贸易协定"的声势，且营造出一种让中国觉得"或是服从美国主导的国际规则，或是被排除在圈子以外"的压力氛围，急需一个分量够重的伙伴扮演配角来配合美国这个主角演出。从这一意义而言，日本的参与对增强TPP作为地区性自由贸易协议的信誉和生命力至关重要，且会刺激其他亚洲国家和地区参与，一定程度上发挥多米诺骨牌的效应。①

除却经济层面的因素外，从政治角度来看，战后以来日本一直将日美同盟视为外交的基轴，而美国也将与日本的同盟关系界定为亚洲外交的基石，是"牢不可破的伙伴关系"。用奥巴马的话说是，"对人权的尊重并没有削弱本土文化和经济增长，实际上还发挥了促进作用。这些都是美国为进一步促进亚太地区的繁荣、安全和人类尊严将采取的步骤。我们将通过与日本的亲密友谊来实施这些步骤"，"在共同利益和相互尊重的基础上寻求与世界交往的新时代，我们在亚太地区的努力在很大程度上将植根于美日之间历久弥新的同盟关系"，"我们在亚太地区进行努力的过程中，与日本的友谊将永远处于中心地位"。② 因为TPP的意义早已超出经济框架范围，而逐渐演变为以美国为轴心的战略联盟，因而在TPP问题上，日本的加入与否直接关系到TPP能在多大程度上为美国的亚太战略服务。③ 这也导致美国曾多次动

---

① 山澤逸平、馬田啓一、国際貿易投資研究会編著『アジア太平洋の新通商秩序：TPPと東アジアの経済連携』勁草書房 2013 年、282 頁。

② "奥巴马总统在东京发表演讲"，http://chinese.usembassy-china.org.cn/111409pv.html。

③ "US and Japan deal paves way for trade talks", *FINANCIAL TIMES*, April 12, 2013, http://www.ft.com/cms/s/0/c546f69c-a365-11e2-8f9c-00144feabdc0.html.

员日本应尽快就 TPP 问题表明立场。[①] 或许恰因为如此，日本国内反对加入 TPP 的一派也一直批评日本参与 TPP 谈判是被“美国强拉进去的结果”。[②]

综上所述，日本作为世界第三经济大国所拥有的经济实力使得其参与 TPP 谈判后，无论是对日美双边经贸往来，还是对 TPP 的综合影响都是美国以外任何国家所难以企及的。此外，正是由于以庞大经济规模为基础的强大综合国力支撑，也使得日本参与谈判能够在政治上有效发挥为美国亚太战略服务的“战略支点”作用。实际上，早在民主党的野田佳彦于 2011 年 11 月 11 日表态“以参加 TPP 谈判为目标，与相关国家展开协商”[③] 的前夕，日本《每日新闻》的社论便毫不隐晦地指出：“野田内阁会如何面对中国，颇为明显的一点是倚重日美同盟。其一是要不要参加 TPP 谈判问题。政府人士的说法一致，‘尽管不便公开说出来，TPP 确实是对华战略的一个环节’。TPP 的目的之一是，通过在日美主导下制定亚太地区的自由贸易框架，牵制中国并逼其就范。”[④] 而安倍晋三本人于 2013 年 3 月 15 日宣布正式参与 TPP 谈判时也强调说，TPP 对日本的意义绝不仅限于经济领域。通过 TPP，日本将于同盟国美国，及其他保障自由、民主、基本人权和法制的具有普世价值观国家一道在亚太地区构筑新的规制，这不但会加深日本与其他 TPP 参与国在经济领域的相互依存关系，也必将对日本的国家安全保障及亚太地区的安全与稳定发挥重大

---

① 据作山巧的回忆，美国早在 2008 年就已两次表态希望日本也参与 TPP 谈判，时间分别为 8 月 26 日和 9 月 12 日。但当时日本国内即使是对缔结 FTA 最积极的经济产业省也认为日本不能参与 TPP 谈判，理由是 TPP 的门槛太高。参见作山巧『日本のTPP 交渉参加の真実―その政策過程の解明―』文真堂 2015 年、106、107、109 頁。

② 山澤逸平、馬田啓一、国際貿易投資研究会編著『通商政策の潮流と日本：FTA 戦略とTPP』勁草書房 2012 年、173 頁。

③「TPP 交渉　参加方針」、『朝日新聞』2011 年 11 月 12 日。

④「野田政権：外交のパイプ細く　日米同盟傾斜、対中けん制」、『毎日新聞』2011 年 10 月 31 日。

贡献。[1] 从安倍的发言来看，其暗含的借TPP巩固日美同盟，协同美国牵制中国的意图是不言自明的。[2]

## 本章小结

从战略视角而言，TPP恰好处于美国的自贸区战略和“亚太再平衡”战略的交汇点上，也是美意欲改变东亚地区存在的安全与经济二元结构分离所造成的“结构性紧张”局面和对华实施“对冲”战略，实现“强化制度约束+深化相互依存”目标的重要手段。基于此，第一，TPP的范围不会仅限于现有的P12，其最终目标将包含全部APEC成员；第二，TPP作为“21世纪具有里程碑意义的新贸易协定”，很大程度上体现的是美国现行商贸运作模式的扩大。但从TPP能够达成协议这一结果来看，一方面意味着美国在谈判中做出了让各国虽不满意但能勉强接受的让步，使各国能够在经济上有所获利，另一方面则反映了一些国家积极配合美国对华战略布局的政策权衡；第三，对美国而言，日本参与TPP谈判最大的战略意义就是在推动美对华战略布局实现的过程中扮演别国无可替代的战略辅助角色。而从日本政府的回应来看，间接说明了其十分乐意配合美国的战略部署。

这样，在美国预设的战略布局中，唯有美国、日本、中国三国加入TPP才具有战略意义，即美国居首发挥着战略主导作用，中国则被定位为最末的战略对象，而日本居中，扮演着积极推动该目标实现的战略辅助角色。从这一意义上而言，TPP从头至尾应分成四个发展阶段：

---

① 「安倍内閣総理大臣記者会見」、http://www.kantei.go.jp/jp/96_abe/statement/2013/0315kaiken.html。

② 山澤逸平、馬田啓一、国際貿易投資研究会編著『アジア太平洋の新通商秩序：TPPと東アジアの経済連携』勁草書房2013年、283頁。

“P4 协定”可谓是其发展的第一阶段，到美国主导并强势推进谈判便发展到了第二阶段，再到日本参与谈判则意味着进入了第三阶段。如前所述，第三阶段的重要意义不仅是日本庞大经济体量的参与对 TPP 谈判本身带来的各种影响，更承担着推进 TPP 向第四阶段发展——中国加入 TPP 的重要阶段性任务。而当中国在接受新贸易规则的情况下最后加入之际，既标志着 TPP 完成了最后的扩容，很大程度上也将意味着美国对华战略意图的实现。

# 第二章 日本加入TPP的决策过程和国内的争论

从民主党的菅直人内阁到自民党的安倍晋三再度执政，日本国内围绕是否参与TPP谈判的问题前后争论了近三年，政界、财界、学界及舆论界等日本社会各阶层纷纷发表见解，孰是孰非难下定论，且争论愈演愈烈，最后竟导致整个社会陷入赞成和反对两种意见截然对立（“赞否两论”）的局面，甚至有日本因TPP问题而被“一分为二”之说。即使在TPP已经达成协议的现阶段，社会上关于加入TPP对日本究竟是利是弊的争论仍未停息。那么日本加入TPP的决策过程是怎样的？日本国内围绕TPP问题，赞成派和反对派各自的主要观点是什么？本章将对上述几个问题一一展开论述。

## 第一节 日本参与TPP谈判的决策过程

与TPP谈判坎坷多舛、彳亍而行相仿，日本参与TPP谈判的过程也可谓一波三折，前后历时2年又8个月，可分成三个发展阶段。首先是2010年7月29日，民主党籍的首相菅直人首度正式提出日本要参与TPP谈判，后因日本东部“3·11”地震而被迫暂停讨论；其次是继任首相的野田佳彦于2011年11月11日表明了日本将参与TPP谈判的意愿，但却因新一轮的政党轮替而未能最终实现；最后是二度拜相的安倍晋三于2013年3月15日正式宣布日本参与TPP谈判。

日本政府对TPP问题的关注其实在麻生太郎任首相的2008年就已经开始，[①] 且当时美国政府也两次向日本政府表态希望其加入TPP。但当时日本的政治氛围是“变天”，支持率持续低迷的麻生内阁面对踌躇满志的民主党要求尽早提前实现众议院大选的咄咄逼人之势，把全部精力投入到如何使自公联盟苟延残喘上面了，根本无力在TPP问题上多着墨迹。而在经济层面，即使是对缔结FTA最积极的经济产业省当时也认为日本不能参与TPP谈判，理由是TPP的门槛太高。[②] 此外，尽管民主党在竞选公约中也提及了要进行日美FTA谈判，但却并非是鸠山由纪夫的选项。[③] 他出任首相后提出了“东亚共同体”的构想，实则是把施政重点放到了与亚洲国家的经济一体化领域中，对TPP的进展漠不关心。看到鸠山因在普天间基地搬迁等问题上开罪美国而被迫辞职，对继任首相的菅直人震动很大。因此，他上台后立即选择了通过顺应美国和官僚以延长政权的一种做法。其“当务之急是就是‘修复’日美同盟关系”，急于想利用2010年日本主办APEC的机会，送给美国一份大礼。[④] TPP被菅直人看重也与这一背景息息相关。

菅直人首度提出TPP问题是2010年7月29日。[⑤] 10月1日，他在国会发表施政演说时，正式表态日本要准备参与TPP谈判。8日，他在第二次“新增长战略实现会议”上强调说，日本

---

① 山田正彦『TPP秘密交渉の正体』竹書房新書2014年、51頁。

② 作山巧『日本のTPP交渉参加の真実—その政策過程の解明—』文真堂2015年、106、107、109頁。

③ 田代洋一『安倍政権とTPP—その政治と経済—』筑波書房ブックレット2013年、30頁。

④ 田代洋一『安倍政権とTPP—その政治と経済—』筑波書房ブックレット2013年、25頁。

⑤ 作山巧『日本のTPP交渉参加の真実—その政策過程の解明—』文真堂2015年、131頁。

应研究参与TPP谈判的问题，并指示下属要在当年11月召开的横滨APEC领导人非正式会议之前便将TPP议题植入到推进亚太经济一体化的基本方针中去。

“新增长战略”的目的是为了重振日本经济，其基本方针早在2009年12月30日便通过了内阁决议。2010年6月8日，菅直人接替鸠山出任首相伊始就打出了“新增长战略”这张牌。6月18日，内阁决议通过了“2010新增长战略——‘健康日本’复兴蓝本”，提出到2020年日本名义GDP每年平均增长率超过3%的目标，并为此规划了七大重点战略领域：（1）“绿色创新”环境与能源强国战略；（2）“生命创新”健康强国战略；（3）亚洲经济战略；（4）旅游导向型国家与本地复兴战略；（5）科技与IT导向国家战略；（6）就业与人力资源战略；（7）金融战略。①

从以上内容看，丝毫看不出菅内阁有将TPP纳入到“新增长战略”中的迹象。实际上，在内阁决议通过前夕的6月16日，时任经济产业大臣的直嶋正行拜访经团联时，曾向他们说明了政府“新增长战略”的概要，当时经团联副会长佐佐木干夫曾要求政府“应考虑参与TPP”。而直嶋仅是回答作为综合性经济合作的基本方针，政府目前正将FTAAP构想纳入视野，并为2020年前实现这一框架而努力。足证当时的菅内阁还没有思考参与TPP谈判的问题，但为什么到了7月份却突然提及此事，更于10月在国会做出日本要参与TPP谈判的表态呢？那是因为外务、经济产业两省的官僚看到美国内心十分希望日本能够表态参与TPP谈判，恰逢当年日本将举办APEC会议，且菅直人正愁如何借助主场外交向美国送“大礼”。于是，他们便向菅进言，将TPP问题纳入视野。② 可见，对于TPP问题，由于事起仓促，菅直人的

① 「新成長戦略 ~『元気な日本』復活のシナリオ ~」、http://www.kantei.go.jp/jp/sinseichousenryaku/sinseichou01.pdf。

② 佐藤洋『TPPターゲットーアメリカの「モクロミ」と日本の進むべき道』新日本出版社2011年、7頁。

做法难免给人以唐突的印象。[1]

此外，TPP 以综合性高标准的 FTA 自诩，强调要免除包括农产品在内的所有商品的关税。众所周知，农业一直是日本经济的软肋，保护本国农业，拒绝开放农产品市场长期以来成了日本的一贯作风。因此，菅直人此举引发的争议可谓“一石激起千层浪”，瞬间传遍全国。为了统一党内共识，他责令民主党政调会成立了由时任常务政调副会长[2]山口壮任组长的 APEC、EPA、FTA 对应研究项目小组（通称“经济合作项目小组”）。

外务省出身的山口壮属于 TPP 推进派，因此菅直人的初衷是希望小组会顺着参与 TPP 谈判的思路进行研讨，并在 APEC 会议之前明确提出日本应参与 TPP 谈判的政策建言。但自小组开会伊始便注定事情不会沿着菅的意愿进行。小组最初的名称为“农业与经济合作项目小组”，是参考韩国得来的。但时任外相的前原诚司强烈反对，表示说 TPP 涉及 24 个领域的自由化，农业并非其全部，因此要求把农业两字去除。而同属前原派——凌云会的时任官房长官仙谷由人也附议支持，遂使小组改用后来的名字。[3] 但从改名一事可以看出，TPP 推进派从一开始便意图强迫出身农业选区的 TPP 慎重派议员就范。通常而言，相比自民党跟农业选区关系密切，民主党的票仓被认为集中于都市选区，[4] 但实际上民主党内来自农业选区的议员并不在少数。其人数的比例虽然没有自民党那样高，绝对数量也相当惊人。以此为背景，参会的农业选区议员因担忧 TPP 会对农业造成巨大冲击而强烈反对日本参与 TPP 谈判。

---

① 田中祐二、内山昭『TPPと日米関係』晃洋書房 2012 年、4 頁。

② 民主党主政之初，时任干事长的小泽一郎曾废除了政调会长一职，但由此导致党属议员无法在政策形成过程中发挥作用，而引发了强烈不满。菅直人继任首相后遂宣布恢复该职。

③ 山田正彦『TPP 秘密交渉の正体』竹書房新書 2014 年、65 頁。

④ 中村靖彦『農林族——田んぼのかげに票がある』文春新書 2000 年、117 頁。

与此同时，号称民主党内反TPP急先锋的前农林水产大臣山田正彦成立了以民主党国会议员为中心的“关于TPP的紧急学习会”，在短短的两天里，便吸引了114名国会议员参与。后来，山田又联系执政联盟的时任国民新党党首亀井静香和前首相鸠山由纪夫，成立了规模超过270人的“审慎思考TPP之会”。[①] 而项目小组也随之分成由前原诚司、仙谷由人为首的TPP推进派和由时任农林水产相的鹿野政道和号称TPP主管大臣的经济产业相大畠章宏为首的TPP审慎派。最终小组的政策建言也从原案的“就参与TPP谈判事与已参与谈判的九国开展双边谈判，在谈判过程中确认是否参与TPP谈判”，改为“为收集信息进行协议，再就是否参与TPP谈判做出判断”。[②] 这一政策建言与菅直人的现阶段参与TPP谈判的意图可谓背道而驰。基于此，菅直人在2010年11月5日召开的“关于综合性经济合作阁僚委员会”会议上，做出了“在收集TPP相关信息的同时提出对策，一边尽快推进国内相关环境的改善，一边开始与TPP谈判国进行磋商”的指示。[③] 此举昭示着菅直人一方面坚持要参与TPP谈判的意图，另一方面为顾及党内的反对意见而并不在现阶段表态参与TPP谈判的方针。

进一步地，菅直人内阁于11月9日做出了“关于综合性经济合作的基本方针”的内阁决议，提出为了“开放国门”、“开拓未来”，应推进高标准的经济合作。而关于TPP谈判，方针中也加进了“必须推进信息收集工作，以有所对应，并开始同相关国家进行合作”的内容。与此同时，方针也不忘要推进农业的结构性改革，其宗旨就是要同时实现高标准的经济合作和振兴国

---

① 山田正彦『TPP秘密交渉の正体』竹書房新書2014年、54頁。

② 馬田啓一、浦田秀次郎、木村福成編著『日本のTPP戦略：課題と展望』文真堂2012年、158頁。

③ 馬田啓一、浦田秀次郎、木村福成編著『日本のTPP戦略：課題と展望』文真堂2012年、159頁。

内农业。[①] 为此，菅直人一方面表态要在2011年6月做出是否参与TPP谈判的判断，另一方面又成立了以自己为议长的“食品与农林渔业再生推进本部”，也决定于2011年6月制定基本方针，10月制定行动计划。紧接着，在11月11日和13日召开的G20峰会和APEC领导人非正式会议上，菅直人除表态日本将尽快营造国内环境，将TPP确认为最终实现FTAAP的重要一步，并开始与TPP相关国家进行谈判外，还反复强调说日本要推行“平成开国”，在促进自由贸易的同时，推动农业改革。

2011年1月14日，菅直人第二次改组内阁，将参与TPP谈判作为内阁的基本政策方针之一。为此，他竭力延揽认同己见者入阁，一方面任命前经济和财政政策相与谢野馨为经济财政担当相，民主党元老、前财务相藤井裕久为官房副长官，另一方面将在TPP问题上持谨慎态度的现任经济产业相大畠章宏改任国土交通相，经济产业相一职则由被外界认为是“TPP积极推进派”的原经济财政担当相海江田万里转任。内阁官房的国家战略室也启用在自民党时代就积极进行农业经营规模化结构改革的小林芳雄前农林水产事务次官为内阁参与，并以参与TPP谈判为目标，作为“食品与农林渔业再生推进本部”的事务局，将农田法改革也纳入视野，以求对农业进行彻底的改革。2月25日，在“食品与农林渔业再生实现会议”第三次会议时，他表示了要进行务农中坚力量、农田、流通的三位一体改革，作为提高日本农业国际竞争力的方向。至于对农业补贴也将从消费者承担改由纳税者承担。[②]

另一方面，2011年1月24日，菅直人又在第177届国会开幕式上发表施政演说，作为国家建设的理念，日本将继“明治

---

① 「包括的経済連携に関する基本方針」、http：//www. kantei. go. jp/jp/kakugikettei/2010/1109kihonhousin. html。

② 馬田啓一、浦田秀次郎、木村福成編著『日本のTPP戦略：課題と展望』文真堂2012年、159—160頁。

开国”和“战后开国”后向第三次的“平成开国”发出挑战，而将TPP视为“平成开国”的最有效手段，并于6月就日本是否参与TPP谈判得出结论。[①] 由此可见，日本政府将参与TPP问题已经提高到国家战略层面进行考量了。

菅直人内阁执意要参与TPP首先是有买美国欢心的意图。因此就连当时为执政联盟的国民新党的龟井静香也在2011年1月不得不对于如同演出一出出“闹剧”的菅直人的行为吐苦水说：“TPP可是要将关税全部归零的。首相说即使不可能也要在‘6月前得出结论’。能得出加入的结论吗？如果到时候不行的话，不是又会重蹈鸠山的覆辙吗？”[②] 或许是被龟井不幸言中，就在菅直人一心为参与TPP谈判做各种准备之际，“3·11”大地震彻底打乱了这一目标。

2011年3月11日发生在日本东北地区的里氏9.0级强震，对于日本经济、政治及社会各个领域均造成了极大冲击，对日本参与TPP谈判的影响也可从直接性和间接性两个维度展开讨论。

从直接性而言，大地震打乱了日本政府原定的施政排序，导致6月份是否参与TPP谈判的决定被迫延后。此次强震引发了大规模海啸，并导致福岛第一核电站4台发电机组发生严重核泄漏事故，使日本遭受了二战结束以来最严重灾害。死亡及失踪人数逾2.7万人，工商业、农业、渔业及畜牧乳品业等皆受重创。据内阁府发布的损失测算显示，仅道路、港口、上下水道等基础设施和企业设备的直接损失，最高可达25万亿日元。[③] 此次灾害规模空前，导致当时日本政府将施政的优先课题转向支援灾区、

---

① 「首相の施政方針演説」、『産経新聞』2011年1月25日。

② 佐藤洋『TPPターゲット—アメリカの「モクロミ」と日本の進むべき道』新日本出版社2011年、19—20頁。

③ 内閣府「東日本大震災の経済的影響」、http://www.cao.go.jp/keizai/bousai/pdf/higashi-keizaitekieikyou.pdf。

核泄漏防范等方面，只好将 TPP 议题暂放一边。[①] 诚如时任民主党政调会长、内阁特命担当大臣，玄叶光一郎所指出的那样："只有待核事故的对应措施及灾后重建工作告一段落后，才会重新考虑参与 TPP 谈判事宜。"[②]

从间接性而言，大地震使日本制造业和农业遭受重创，导致原本支持加入 TPP 的经济界更加积极，而反对的"农协"和日本医师会等态度也更加决绝。东北地区虽然并非日本的经济中心，但却集中了不少钢铁、石化、汽车、IT 等产业的零部件工厂。因此工厂停产使得零部件供应出现断档，导致整个制造业遭受"供应链断裂"压力。丰田、日产及本田等大型汽车厂商虽然先后宣布恢复生产，但开工率仅及震前的一半。其他如电子、电器、芯片、精密仪器等领域，日本一直处于全球产业链的高端，众多企业甚至以产品"独此一家"、"随要随到"等生产和物流方式为傲。结果受困于零部件短缺，不但国内制造业受到影响，海外也未能幸免。此外，受福岛第一核电站核泄露事件影响，不但电力短缺的问题将长期化，核电站 30 公里避难圈范围内的2000 多家企业也将长期停产。由此导致的工厂开工不足对复兴日本经济无疑是雪上加霜。

日本加入 TPP 的首要动因是扩大日本制造业的出口规模。受此次强震影响，日本国内零部件的供应断档，全球制造业也深受打击，并使得对日本企业有较强竞争力的韩国等后起之秀的企业已开始挤占日本在国际市场的份额。日本业界原本就支持参与 TPP 谈判，强震对日本制造业的打击使他们更加担忧日本产品的国际竞争力将会进一步削弱，因此他们主张日本应加快参与 TPP

---

① 「枝野官房長官：税と社会保障改革、TPPの先送り検討も」、『毎日新聞』2011 年 3 月 25 日。

② 立山清也「TPP：玄葉氏先送り示唆　実務作業進まず　震災対応に追われ」、『毎日新聞』2011 年 5 月 19 日。

的步伐。①

但另一方面，受此次灾害影响，日本东北地区农业受到重创。其中，沿海地区遭海水淹过的农田达2.36万公顷，青森、岩手、宫城、福岛等重灾区所有渔港都遭到毁灭性打击，2.25万艘渔船大部分受损，经济损失达11579亿日元。② 农业遭受重创，使得JA及众多农业道县更加认定，如果参与TPP对本已脆弱的农业无异于雪上加霜，因而反对的态度更加决绝，如当时即将上任的JA全中会长万岁章就敦促菅直人内阁应明确表态彻底放弃参与TPP谈判。③ 另一方面，菅直人内阁中围绕TPP议题的对立态势也有所加剧，持积极态度的经济产业相海江田万里、外相松本刚明认为应该坚持既有方针，而原本立场消极的农林水产相鹿野道彦则强调应以复兴灾区为内阁工作的优先考量，慎重对待贸易自由化问题。④ 总体而言，震后日本国内各派对TPP的态度诚如《外交事务》评论的那样："当重启TPP谈判时，支持者与反对者都将会利用这场灾难造成的重创，来为开放还是顽固坚持保护受地震和海啸打击的农业以及其他部门寻找依据。"⑤

概言之，一场突如其来的天灾导致菅直人内阁不得不暂时调整了政策的实施顺序。2011年3月29日，经济产业大臣海江田万里表示，受3月11日的强震影响，原定于6月做出是否参与

① 「社説　経済復興のためにもTPP参加を急げ」、『日本経済新聞』2011年4月19日。

② 内閣府「東日本大震災の経済的影響」、http：//www. cao. go. jp/keizai/bousai/pdf/higashi-keizaitekieikyou. pdf。

③ 「TPP検討の中止要求」、『産経新聞』2011年6月23日。

④ 「TPP参加判断を先送り　閣僚間でも意見対立」、『朝日新聞』2011年5月11日。

⑤ Michael J. Green，"Tokyo's Turning Point：How Will the March 11 Disaster Change Japan?" *Foreign Affairs*，April 9 2011，http：//www. foreignaffairs. com/articles/67720/michael-j-green/tokyos-turning-point.

TPP 谈判的决定被迫延宕。[1] 5 月 17 日，内阁也正式做出了“关于参与 TPP 谈判的判断时间还要进行综合性研究”的决议。与此同时，经济财政担当相与谢野馨一度表示关于参与 TPP 谈判的问题将在 11 月的 APEC 会议前做出。但如前所述，参与 TPP 谈判是菅直人内阁对外政策的基本课题之一，菅本人更是该议题的最高决策者和推动者。因此，他似乎不想让 TPP 议题延宕太久，如 5 月 27 日，菅直人与奥巴马会晤时曾承诺会在 9 月访美之前做出是否参与 TPP 谈判的判断。[2] 然而，随着菅因救灾不力等问题不得不于 8 月 26 日辞去首相职务，TPP 问题也只得由继任的野田佳彦去推进了。

继任的野田佳彦在菅直人内阁中担任财务相，本就是 TPP 推进派，因此在上任后的首个施政演说中已表明就 TPP 问题要“尽早得出结论”。当时，P9 已决定要在夏威夷的 APEC 会议上提出 TPP 的框架协议，因此时间紧迫，无论如何都需要野田尽早得出结论。然而，民主党内的推进派和慎重派对立依旧，政府和党内的协调都极为困难。为此，时任政调会长的前原诚司又重组了“关于经济合作和农业再生的项目小组”。

这样，自始至终两派意见就相持不下，JA 全中也使用一切办法反对 TPP，还递交了一份有 1166 万人联署的反对声明交给民主党。进一步地，全中还提出把赞成与反对 TPP 议员的名字向农户、农协成员公开的计划，并把计划书交给每个民主党议员，借以施压。结果导致当选次数少的农业选区出身的民主党议员反对 TPP 的声浪高涨。此外，山田在野田决定不顾一切要表态参与 TPP 谈判时，威胁说“年轻议员中已有人做好退党准备了”。审慎派为了敦促野田不要表态，可谓无所不用其极。山田当时给藤

---

① 「海江田大臣、TPP 参加の判断先送りも」、http：//news. tbs. co. jp/20110329/newseye/tbs_ newseye4687065. html。

② 「菅首相、米にすり寄り　TPP 先送り一転『早期判断』と口約束」、『産経新聞』2011 年 5 月 28 日。

村官房长官递交的审慎派议员名单显示，有224人之多，民主党显然已经分成两个阵营了。大体来讲，推进派主要是都市选区直选出来的众议员和比例代表选出的参议员，而审慎派则是农业道县选区直选出来的众议员和参议员。[①]

最终，小组讨论的结果主要有三点：（1）对于判断是否参与TPP谈判，政府应对担忧事项进行事实确认和向国民提供充分的信息，同时开展范围广泛的国民讨论；（2）对于野田首相要在APEC峰会时提出参与TPP问题，党研究的结果是“为时尚早，不应表态”和“应予表态”两种结论相持不下，但党内意见倾向于前一种意见；（3）基于第一、二点，希望政府根据以上意见审慎地作出判断。[②] 可见面对声势浩大的反对浪潮，民主党内最后也未能得出是否参加TPP谈判的明确共识，最终只得提请野田首相做出政治决断。但值得注意的是，第三点也由原始意见的“政府应作出审慎判断”改为“政府应审慎地作出判断”，从而为野田本人做出政治决断留了很大余地。[③]

基于此，野田于2011年11月11日在出席夏威夷APEC领导人非正式会议前夕就TPP问题做出政治决断，指出“以坚决保护日本的医疗制度，传统文化和美丽的农村为前提，以参与TPP谈判为目标，与相关国家展开协商”。[④] 进入2012年后，一方面关于日本参与TPP谈判的具体日期迟迟未定，这主要还是因为民主党内意见迟迟难以统一，及与农协等利益集团的协调也运行不畅之故，甚至连新任的农林水产大臣郡司彰也态度消极，[⑤] 但另一方面日本与其他TPP谈判国家进行的前期交涉一刻也未停

---

① 馬田啓一、浦田秀次郎、木村福成編著『日本のTPP戦略：課題と展望』文真堂2012年、161—162頁。

② 山田正彦『TPP秘密交渉の正体』竹書房新書2014年、67頁。

③ 馬田啓一、浦田秀次郎、木村福成編著『日本のTPP戦略：課題と展望』文真堂2012年、163頁。

④「TPP交渉　参加方針」、『朝日新聞』2011年11月12日。

⑤ 山澤逸平、馬田啓一、国際貿易投資研究会編著『アジア太平洋の新通商秩序：TPPと東アジアの経済連携』勁草書房2013年、128頁。

止，且得到了美加澳新四国[①]以外的7国支持。[②]

然而，随着民主党政权的政绩乏善可陈，治理成效不彰，且分裂不断，新一轮政权轮替氛围已在日本社会酝酿，尤其是2012年9月26日安倍晋三强势重登自民党总裁之位后。11月16日，野田宣布解散众议院，提前举行大选。在选举期间，民主党选举公约指出若获胜定然参与TPP谈判。与此相对的是安倍领导的自民党却表示说，“自民党反对加入要免除所有商品关税的TPP”，且为了夺取农业选区的席位，自民党还打出“我们不撒谎，坚决反对TPP，可不是装模作样”的竞选口号。[③] 且当选的自民党众议员中有225人也表态反对参与TPP谈判，而明确表态支持者仅30人左右。[④]

然而，安倍就任首相后立即改弦更张，将TPP定位为“安倍经济学”的重要一环。众所周知，安倍二度执政后为重建日本经济，提出了被称为“安倍经济学”的“三支箭”，即以超级量化宽松政策为特征的大胆的货币政策、扩张性财政政策和大规模公共投资、以结构改革和刺激民间投资为中心的经济增长战略。在增长战略中，安倍强调必须为TPP为中心，配合财政、金融政策来提高民间企业的投资意愿。[⑤] 以此为基础，自民党外交、经济合作调查会于2013年2月13日公布了“关于参与TPP谈判的基本方针”：在竞选纲领的基础上提出：（1）只要TPP谈判仍坚持取消全部关税，没有例外的话，拒绝参与谈判；（2）不接受违反自由贸易理念的汽车等工业制品的数值目标；（3）维护全

---

① 2011年11月夏威夷APEC会议期间，加拿大和墨西哥正式参与TPP谈判，TPP谈判国由此从原来的9国增至11国。

② 外務省「TPP交渉参加に向けた関係国との協議の結果」、http://www.mofa.go.jp/mofaj/gaiko/tpp/pdfs/tpp01_13.pdf。

③ 田代洋一『安倍政権とTPP—その政治と経済—』筑波書房ブックレット2013年、30—31頁。

④ 作山巧『日本のTPP交渉参加の真実ーその政策過程の解明ー』文真堂2015年、173頁。

⑤ 斎藤貴男『安倍改憲政権の正体』岩波ブックレット2014年、23頁。

民参与的保险制度；（4）维护食品安全放心的基准；（5）不同意有损国家主权的诸如ISDS条款；（6）在政府采购、金融服务等领域，立足于日本原有特征参与谈判。方针还指出："我们一定会保护日本的国家利益，保护美丽的日本，创造强大的日本，并让后代得以传承。"① 但安倍却在2013年2月21—24日的访美过程中，就TPP问题与美国协商达成三点共识："（1）日本将一部分农产品，美国将一部分工业制品均定性为'敏感品种'；（2）最终的结果将在谈判中进行决定；（3）TPP谈判过程中，不能要求单方面预先承诺废除全部关税。"② 此后，旋即相继在自民党和内阁内设立"TPP对策委员会"及"TPP政府对策本部"，并于3月15日正式宣布参与TPP谈判。③

对于是否赞同参与TPP谈判，日本国内的民调显示，赞成的占44%，反对的为37%。但具体来看，认为TPP对日本农业有负面影响的为60%，远远超过认为有正面影响的20%，另有81%的受访者对"进口粮食感到不安"，88%的人回答"粮食安全标准降低后会产生不同程度的问题"。④ 因此，安倍为了降低农业方面的压力，打出了被称为"进攻型农业"的"安倍经济学"的农业政策，并授意在内阁府中设置规制改革会议·产业竞争力会议，对实现包括农业在内的经济增长提出政策建言。2013年2月，会议主张"10年后使日本的农业生产额达到世界第三，出口额达到世界第三"，"以10—15年为目标，农户的大米种植面积达到50公亩（北海道为100公亩），以实现有效率的农业生产……以签署FTA的国家为中心，营造具有扩大出口

---

① 「TPP交渉参加に対する基本方針」、https：//www. jimin. jp/policy/policy_ topics/pdf/pdf088_ 1. pdf。

② 「日米の共同声明」、http：//www. mofa. go. jp/mofaj/kaidan/s_ abe2/vti_ 1302/pdfs/1302_ us_ 01. pdf。

③ 「安倍内閣総理大臣記者会見」、http：//www. kantei. go. jp/jp/96_ abe/statement/2013/0315kaiken. html。

④ 田代洋一『安倍政権とTPP—その政治と経済—』筑波書房ブックレット 2013年、6頁。

的竞争机制”，“农业生产法人的限制放缓，实现有限公司形态的农业法人全面自由化”。紧接着，农林水产战略调查会和农林部会于同年4月25日共同召开会议，制定了“农业·农村收入翻番10年战略”，5月21日的内阁决议新设立了以首相为本部部长的“农林水产业·地方活力创造本部”，[①] 并在参议院改选前夕的6月14日提出了“日本再兴战略”（2014年6月24日修订）。[②] 以此为基础，日本政府于12月10日制定了“农林水产业·地方活力创造计划”，并在2014年6月24日对计划进行了修订。[③]

另一方面，奥巴马政府则确定了3个日本必须在参与谈判前事先解决的问题：日本对美国牛肉进口的限制；美国制造的汽车的市场准入；保险和快递问题。

第一，自2003年12月美国华盛顿州发现第一例“疯牛病”（牛海绵状脑病）病例后，日本禁止进口美国牛肉。之后，虽然日本放宽了限制，允许进口牛龄20个月以下的牛肉，但美国向日本施压，还要进一步放宽限令。结果日本允许进口牛龄在30个月以内的美国牛肉。

第二，该问题源自日本进口的由底特律三大汽车制造商——克莱斯勒、福特和通用汽车——生产的车辆很少，那些公司认为是日本的税收、安全和环境制度、保险和其他非关税壁垒造成的这种状况。由于这些讨论，日本同意根据其“优先处理程序”（Preferential Handling Procedure）将美国生产的车辆的数目从每“车型”2000辆提高到每“车型”5000辆。此外，两国同意在并行的谈判中解决与汽车贸易有关的非关税措施等问题，包括制度、

---

① 「農林水産業・地域の活力創造本部の設置について」、http://www.kantei.go.jp/jp/singi/nousui/pdf/konkyo.pdf。

② 「『日本再興戦略』改訂 2014—未来への挑戦—」、http://www.kantei.go.jp/jp/singi/keizaisaisei/pdf/honbun2JP.pdf。

③ 「農林水産業・地域の活力創造プラン（改訂案）」、http://www.kantei.go.jp/jp/singi/nousui/pdf/plan-honbun-kaitei.pdf。

标准和认证的透明度，“绿色”和其他新技术车辆、分销。这些并行的谈判也解决制订特殊“保障”条款的问题，以应对汽车进口的恶性激增，还有特别的关税“迅速反弹”（snap-back）机制，以应对伙伴未能履行在汽车贸易上的承诺。日本同意，根据拟议的TPP，美国对日本机动车辆进口的关税（小汽车为2.5%，轻型卡车为25%，相关汽车零部件6%—10%）将分阶段取消，缓冲期等于该协议中最长的分阶段取消关税的时间。①

第三，日本政府经营的日本邮政活动是美国贸易代表办公室与日本关于保险的协议的主要焦点，日本邮政的子公司出售保险和快递服务。日本宣布，在其确定私营保险公司与日本邮政之间的竞争形成“公平条件”之前，政府不会批准日本邮政销售新的或修改后的癌症保险产品或单独的医疗保险产品。进一步地，日本还表示日本邮政将于2015年秋季实现上市（7月24日，在日本参与TPP第十八轮谈判的翌日，又表态将上市计划提前到2015年春季实施）。②

此外，双方同意举行与TPP谈判并行的谈判，以便解决与保险业的非关税措施、政府采购、竞争政策、快递、动植物检验检疫措施有关的问题。这些并行谈判的目的是在TPP主要谈判完成之际实现取得“切实而重大”（tangible and meaningful）的成果，且在TPP协议生效之时具有法律上的约束力。③

对于事先协议，美国显得极为重视。如2012年6月，美国国会方面指出为什么这么重视与日本的事前协议时说：“不要把是否认可日本、加拿大和墨西哥三国参与TPP谈判问题等量齐观，根据我们多年来与日本人打交道的经验，尽管不断要求日本人开放市场，但成效甚微。因此我们要得到日本人的保证，不但

---

① http://www.ustr.gov/sites/default/files/04132013% 20Japan% 20OVERVIEW% 20factsheet%20FINAL_1.pdf.

② 山田正彦『TPP秘密交渉の正体』竹書房新書2014年、41頁。

③ http://www.ustr.gov/about-us/press-office/press-releases/2013/april/amb-marantis-japan-tpp.

是事后的保证，也包括事前的保证。”[①] 最终，在日美完成事先协议后，美国于4月12日宣布支持日本参与TPP谈判。4月18—19日，众参两院农林水产委员会通过决议，将大米、麦、砂糖、猪牛肉和牛奶等乳制品列为死守关税的“圣域”，并称如果不被认可的话，不惜退出谈判。此外，由于美国的同意，此前持反对意见的加、澳、新三国立即转变立场表示了支持。这样，在日本支付了高价的入场券之后，终于在2013年7月23日正式参与了在马来西亚举行的TPP第十八轮谈判。[②]

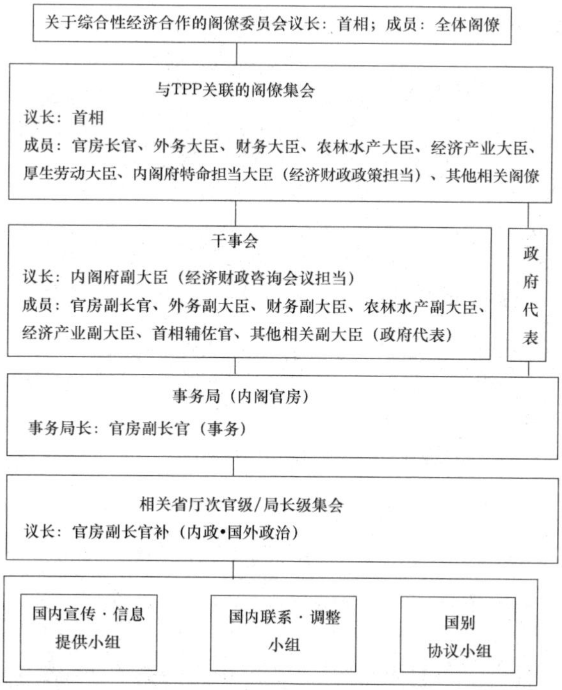


**图2—1 日本参与TPP谈判的组织结构**

资料来源：『保護政策は正しい！TPPはアメリカの策略だ！』宝島社2012年、37頁。

---

① “TPP Partners Invite Mexico And Canada To Join TPP Talks, But Not Japan”, *Inside U. S. Trade*, June 22, 2012, pp. 9 - 10.

② 山澤逸平、馬田啓一、国際貿易投資研究会編著『アジア太平洋の新通商秩序：TPPと東アジアの経済連携』勁草書房2013年、284頁。

从菅直人到安倍晋三，三任首相虽然分属不同党派，但从参与TPP谈判的决策过程来看，却呈现出惊人的一致性，即首相官邸在决策中的主导地位特征明显。围绕着TPP问题，无论是政府还是执政党的决策过程都发生了改变，可以说整个决策过程打破了一贯以来的由省厅局课制定草案，逐层向上的既定程序，而由首相提出基本方针，自上而下按照指令执行。

自民党政权长期以来的政策决策过程特征在于，在政策形成过程中存在“执政党事前审查制度”和“执政党和政府的二元结构”。执政党议员在政府提出法案通过内阁决议之前，先通过政调会和总务会之间进行事前审查。执政党内取得一致意见后，规定党属国会议员在投票时符合党的决议，使法案最终能在国会通过。其重要之处在于通过党内非正式的场合，尤其是在某些特定场合中对政策决定具有一定影响力的“族议员”，与此同时为了顺利让法案通过而来回奔走协调的“调整型官僚”。可是民主党执政后情况有所改变，民主党素以排斥官僚，以“政府主导”的政策决定过程建构为目标。但是排斥了经验丰富的官僚之后，执政党议员与政府之间的沟通也并不充分，最终导致因经验不足在政策决定过程中瑕疵明显。

民主党政权在“政治主导”和“内阁一元化”的旗帜下，作为首相直属的机构设置了国家战略室，负责进行省厅之间和政府内的政策调整，实现政治主导的理念。另外，作为内阁府特命担当大臣增设了国家战略大臣。这个职务还兼任政调会长，因此还兼任党内的各派意见调整。“内阁官房”、“国家战略室”、“政策调查会”三个部分成为一体，在首相决定要参与TPP谈判为最终方向调整，担任辅佐、强化、调整的角色。

菅直人时期出任国家战略相的是民主党政调会长玄叶光一郎，他负责统筹战略室的全部事务，建构起以平野达男内阁府副大臣等政务三役员为中心运营的体制，负责重要政策的筹划立案、综合调整和为首相提供政策建言和信息。民主党的逻辑是像TPP这样的横跨多领域问题，关于是否参与谈判需要迅速应对的场合，不可能先归纳各省厅的意见，而只能由国家战略室与首相一边协调，一边加以调整。而作为首相倡议的研究课题（战略），作为辅佐首相的机关，将研究课题具体化，即构筑“战术”。进一步，以首相为主席的“增长战略规划制定会议”，筹划制定“新增长战略”，为推进新增长战略的实现而设置“新增长战略实现会议”等，政策决策体系发生很大变化。

在之前的自民党政权时期，各省厅中的实质性政策决定在阁僚和以干部官僚为中心的“省议”中决定，但在鸠山和菅内阁时期，由阁僚、副大臣、政务官组成的政务三役，在省厅设定议题，制定法案，从省厅间的调整到提出阁议的过程，一直由他们主导。进一步地，省厅间的调整自民党时代在阁议前要召开事务次官会议，但鸠山、菅废除了这个制度，代之关系阁僚委员会进行调整，并提出阁议。

政调会在之前的自民党时代是发挥执政党事前审查功能的，菅直人组阁后虽然恢复了这一组织，但功能却变成了提出政策建言的组织。政调会内设置涉及相关省厅课题对应的项目小组，对于中长期课题则设置“调查会”。作为党与政治的调整功能由政调干部会承担。菅直人内阁玄叶一人身兼两职，负责与官邸步调一致决定政策意见。而各议员所属的项目小组对于政府法案并无事前认可、决定权，只是一个向内阁提出政策建言的机构，这与自民党时期的执政党事前审查制度完全不可同日而语。

在自民党时代，利益集团的利益诉求是通过政调会各部会中的“族议员”反映的，再通过“族议员”对执政党事前审查施加影响，但在民主党政权，业界陈请由民主党干事长室下设的“陈请要望对应本部”一体接受，再向政务三役进行反映。其目的在于防止特定领域内族议员对政策决定施加影响，与此同时限制利益集团的陈请，减轻政务三役的负担。各省按规定不准接受利益集团的直接陈请，不过是事后按照本部的情况汇总，制定相关法案，向内阁提出而已。

野田上台后，开始修正民主党路线，提出政官协调体制的政治主导。由首相、官房长官、干事长、政调会长、国会对策委员长这党三役加干事长代行构成政府·党三役会议，作为事实上的最高决策机关。以政调会长为中心，在政调会上负责党内协调，政策决定问题原则上要政调会长认可，再通过政府·党三役会议强化对党政策决定的参与、权限。另外需要提及的是，一度被民主党废除的事务次官会议制度在“3·11”地震发生后，作为震灾对应的“联络会议”，事实上恢复了事务次官会议，每星期开一次会。①

对比菅直人和野田佳彦，前者自2010年10月就提出参与TPP谈判的计划到因“3·11”地震而不得不延宕，期间经历了半年之久却未见进展。而野田从2011年9月组阁到11月11日发表“以参与TPP谈判为目标，与相关国家展开协商”的声明，前后不过两个月时间，为何却能在TPP问题上取得重大进展呢？在分析这个问题之前，需要说明的是，菅直人首提TPP时，因事前仓促，无论是民主党还是政府着实混乱了一个时期，这多少对其未能拿出决断有所影响。但在此处，主要作为自变量提出的是民意的政治支持和党内的政治支持两点。所谓民意的政治支持，主要指首相执政的民意基础，通俗地讲就是是否通过众议院大选直接当选首相的。这一点菅和野田都是通过党内选举出任首相的，民意的政治支持都相对脆弱，因此这一点可视为控制变量。对二人的比较主要从党内的政治支持角度分析。

民主党成分鱼龙混杂，政治理念方面除了在打败自民党夺取执政权这一点上一致外，其余领域分歧很大，甚至是南辕北辙。对菅直人而言，当时党内的最棘手问题就是如何处理最大派系小

---

① 馬田啓一、浦田秀次郎、木村福成編著『日本のTPP戦略：課題と展望』文真堂2012年、151—157頁参照。

泽一郎派。原本像TPP这样的重大课题，一方面面临“扭曲国会”，另一方面党内反弹声浪四起，身为首相理应竭力安抚反对派，团结尽可能团结的一切力量。由于当时民主党奉行“脱小泽”路线，结果作为民主党最大派阀的小泽集团居然没有一人入阁或担任党的重要职务，这导致了不但没有结束党内的混乱局面，还间接促成以小泽派议员为中心成立“审慎思考TPP之会”。此外，亲近小泽的前国会对策委员长山冈贤次设立了“推进提高食品与能源的自给率和作为增长产业的环境政策的议员联盟”，构成了对官邸主导“改革”的压力结构。这样围绕TPP问题，菅直人一味强力冒进的后果就是要得到党内的“政治性支持”是难上加难。因此，尽管首相高高在上，可以提出参与TPP谈判的基本方针，但是到落实方针上就显得寸步难行。换句话说，菅直人为了推进“脱小泽”路线，对小泽派一直打压，但与此同时又要求小泽派支持自己的方针，这显然是事与愿违。此外，小泽派多是地方选区出身，他们的选票基础并不稳固，因此农业票支持与否对其能否连任至关重要，而利益的冲突也造成了小泽派无法支持菅直人。连一开始对TPP比较积极的大畠也因为顾及本选区（茨城县第五选区）的农业团体的反对而改变态度。①

野田继任首相后，无论是国内外还是党内外环境并无明显改变，但他却在TPP问题上取得了很大进展。很大程度上是由于野田打出的旗帜是修正“脱小泽”路线，举党体制和党内融合。其象征就是重新要与小泽关系密切的舆石东出任干事长，并将所有陈请窗口交由舆石东解决。如舆石就这样游说全中的万岁章会长说，“农业可是至关重要的，应该通过TPP把危机改为契机”。还有就是野田原本决定11月10月对外发表关于TPP问题的声

---

① 馬田啓一、浦田秀次郎、木村福成編著『日本のTPP戦略：課題と展望』文真堂2012年、161頁。

明，也是在他的劝阻下延缓一天对外宣布，[①] 且从表述内容由原来的正式发表参与谈判退而变成进行事前协商来看，也显示了对审慎派的顾虑。[②] 就在野田成功地把前原诚司、冈田克也、舆石东等党内实力派全部聚集到自己的阵营中时，小泽本人当时也因为政治献金问题而焦头烂额，再无力像之前那样反对 TPP，最后导致反对 TPP 的人数虽多，但是缺乏领袖。[③]

进一步地，野田还任命农协出身的钵吕吉雄出任“关于经济合作和农业再生的项目小组”组长，借此更有效地对审慎派议员进行说服工作。钵吕是民主党内著名的“农林族”。他出身北海道，1971 年从北海道大学农学学部毕业后便在北海道的“农协”工作近 20 年。后在“农协”的鼎力支持下，他自 1990 年开始连续 7 次当选众议员，曾任众议院农林水产委员会委员长、经济产业大臣。[④]

野田在对审慎派分化打击、使之无法形成更大凝聚力的同时，也开始修正“脱官僚”的政治主导路线，改以“政官协调体制下”的政治主导方式，对“各府省联络会议”这一事实上的事务次官会议也委以更大的职责，如原本被冷落的在首相官邸负责综合调整的官僚首领泷野官房副长官重掌大权，有利于从不同省厅那里搜集信息。[⑤]

民意的政治支持和党内的政治支持两个自变量也同样适用于安倍身上。自民党派系林立，素有“八大师团”之称。但实际上自 1994 年引入小选区制度后，首先是从制度层面开始削弱党内派阀对抗整个党的能力，其次就是小泉纯一郎就任首相期间对

---

① 「TPP 参加表明延期の舞台裏」、『朝日新聞』2011 年 11 月 18 日。

② 山田正彦『TPP 秘密交渉の正体』竹書房新書 2014 年、70 頁。

③ 馬田啓一、浦田秀次郎、木村福成編著『日本のTPP 戦略：課題と展望』文真堂 2012 年、163—164 頁。

④ 「新内閣　課題山積み」、『朝日新聞』2011 年 9 月 3 日。

⑤ 馬田啓一、浦田秀次郎、木村福成編著『日本のTPP 戦略：課題と展望』文真堂 2012 年、164 頁。

各派阀的打压和强化首相官邸的做法，最后是三年的自“五五体制”以来的最长在野期的影响，虽然党内仍是派阀林立，但影响力早已与之前不可同年而语。① 因此在安倍挟众议院胜选的强大民意的政治支持之前，各派阀的影响力更加式微。如安倍本人原属于“町村派”②，在组阁时却完全按照是否赞同自己的执政理念进行论功行赏式地任命阁僚，丝毫看不到对本派阀的照顾之处，以至于“町村派”会长町村信孝公开显露对安倍的不满，但也无可奈何。换言之，强有力民意的政治支持给安倍也带来了强大的党内政治支持，党内几乎找不出可以对安倍发挥掣肘作用的力量。

也正因为如此，尽管党内存在人数众多的TPP审慎派，但对于安倍做出参与TPP谈判的政治决断，除了在“口头”上表示反对外，也就是一方面向农协保证“坚决反对取消五个重点品种的农产品关税”，一方面将其制成法案使之在国会通过而已，而看不到有一人敢于“造反”。③ 作山巧也分析指出，自民党终究是时隔三年重新执政的，而在这一过程中安倍的领导力可谓居功至伟，导致了其影响力在党内无出其右，加之自民党很多新当选议员资历尚浅，很大程度上依靠安倍的支持才能当选，倘若他们在TPP问题上完全与安倍意见相左，下次选举时极有可能因失去了安倍的支持而得不到党内提名。此外，安倍在游说时多次强调TPP在对华牵制和强化日美同盟方面的政治意涵，这在促使审

---

① 田代洋一、小田切徳美、池上甲一『ポストTPP農政—地域の潜在力を活かすために—』農文協ブックレット2014年、9頁。

② 2014年12月25日，“町村派”会长町村信孝因出任众议院议长而脱离自民党，该派遂由代理会长细田博之继任会长一职，与此同时“町村派”亦更名为“细田派”。2015年4月21日，町村信孝因身体欠佳而辞去众议院议长一职，同年6月1日病逝。

③ 田代洋一『TPP＝アベノミクス農政—批判と対抗—』筑波書房ブックレット2013年、6頁；石川幸一、馬田啓一、渡邊頼純編著『TPP交渉の論点と日本—国益をめぐる攻防—』文真堂2014年、21—22頁。

慎派的转向上也发挥了重要作用。① 实际上，自民党内也有很多人因担忧影响2013年7月举行的参议院改选，而反对安倍过早地就TPP问题进行表态。但尽管如此，安倍考虑到越靠近选举恐怕对自民党越不利，仍拍板决定在3月15日宣布参与TPP谈判。②

在首相官邸的主导下，安倍迅速做出参与TPP谈判的政治决断，并意图通过TPP这个外部压力，形成倒逼机制，以推进国内的农业改革。③ 而与参与TPP谈判的决策过程相仿，在制定农业改革政策的决策过程方面，安倍内阁的做法也一改往昔由相关省厅官僚·自民党农林族议员合作层层向上制定政策的程序，而完全由首相官邸主导。首先是首相官邸提出基本方针——“日本再兴战略”，并在内阁府内设置首相直属的政策建言机构——规则改革会议·产业竞争力会议。而农林水产省所扮演的角色不过是为该方针设计具体实施步骤。而自民党的农林族议员无论是在党内的农林部会还是国会审议中，所主张的只能是在赞成参与TPP谈判的前提下，就一些具体的利益提出诉求。④

从日本参与TPP谈判的过程曲折蹇滞来看，固然受“3·11”地震和日本政局动荡等因素影响，但最为根本的问题在于围绕着是否参与TPP谈判问题，不但政界分成赞成、反对两派，甚至可以说日本整个国家也为此分成了两派意见，且两派的争论即使到了日本正式参与TPP谈判后仍在持续，而未见停息的迹象。

---

① 作山巧『日本のTPP交渉参加の真実—その政策過程の解明—』文真堂2015年、190—191頁。

② 山澤逸平、馬田啓一、国際貿易投資研究会編著『アジア太平洋の新通商秩序：TPPと東アジアの経済連携』勁草書房2013年、283頁。

③ 田代洋一、小田切徳美、池上甲一『ポストTPP農政—地域の潜在力を活かすために—』農文協ブックレット2014年、10頁。

④ 田代洋一、小田切徳美、池上甲一『ポストTPP農政—地域の潜在力を活かすために—』農文協ブックレット2014年、11頁。

# 第二节　TPP赞成派的观点分析

针对是否参与TPP谈判的问题，日本的政界、各利益团体、学界，存在着各种歧见，孰是孰非难下定论，且争论愈演愈热，最后竟导致整个社会陷入了赞成和反对两种意见截然对立（“赞否两论”）的局面，甚至有日本因TPP问题而被“一分为二”的说法。可以说，这正是日本在加入TPP问题上延宕日久的根本原因。

**表2—1　日本国内各行业对参与TPP谈判的意见**

| | 赞成 | 反对 |
|---|---|---|
| 农林渔业 | 28.6% | 57.1% |
| 报纸、广播、出版、广告、电影制作部门 | 33.3% | 41.7% |
| 医疗、福利服务业 | 38.5% | 33.9% |
| 零售业 | 40.6% | 33.7% |
| 批发业 | 50.0% | 30.4% |
| 电力、煤气、热能、自来水行业 | 43.5% | 30.4% |
| 其他服务业 | 46.1% | 30.2% |
| 信息、通讯服务业 | 49.5% | 29.0% |
| 公务 | 48.4% | 26.4% |
| 教育、研究服务业 | 46.6% | 26.2% |
| 金融、保险行业 | 53.6% | 26.2% |
| 无业者 | 41.4% | 25.4% |
| 运输业 | 61.5% | 23.1% |
| 建设行业 | 55.7% | 21.5% |
| 制造业 | 56.7% | 21.4% |
| 法律、审计服务业 | 62.5% | 18.8% |
| 饮食业 | 54.8% | 9.7% |

资料来源：馬田啓一、浦田秀次郎、木村福成編著『日本のTPP戦略：課題と展望』文真堂2012年、173頁。

**表 2—2　各都道府县对日本参与 TPP 谈判的意见**

| | 赞成 | 反对 | | 赞成 | 反对 | | 赞成 | 反对 |
|---|---|---|---|---|---|---|---|---|
| 冲绳县 | 22.2% | 55.6% | 三重县 | 39.1% | 30.4% | 群马县 | 42.9% | 21.4% |
| 青森县 | 25.0% | 50.0% | 奈良县 | 52.5% | 30.0% | 鹿儿岛县 | 35.7% | 21.4% |
| 枥木县 | 25.0% | 50.0% | 山梨县 | 30.0% | 30.0% | 兵库县 | 42.0% | 21.0% |
| 德岛县 | 28.6% | 42.9% | 新潟县 | 48.6% | 29.7% | 茨城县 | 45.0% | 20.0% |
| 京都府 | 34.0% | 40.0% | 千叶县 | 51.9% | 27.3% | 大分县 | 20.0% | 20.0% |
| 北海道 | 32.3% | 39.5% | 冈山县 | 51.5% | 27.3% | 东京都 | 51.9% | 19.5% |
| 宫崎县 | 33.3% | 38.9% | 广岛县 | 50.8% | 27.1% | 福岛县 | 43.8% | 18.8% |
| 岐阜县 | 39.4% | 36.4% | 爱知县 | 47.9% | 26.8% | 福井县 | 54.5% | 18.2% |
| 山口县 | 35.3% | 35.3% | 富山县 | 46.7% | 26.7% | 爱媛县 | 54.5% | 18.2% |
| 秋田县 | 66.7% | 33.3% | 埼玉县 | 50.0% | 26.5% | 鸟取县 | 66.7% | 16.7% |
| 佐贺县 | 50.0% | 33.3% | 神奈川县 | 47.6% | 26.2% | 长崎县 | 52.6% | 15.8% |
| 岩手县 | 33.3% | 33.3% | 宫城县 | 47.8% | 26.1% | 熊本县 | 47.1% | 11.8% |
| 山形县 | 33.3% | 33.3% | 大阪府 | 50.7% | 25.3% | 香川县 | 55.6% | 11.1% |
| 岛根县 | 33.3% | 33.3% | 高知县 | 62.5% | 25.0% | | | |
| 福冈县 | 42.6% | 31.5% | 滋贺县 | 58.3% | 25.0% | | | |
| 和歌山县 | 38.5% | 30.8% | 石川县 | 41.7% | 25.0% | | | |
| 长野县 | 56.8% | 24.3% | 静冈县 | 53.2% | 24.2% | | | |

资料来源：馬田啓一、浦田秀次郎、木村福成編著『日本のTPP戦略：課題と展望』文真堂2012年、174頁。

其中，赞成派主张参与 TPP 谈判是突破日本经济发展停滞的重要决断，并借由经济发展来强化国家竞争力。政界中公开赞成 TPP 的政党有自民党、公明党、民主党和日本维新会。需要说明的是，虽然上述四党内部并非铁板一块，同时存在赞成派与反对派，但作为政党统一对外宣示政策纲领时则表现为支持 TPP。自民、公明和民主党强调在 TPP 谈判中应严格遵守 2013 年 4 月 18—19 日国会通过的相关决议。其中，民主党更明确重申如果日本在 TPP 谈判中不能有效维护本国利益，不惜退出谈判，并表态要通过制定“信息提供促进法”以推动各种 FTA/EPA 谈判信息的公开。相比之下，日本维新会认为全球经济一体化是大势所趋，基于这一认识基础，认为日本除 TPP 外，也应积极推进 RCEP 和中日韩 FTA 的谈判。而次世代党[1]的态度则相对暧昧，指出对 TPP 的赞成与否要视其最终协定的内容来定，因此如果 TPP 谈判能够有效维护日本的国家利益，党就持赞成态度。[2]

在政府机构中的赞成派主要是主张自由贸易的经济产业省的官僚。利益团体则以经团联、经济同友会、日本商工会议所、新经济联盟等以制造业为主的日本工商业界，尤其是出口产业界一直是 TPP 的积极推动者。而经常与企业团体对立的“日本劳动组合总联合会”（简称“联合”）则希望借由 TPP 来革除过时的经贸制度，因此属于有条件的赞成派。学界方面，由经济学者伊藤元重（东京大学教授）、国际政治经济学者田中明彦（JICA 理事长）、国际政治学者白石隆（政策研究大学院大学校长）、农业经济学者本间正义（东京大学教授）等专家学者所组成的“要求早起参与 TPP 谈判之国民会议”，主张日本应尽快参与 TPP 谈判，一方面可为日本经济带来活力，另一方面可借由积极参与世界贸易新秩序的形成而强化日本的国际影响力。[3]

如前所述，早在 2010 年 6 月 16 日，时任经济产业大臣的直嶋正行拜访经团联时，曾向他们说明了政府“新增长战略”的概要，时任经团联副会长的佐佐木干夫当面就要求政府“应考虑参与 TPP”。[4] 10 月 21 日，经团联又公开发表“要求进一步推进经济合作协定——面向 APEC 首脑会谈的紧急倡议”，要求日本政府早日参与 TPP 谈判。紧接着是 11 月 1 日，号称日本经济

---

① 2015 年 12 月 21 日，次世代党更名为守护日本之魂党（或译珍视日本之心党）。

② 「各政党に聞く　どうする農協改革、食料・農業・農村政策、TPP 交渉」、『日本農業新聞』2014 年 12 月 1 日。

③ 李世晖：“日本国内的 TPP 争论与安倍政权的对应”，载《台湾国际研究季刊》2014 年第 3 期，第 137 页。

④ 佐藤洋『TPPターゲットーアメリカの「モクロミ」と日本の進むべき道』新日本出版社 2011 年、7 頁。

界三团体的经团联、日本商工会议所和经济同友会在东京紧急集会，再度要求菅直人内阁在横滨APEC领导人非正式会议上发表参与TPP谈判的决议。决议称，如果错过这一机会，日本就会被世界的发展和繁荣淘汰。① 时任日本经团联会长的米仓弘昌更是直截了当地说，日本如果不参与TPP谈判，就会成为世界的孤儿，政府应好好考虑国家利益。②

具体而言，决议的基本见解有如下6点：（1）聚焦于国内商业环境（境内壁垒，behind the border）的改善方面；（2）以改善中小企业营商环境为目标；（3）增加迄今为止的EPA没有的领域、内容，如禁止技术转移要求、强化仿制品和盗版的取缔、禁止在政府采购方面对国际的歧视、禁止对本国零部件的优惠待遇、禁止资源和食料的出口限制、贸易手续的简单化等；（4）将发达国家的相关制度引入到发展中国家中；（5）以高质量的贸易自由化为目标，但根据谈判确保敏感品种的余地；（6）在生活、社会层面引发讨论的事项，如金融服务谈判将发展中国家的金融服务市场开放为焦点。③

TPP的特征从经济角度而言是一种高水平的自由贸易协定，而推动日本加入TPP的国内外经济动因可归纳为如下5点：

首先，提高日本产品的国际竞争力，扩大出口，振兴日本经济，减轻政府财政压力。日本属于典型性的出口导向型国家，“贸易立国”是其长期不变的国策。一方面，日本的汽车产业、电子机器产业等居于国际市场的高端位置，有较强的出口竞争力，其常年巨额的外贸黑字多受惠于此；另一方面，在经济全球化、区域一体化方兴未艾的今天，日本与他国缔结自由贸易协定

---

① 佐藤洋『TPPターゲット—アメリカの「モクロミ」と日本の進むべき道』新日本出版社2011年、82—83頁。

② 竹中平蔵「TPPを政策転換の突破口に」、『日本経済新聞』2010年11月3日。

③ 馬田啓一、浦田秀次郎、木村福成編著『日本のTPP戦略：課題と展望』文真堂2012年、117—118頁。

的停滞不前在很大程度上削弱了其产品的国际竞争力，也导致日本的外贸盈余急速减少。[①] 尤其在日本社会“少子·老龄化”日益严重，日元汇率居高不下，且受到“3·11”震灾重创的情况下，如果不加快签署自由贸易协定的步伐，日本产业进行海外转移的势头将进一步加快，其结果则是制造业空洞化的现象愈加严重。曾在菅直人内阁出任外相的玄叶光一郎就指出，日本国内市场相对狭小，如果加入 TPP，未来可将拥有 40 亿人口的亚太自由贸易圈的市场视为“内需市场”，这无疑将有利于日本企业的国际竞争力，有利于日本在与周边国家竞争中获得主导权。但如果日本继续“锁国”的话，日本产品的竞争力将日益下降，业界也只能将企业转移到海外，加上日元汇率居高不下，产业的空洞化将愈演愈烈。为增强日本企业的竞争力，乃至恢复日本经济的活力，与主要贸易伙伴签署高水平的自由贸易协定是当务之急。[②]

举例而言，日本最具国际竞争力的出口产品是运输机械和电气机器两大类，其关税分别为 0.0% 与 0.2%，这一数值皆低于美国、澳大利亚等参加 TPP 谈判的国家，如果日本加入 TPP 的话，无疑会有利于其汽车、电子机器等传统优势产业的出口。对此，在正式参与 TPP 谈判之前，日本政府分别于 2010 年 10 月和 2013 年 3 月发布过两组数据，来测算加入 TPP 后为日本经济带来的利益。

第一组数据显示，若加入 TPP，到 2020 年可以使日本的 GDP 每年增加 2.4—3.2 万亿日元，年增长率提高 0.48%—

---

① 如 2007 年日本的贸易盈余为 24.5 万亿日元，但 2010 年的贸易顺差已减少至 16.1 万亿日元，2011 年的某些月份甚至出现赤字。为此，时任经济产业相的枝野幸男指出，如果不改变现状的话到 2015 年时日本的经常收支项目将会变成赤字。而实际上受“3·11”震灾的影响，日本外贸的恶化情况和赤字趋势远远超出当时政府的预测。参见「枝野経産相　外貨稼ぎ、経常収支黒字に」、『朝日新聞』2011 年 11 月 4 日。

② 玄葉光一郎「TPPを奇貨にFTA交渉を加速化する」、『Voice』2011 年 1 月号、96—97 頁。

0.65%，反之出口则会大受影响，到2020年汽车及电子机器等主要产业的生产额每年将减少10.5万亿日元，就业人数也将减少81.2万人，实际GDP也会因此下降1.53%。① 但当时在日本政府内部，经济产业省和农林水产省也分别对加入TPP的利弊做了测算。更为重要的是，各省所做的测算相比国家利益，似乎更侧重考虑本部门的利益，强调TPP对各自部门的影响。② 在经济产业省公布测算结果的同时，农林水产省测算认为，加入TPP将给日本农业带来毁灭性的打击。其结果显示，加入TPP会导致日本农业损失7.9万亿日元，食粮自给率将从2010年的40%陡降至14%（包括水产品在内则为13%）。③ 两种测算数据公布后，赞成与反对的两派也是各持一端，以至于出现各自在主张自己观点的时候，偏重引用对己有利的数据，而刻意回避甚至质疑对方数据的现象。

基于此，安倍晋三认为有必要统一政府的测算数据，内阁官房遂在他于2013年3月15日安倍正式宣布参与TPP谈判的同日，公布了政府统一测算的结果。数据显示，加入TPP将导致日本的出口增加2.6万亿日元（占GDP比重的0.55%），海外对日投资增加0.5万亿日元（占GDP比重的0.09%），消费增加3.0万亿日元（占GDP比重的0.61%）。另一方面，因进口关税的废除，导致包括大量农产品在内的进口也将增加2.9万亿日元（占GDP比重的0.60%，其中农产品进口增加2.6万亿日元）。两下综合后，TPP对日本经济的贡献为3.2万亿日元，占GDP比重的0.66%。④ 显而易见，这对近年来零增长甚至负增长的日

---

① 内閣府「包括的経済連携に関する検討状況」、http://www.mofa.go.jp/mofaj/gaiko/fta/pdfs/siryou20101106.pdf。

② 馬田啓一、浦田秀次郎、木村福成編著『日本のTPP戦略：課題と展望』文真堂2012年、238頁。

③ 内閣府「包括的経済連携に関する検討状況」、http://www.mofa.go.jp/mofaj/gaiko/fta/pdfs/siryou20101106.pdf。

④ 内閣官房「関税撤廃した場合の経済効果に関する政府統一見解」、http://www.cas.go.jp/jp/tpp/pdf/2013/3/130315_touitsushisan.pdf。

本经济而言可谓一剂“强心剂”。仅就汽车产业而言，经济产业省预计，加入 TPP 后，日本每年将减少支出 2200 亿日元的关税，汽车的出口环境会因此好转，国内就业也将因此而扩大。可见，对于在制造业方面竞争优势比较明显的日本而言，加入 TPP 是工商界的不二选择。对此，《每日新闻》的一项调查就显示，日本国内企业有 73.8% 支持政府参与 TPP 谈判，并认为这是日本企业保持国际竞争力所不可或缺的。①

此外需要提及的是，在日本政府税源日益萎缩的同时，财政支出却大幅增加，进一步导致日本国债总额屡创历史新高。包括短期国债在内的日本国债总额已突破 1000 万亿日元，约为 GDP 的两倍多，其比例位居世界之首。“3·11”震灾后，日本国会又批准了高达 18.1 万亿日元的三次补充预算案，目前又开始公开发售“复兴债券”，总额约 2.5 万亿日元的第四次补充预算案也将在年内通过国会审议，这无疑会使得早已债台高筑的日本政府更加捉襟见肘。② 而为了扩大税收，民主党的野田佳彦内阁曾在一片争议声中决定将消费税从 5% 分两步增至 10%。到了 2014 年 11 月，安倍内阁决定将消费税从 8% 进一步升至 10% 的日期，从预定的 2015 年 10 月延后一年半至 2017 年 4 月实施，此举却掀起轩然大波，最终成为安倍宣布解散众议院提前大选的导火索。相比之下，通过扩大外贸盈余的方式缓解政府财政压力的做法是被普遍接受的。从这一角度而言，日本通过加入 TPP 以提高产品的国际竞争力，扩大外贸盈余，振兴日本经济，并缓解政府财政压力的意图是显而易见的。

其次，推动农业的结构性改革，提高农产品的国际竞争力。众所周知，地狭人稠、精耕细作是日本农业的主要特征，但也因生产规模小、劳动力成本高昂而缺乏国际竞争力，长期依赖财政

---

① 「主要企業アンケート：新成長戦略に期待」、『毎日新聞』2011 年 1 月 4 日。

② 野田総理官邸「三次補正とこれから」、http://kawaraban.kantei.go.jp/2011/12/201112022.html#more。

补贴和贸易保护成为了日本经济的软肋。因此，从菅直人内阁开始，日本政府就是将TPP与振兴农业、推进农业结构改革作为两个并列方向同时展开的。

据统计，2010年日本农业占GDP比重仅为1.2%，政府补贴竟然高达GDP的1.1%，[①] 在日本经济持续低迷、财政长期恶化，加之遭受“3·11”震灾重创的情况下，这显然难以持久。在贸易保护方面，以日本人的主食稻米为例，日本政府为确保种植稻米的农户的收益，一方面自1970年以来长期在国内实行被称为“减反政策”的限制种植面积等措施；另一方面，对进口大米施加超高关税，在防止国外廉价大米进入日本市场的同时维持本国大米高昂的市场价格。事实上，日本一直以保护本国农业为名，拒绝开放本国农产品市场，在已经缔结的14个双边或区域EPA中，农产品几乎无一例外地被排除在外。甚至在参与TPP谈判期间，在日本与澳大利亚缔结的EPA中，农业也得到了很大的保护。其结果是除TPP外，迄今为止日本已生效的EPA中，自由化率最高的也仅为88.4%。在政府的竭力保护下，日本有10%的农产品平均关税超过200%，其中魔芋为1708%、大米为778%、淀粉为583%、黄油为360%、砂糖为328%。[②]

**表2—3　日本EPA的自由化率**

| 对象国 | 日本 | | | 对象国 |
|---|---|---|---|---|
| | 总体自由化率 | 农林水产品 | 工矿产品 | 总体自由化率 |
| 新加坡 | 76.9% | 21.3% | 95.8% | 100.0% |
| 墨西哥 | 86.0% | 46.3% | 99.3% | 94.3% |
| 马来西亚 | 86.8% | 52.7% | 98.3% | 98.6% |
| 智利 | 86.5% | 51.7% | 98.3% | 93.0% |

① 「農家、政府から多大な支援　TPP参加検討は評価」、『日本経済新聞』2011年2月16日。

② 「TPP：参加、菅首相『6月に判断』農業の体質強化急務　現状と課題Q&A」、『毎日新聞』2011年1月4日。

**续表**

| 对象国 | 日本 | | | 对象国 |
|---|---|---|---|---|
| | 总体自由化率 | 农林水产品 | 工矿产品 | 总体自由化率 |
| 泰国 | 87.2% | 54.3% | 98.3% | 98.7% |
| 印度尼西亚 | 86.6% | 52.1% | 98.2% | 88.7% |
| 文莱 | 84.6% | 51.9% | 96.0% | 98.9% |
| ASEAN | 86.5% | 52.1% | 98.5% | 90.3% |
| 菲律宾 | 88.4% | 59.1% | 98.3% | 98.9% |
| 瑞士 | 85.6% | 51.1% | 98.0% | 79.1% |
| 越南 | 86.5% | 53.7% | 97.9% | 71.5% |
| 印度 | 86.4% | 53.9% | 98.0% | 86.4% |
| 秘鲁 | 87.0% | 56.1% | 98.1% | 94.9% |
| 澳大利亚 | 88.0% | — | — | — |

资料来源：作山巧『日本のTPP交渉参加の真実—その政策過程の解明—』文真堂2015年、8頁。

更为严重的是，目前日本农业就业人口为260.6万人，平均年龄为65.8岁。[①] 其中65岁以上的占60%，75岁以上的占30%。从事贩卖的农户数量从1990年的297万户到2010年已经降至163万户，几乎减半。此外，以务农为主的主业农户也从82万户降到36万户。[②] 进一步而言，2005年时55—59岁和2010年时60—64岁的农业就业人口从26.1万人增至31.9万人。这显示很多人是退休后才开始务农的。2009年新参加农业生产的人口有6.7万人，其中50%是60岁以上的人。而39岁以下的新增人口只有1.5万人。[③] 如果不进行改革，到2015年

① 農林水産省「農林水産基本データ集」、http：//www.maff.go.jp/j/tokei/sihyo/index.html。

② 農林水産省編『食料・農業・農村白書　平成22年度』農林水産省2011年、207、227頁。

③ 農林水産省編『食料・農業・農村白書　平成22年度』農林水産省2011年、228—229頁。

时这一数字还将减少22.4%。[①] 显而易见，日本农业如果继续维持现在的局面，将无以为继。[②] 加入TPP固然会对日本农业造成冲击，但如果不改变现状的话，随着农业从业者高龄化现象愈加严重，从事农业的年轻人将越来越少，农业生产率也会不断降低，日本农业将面临存亡危机。因此，日本政府意图化TPP的压力为动力，推动农业的结构性改革，提高生产效率的同时也提升国际竞争力。[③]

为培育具有可持续性发展及强有力的日本农业，菅直人内阁时期便已采纳由JA综合研究所所长今村奈良臣提出的“农业六次产业化”理念，即将农业从业者从事生产+第二产业的对农产品进行加工+第三产业的贩卖、流通，使农业变成了第一、二、三产业的有机结合。[④] 在此基础上，野田组阁后又于2011年10月25日决定设立由其本人担任本部长的“粮食与农林渔业的再生推进本部”，意图通过上述农业的结构性改革，充分有效地利用农村地区资源，以第一产业的农业为基础，综合发展农产品加工等第二产业，并与农产品直销、饮食业、休闲农业等第三产业进行有机整合，以扩大农户种植规模，降低成本，提高农业附加值，并鼓励更多的人投身到农业生产中。[⑤] 安倍二度组阁后，提出了创建“进攻型农业”的农政改革政策，并将之纳入到“安倍经济学”的范畴中。为此，他授意在内阁府中设置“规制改革会议·产业竞争力会议”，制定了“农业·农村收入翻番10年战略”。2013年5月21日，内阁决议新设立了以首相

---

① 田代洋一「浮き足立つ民主党政権にTPP協議を任せられるか」、『世界』2011年1月号、85頁。

② “Japan's Third Opening”, *THE WALL STREET JOURNAL*, November 14, 2011.

③ Michael Richardson, “Economy is key to security”, *The Japan Times*, Feb, 23, 2011.

④ 玄葉光一郎「TPPを奇貨にFTA交渉を加速化する」、『Voice』2011年1月号、96—100頁。

⑤「世界ときそう農業　50年越しの難題　政府、農地集積など基本方針」、『日本経済新聞』2011年11月6日。

为本部长的“农林水产业·地方活力创造本部”①，并在参议院改选前夕的6月14日提出了“日本再兴战略”（2014年6月24日修订）。② 以此为基础，日本政府于12月10日制定了“农林水产业·地方活力创造计划”，并在2014年6月24日对计划进行了修订。③

概言之，日本意图以加入TPP为动力，一方面促使农业进行产业结构改革，向规模种植和提高农业附加值方面转变；另一方面也打开农产品出口海外的窗口，尤其是有利于经济作物及畜牧产品拓展海外市场。

再次，借TPP的平台，事实上启动了日美自由贸易协定谈判，并与美国共同主导未来亚太自由贸易新秩序。美国是日本第二大贸易伙伴，但因日本农产品市场长期封闭等问题，使得美国一直对日本启动双边自由贸易谈判的要求不予首肯。而包括日本在内的参与TPP谈判的12国中，日美两国的经济总量占12国GDP的80%以上。换言之，日本参与TPP谈判不啻事实上启动了日美自由贸易谈判。而实际上日美的双边谈判也是与多边谈判同时进行的。

此外，美国强势推动TPP，目的就是“把整个太平洋地区的发达经济体和发展中经济体汇合起来，建立一个统一的21世纪贸易社区。一个基于规则的秩序对于达到最终建立一个FTAAP的APEC目标也至关重要”。④ 而日本赶在TPP完成谈判之前加入其中，一方面可以说是赶上了TPP建章立制的“末班车”，另

---

① 「農林水産業·地域の活力創造本部の設置について」、http：//www.kantei.go.jp/jp/singi/nousui/pdf/konkyo.pdf。

② 「『日本再興戦略』改訂2014—未来への挑戦—」、http：//www.kantei.go.jp/jp/singi/keizaisaisei/pdf/honbun2JP.pdf。

③ 「農林水産業·地域の活力創造プラン（改訂案）」、http：//www.kantei.go.jp/jp/singi/nousui/pdf/plan-honbun-kaitei.pdf。

④ Hillary Rodham Clinton，“Clinton on America's Pacific Century：A Time of Partnership”，http：//iipdigital.usembassy.gov/st/english/texttrans/2011/11/20111111130141su0.1332928.html#axzz1dIub4CLr.

一方面凭借着其世界贸易大国的雄厚实力，亦可与美国共同主导21世纪亚太自由贸易的新秩序，并在亚太经济一体化的新一轮进程中占据有利位置。

第四，在中美争夺亚太地区自由贸易规则主导权的背景下，将TPP视为改变亚太地区的力学结构，是使日本居于有利位置的重要举措。日本参与TPP谈判，不但对TPP本身的扩大在一定程度上发挥了多米诺骨牌效应。尤其是在TPP达成协议后，对日本正在参与谈判的RCEP、中日韩FTA及日欧EPA等而言，日本的主动性增大了不少。①

在野田于2011年11月宣布“以参与TPP谈判为目标，与相关国家展开协商”② 后，加拿大和墨西哥也紧随其后。而原本坚持东盟10+3（中日韩）自贸协定的中国则开始对RCEP积极表态支持。加入TPP不但使日本成为TPP与东亚的连接点，使该地区迸发出新的增长潜力，更是一种以日美同盟为基础的亚太经济发展战略。③ 诚如2012年6月11日经团联所指出的那样：“当下最重要的课题就是尽早加入FTAAP先行者的TPP，并以此为杠杆，尽快开始日中韩FTA、东盟+6的自由贸易谈判。日本不能比加拿大和墨西哥晚，一定要在今年底前加入TPP，这是至关重要的。”④ 安倍宣布参与TPP谈判后，日本认为这对于东亚经济的一体化和FTA是一种冲击，促使各种谈判速度加快。如2013年3月26日，中日韩FTA第一次谈判开始，虽然此前中韩FTA谈判已经先行一步，但在日本表态后，中日朝立即启动了三方谈判。3月25日，日本宣布与欧盟启动EPA谈判。同年5月

---

① 「TPP GDP 世界の4割」、『朝日新聞』2015年10月6日。

② 「TPP交渉　参加方針」、『朝日新聞』2011年11月12日。

③ 潮田道夫「日中韓とTPP」、『毎日新聞』2011年11月22日；岡部直明「TPPと東アジアの結合を」、『日本経済新聞』2011年11月28日。

④ 日本経済団体連合会「TPPを梃子とする経済連携の促進に向けて——一刻も早いTPP交渉参加の英断を求める」、http：//www. keidanren. or. jp。

9日，文莱举行了第一轮RCEP谈判。① 而其中尤为值得一提的是，日本参与TPP谈判直接促成了日澳EPA协议的签署。

日澳EPA谈判始于2007年4月23日，但是过程异常艰难，导致协议迟迟未能签署。众所周知，澳大利亚是农产品出口大国，其对日本的农产品出口份额占日本进口农产品比重很高，如牛肉、小麦、砂糖、大米、天然干酪等均超过50%。澳大利亚相比精耕细作的日本农业，是典型的规模化经营，如其农户经营的平均农田面积约3000公顷，是日本的1500多倍。因此，面对澳大利亚强烈要求日本废除农产品关税的要求，日本则通过国会决议表示死守不放。而另一方面，澳大利亚对汽车、电器、工矿产品等征收的关税很低，且众多日本企业早已在澳实现当地化经营，日澳EPA对日本产业界所带来的利益甚微。因此，日本国内戏称日澳EPA对日本而言是“获利最小和损失最大”的双边自由贸易协定。而这也从一个侧面解释了双方彼此强硬，谁也不愿率先做出妥协的原因。但随着日本参与TPP谈判和日美开展双边磋商，澳大利亚担忧美国牛肉会挤占澳大利亚在日本市场的原有优势。以此为背景，当日本于2013年3月15日正式宣布参与TPP谈判后，日澳双方旋即于3月下旬重开谈判，并很快于2014年4月7日达成一致。根据协议，日本将分阶段减低对澳进口牛肉的关税，而澳大利亚也将对从日本进口汽车的大部分关税立即撤除，整体自由化率约88%。②

日澳EPA的重点是牛肉问题，焦点就是日本对澳进口牛肉削减关税后，如何保证在进口激增的同时不对国产牛肉造成巨大损失，并且不使用安全阀（紧急进口限制措施 = safe guard）机制。根据协议，SG将会在10年后进行重审，但又规定在新的措施没有出台之前仍然延续旧有措施。具体而言，日本对澳大利亚

① 山澤逸平、馬田啓一、国際貿易投資研究会編著『アジア太平洋の新通商秩序：TPPと東アジアの経済連携』勁草書房2013年、128頁。

② 田代洋一『戦後レジームからの脱却農政』筑波書房2014年、48—49頁参照。

产牛肉进口关税从现行的38.5%生效时先降为30.5%，翌年降为28.5%，第18年降为19.5%。冷藏品从生效时的32.5%翌年降为31.5%，第15年降为23.5%。日本认为重要品目从关税降低的对象中被排除，加之引入安全阀机制，就“可以使国内农林水产业继续维持并回避对健康发展带来的负面影响”。①

最后，面对韩国等新兴经济体，加入TPP有利于日本产品在与它们的国际竞争中继续保持优势地位。韩国等新兴经济体在汽车、钢铁、电子产品等众多领域具有较强的国际竞争力，对日本产品已形成较大压力。目前韩国已与中国、美国、欧盟等主要贸易伙伴缔结了FTA，其双边贸易额占韩国对外贸易总额的73.2%，而日本所占比重仅为23%，不足韩国的1/3，且与中美欧三大贸易伙伴均未缔结自由贸易协定。② 基于此，日本国内的汽车、钢铁业人士纷纷认为因韩国与中美欧缔结了FTA，使日本企业在与韩国企业的竞争中处于不利状态，因而期待日本早日加入TPP。

据日本汽车工业协会的统计，2004年4月韩国与智利FTA协议生效后，智利取消了从韩国进口汽车6%的关税，使得韩国出口至智利的汽车激增，到2007年达到7.5万辆，首次超过了日本在智利市场上的份额。2007年9月，当日本与智利EPA生效后，其份额随即于2008年又超过韩国。铃木汽车会长兼社长的铃木修因而表示：“日本企业在国际上只有与其他国家企业处于同等条件时才有竞争力。”而由于韩国在自由贸易协定方面远远领先于日本，日本在该领域的优势不断被韩国赶超。如2008年，日本每年对外出口汽车673万辆，但其中与韩国缔结FTA的国家占了80%。2011年，韩国FTA对象的汽车市场规模是

① 「日豪EPA承認案衆院審議入り　牛肉の扱い質問集中」、『日本農業新聞』2014年10月25日。

② 「韓国、中国と妥結　世界3位のFTA大国に」、『日本経済新聞』2014年11月11日。

4100万辆，但与日本签署EPA的对象的汽车市场仅810万辆。实际上因为FTA的缘故，2008年的韩国汽车世界市场占有率为5.1%，到2010年已经上升至7.7%。[①] 因此，日本产业界认为加入TPP也有利于日本企业扩大在美国的市场份额，日产公司就预测加入TPP后公司每年可向美国出口汽车近20万辆。此外，在钢铁行业，新日铁等大型钢铁公司认为韩国的浦项钢铁是其最主要的竞争对手。因此，日本钢铁联盟的林田英治会长也表示："如果不能加入决定出口竞争力的TPP则会招致重大损失。"[②]

综上所述，赞成派认为加入TPP可以使日本在经济领域获得如下几点利益：(1) 确保对本国产品的公平竞争条件；(2) 通过贸易手续改革提高通关手续的效率；(3) 强化取缔仿制品和盗版；(4) 强化对知识产权的保护；(5) 通过网络提高服务贸易自由化；(6) 开放政府采购市场，协调基建出口相关的制度、标准；(7) 取消对外资的差别待遇，导入投资仲裁制度（ISDS制度）。[③]

赞成派认为日本参与TPP谈判除了上述7点经济意图外，在政治层面的考量主要有以下三个方面：

首先，将TPP作为日本国内改革的机遇和实施"新成长战略"的最有效手段，并以此为抓手扭转日本国内日趋内向化的氛围。赞成派强调，继德川幕府末期的明治维新与第二次世界大战之后的"战后体制变革"，TPP可视为当代日本应积极进行的"第三次开国"。通过这样的市场开国与制度开国，不仅可让日本经济摆脱积弱不振的态势，更可重新建立日本已经失落多年的国家竞争力。众所周知，早在菅直人内阁时期，日本政府即将参与TPP谈判作为对外经济政策的基本课题之一。2011年1月24

① 馬田啓一、浦田秀次郎、木村福成編著『日本のTPP戦略：課題と展望』文真堂2012年、119頁。

② 「TPP閣議決定、『開国』へ一歩踏み出す」、『日本経済新聞』2010年11月10日。

③ 馬田啓一、浦田秀次郎、木村福成編著『日本のTPP戦略：課題と展望』文真堂2012年、118—119頁。

日，菅直人在第177届国会开幕式上发表施政演说指出，作为国家建设的理念，日本将继“明治开国”和“战后开国”后向第三次“平成开国”发出挑战。[①] 与此同时，日本内阁府公布的《新成长战略实现2011》中又明确将TPP视为目标实现的最有效手段。[②] 安倍也将参与TPP谈判视为日本国家发展的百年大计。[③]

随着日本经济持续不振，“少子·老龄”化倾向愈发严重，经济高速发展时期日本社会的那种开放竞争的风气也逐渐让位于保守内向的氛围。[④] 诚如《华尔街日报》社论所指出的那样：“反对TPP的声音主要来自于代表日本极端保守主义的老龄化农业人口的政客。在小块土地上耕作的日本农民担心自由贸易协定会打破他们享有几十年的关税保护，而这正是他们落后和低效的原因所在。”[⑤] 面对经济全球化这一不可逆转的潮流，无论是国家还是企业，唯有对外开放，积极参与国际竞争才是打破停滞、维持活力的不二法门，因此菅内阁才将加入TPP提高到“第三次开国”的战略高度，意图通过外界压力改变国内停滞不前的局面。[⑥] 一言以蔽之，“TPP的关键词就是改革和变化”。[⑦]

其次，将TPP视为巩固日美同盟、充实日美同盟内涵的重要手段之一。日美同盟一直是战后日本外交的基轴，在鸠山内阁因普天间美军基地的搬迁问题使日美关系发生龃龉的情况下，全面修复日美关系无疑是日本对美关系的当务之急。这一点无论是菅直人、野田佳彦，还是安倍晋三均持同一认识。

---

① 「首相の施政方針演説」、『産経新聞』2011年1月25日。

② 内閣府「新成長戦略実現2011年」、http://www5.cao.go.jp/keizai1/2011/0125_taisaku.pdf。

③ 吕慧敏：“日本加盟TPP对日本经济的影响”，http://web.wtocenter.org.tw/Mobile/page.aspx?pid=253643&nid=126。

④ 星浩「『内向き』脱するチャンス」、『朝日新聞』2011年11月13日。

⑤ George Melloan, “Noda's Plan Could Save Japan”, *THE WALL STREET JOURNAL*, November 7, 2011.

⑥ “Japan's Third Opening”, *THE WALL STREET JOURNAL*, November 14, 2011.

⑦ 岡部直明「TPPと東アジアの結合を」、『日本経済新聞』2011年11月28日。

修复日美关系从军事安全层面而言即妥善解决普天间美军基地的搬迁问题，日美双方已就此问题达成共识。而从政治经济角度而言，加入美国主导的TPP无疑是日本与美国强化合作、共同主导亚太的安全保障和经济的重要途径。① 因此，面对美国多次表态希望日本参加TPP谈判的情况，日本顺应美国的要求加入TPP，一方面有利于修复日美关系，另一方面也使得TPP将成为巩固日美同盟的经济基础，对充实日美同盟的经济内涵大有裨益。而对安倍而言，“日美两国拥有相同的普世价值观”一直是他的口头禅，因此作为强化两国关系手段之一的TPP，安倍实际上在参与TPP谈判问题上从来没有犹豫过。② 也正因为如此，2013年2月他访美归来后便洋洋得意地表示，“紧密的日美同盟关系完全复苏了”。③

最后，将TPP视为积极配合美国牵制中国在东亚发挥影响力的战略布局，加大对华的遏制力度。如前所述，美国“亚太再平衡”战略的主要目标之一是针对中国，而TPP则是实现这一战略的重要布局。美国意图建立一个包括APEC各成员在内的自由贸易圈，并在东亚整合中打入一个楔子，明确表现出美国不允许在东亚的整合中将美国排除在外的政治意图。④ 具体而言，从自由贸易角度而言，美国意图通过TPP来牵制中国与东盟的自由贸易区；从东亚区域整合角度而言，美国重返亚洲的举动既是对不断崛起的中国表现出一种疑虑，也是对中国在东亚地区影响力的一种牵制。⑤ 尤其是在中国与越南、菲律宾等国在南海问题上

---

① 「中国に対抗上　不可欠」、『読売新聞』2011年11月9日。

② 斎藤貴男『安倍改憲政権の正体』岩波ブックレット2014年、26頁。

③ 田代洋一『安倍政権とTPP—その政治と経済—』筑波書房ブックレット2013年、70頁。

④ 田代洋一「浮き足立つ民主党政権にTPP協議を任せられるか」、『世界』2011年1月号、79—86頁。

⑤ TAKASHI KITAZUME, “East Asian Big Three should work toward building new community Japan and South Korea urged to cooperate in dealing with China, up bilateral exchanges”, *The Japan Times*, March 14, 2011.

摩擦不断的情况下，TPP的意义早已超出经济框架范围，而逐渐演变为以美国为轴心的战略联盟，因此美国曾多次动员将TPP问题搁置起来的日本尽快表明立场。①

在东亚地区的历史上首次出现了中日两强并立的格局，这使得两国尚未在战略上找到如何共存的路径，从而陷入到结构性的深层次矛盾当中。这一思维定式表现为中日互争东亚地区的主导权，包括东亚地区经济整合的主导权。而面对中国迅速崛起、中日关系因钓鱼岛、靖国神社等问题而出现的僵局及朝鲜半岛局势飘忽不定，导致日本将进一步依赖美国。

这一点在日本国内对TPP的民调上最能体现出来。如2012年8月28日《朝日新闻》显示，关于“TPP对日本经济的影响”，认为好的占35%，坏的占37%。“对日本农业的影响”，认为好的占20%，坏的占60%。有81%的受访者对“进口粮食感到不安”，88%的人回答“粮食安全标准降低后会产生不同程度的问题”。关于“是否对日本的外交谈判能力有信心”，回答有的占18%，回答没有的占78%。但尽管如此，回答赞成参与TPP谈判的人是44%，超过反对的37%。到了安倍正式宣布日本参与TPP谈判时，民调显示赞成者为53%，反对者为23%，但对于TPP对农业的冲击仍有56%的受访者表示担心，而对于日本政府能否在谈判中坚守原则的调查显示认为不能者为40%，超过了能的39%。② 这样问题来了，不管调查的哪项内容都显示，日本民众认为TPP对日本的经济、农业和食品都是负面影响，又对日本的外交谈判能力没有信心，但为什么赞成加入TPP的人会多于反对的人呢？这个原因只能得出受安保问题影响的结论。诚如日本学者田代洋一分析的那样：“日本认为国家安全只

---

① 「東アジアで綱引き　中国、安保で台頭　米ロは警戒強める」、『日本経済新聞』2011年9月4日。

② 田代洋一『安倍政権とTPP—その政治と経済—』筑波書房ブックレット2013年、6頁。

能依靠日美同盟了，因此加入TPP是迫不得已的事情。”①

概言之，日本通过加入TPP，在安全上支持美国的“亚太再平衡”战略，配合美国牵制中国在东亚发挥影响力的战略布局，加大对华遏制力度的战略意图是不言自明的。

## 第三节 TPP反对派的观点分析

相比赞成派认为TPP是突破日本经济发展停滞的重要决断，反对派则针锋相对地指出，他们并非是反对自由贸易，而是强调TPP本身对日本经济获益甚微，若结合对农业等产业的严重冲击，两者加权后恐怕是弊大于利，甚至将有可能导致日本亡国。② 如在政界中明确反对日本参与TPP谈判的是日本共产党、生活党和社民党。三党反对的理由十分相近，都强调TPP会给日本的农业带来灭顶之灾，严重损害日本的国家利益。其中，日本共产党就明确指出，安倍内阁根本无法在TPP谈判中严守对国会的承诺，只会不断屈从于美国压力，把日本整个卖给美国，因此视TPP为“亡国之道”。③

政府机构中的反对派主要是农林水产省的官僚。利益团体中与农林渔业相关产业的公会和劳动团体，如JA全中、全国农业协同组合劳动组合联合会（简称“全农协劳联”）、农民运动全国联合会（简称“农民联”）、全国森林组合联合会（简称“全森联”）、全国渔业协同组合联合会（简称“全鱼联”）等均旗帜鲜明地反对日本加入TPP。此外，如中小企业的全国商工团体

① 田代洋一『安倍政権とTPP—その政治と経済—』筑波書房ブックレット 2013年、63頁。

② 石田信隆『TPPを考える：「開国」は日本農業と地域社会を壊滅させる』家の光協会2011年、3頁。

③「各政党に聞く　どうする農協改革、食料・農業・農村政策、TPP交渉」、『日本農業新聞』2014年12月1日。

联合会（简称“全商联”），医疗产业的日本医师会、日本药剂师会、日本牙科医师会，饮食产业相关的流通与消费组织，如生活协同组合联合会（简称“生协联合会”）与食品联合等，对TPP也持反对态度。①

与此相对应的是，日本全国47个都道府县有38个道县议会（北海道、青森、岩手、宫城、秋田、山形、福岛、茨城、群马、神奈川、新潟、富山、石川、福井、长野、岐阜、静冈、爱知、滋贺、兵库、和歌山、鸟取、岛根、冈山、广岛、山口、德岛、香川、爱媛、高知、福冈、佐贺、长崎、熊本、大分、宫崎、鹿儿岛、冲绳）通过决议或反对参与TPP谈判或采纳要求谨慎对待TPP的意见书。而全国町村会也曾于2010年10月举行了紧急决议，要求政府撤回参与TPP谈判的研究。同年12月1日，全国町村长大会也通过反对参与TPP谈判的特别决议。此外，全国为数众多的市町村议会也通过决议反对参与TPP。② 而2011年10月28日，共同通信对全国知事进行的关于TPP的调查也显示，赞成TPP的只有埼玉、静冈、爱知、大阪、广岛、大分6府县，北海道、东北、四国、九州等14个知事均表示担忧，提出“国内农业会受到冲击”和“国民并不同意”。27个知事则表示保留态度。③

进一步而言，在日本主要的农业道县中，反对加入TPP的团体成分也就更为复杂些。以东北地区的山形县为例，山形县的消费、商业、医疗、建设、劳动、农林水产的各领域18个团体于2012年4月19日成立了“‘阻止参与TPP’山形县联络会议”，不但进行街头宣传活动还举行各种集会、学习会、实地调查等，在安倍宣布参与TPP谈判的2013年3月，该会立即改成“‘坚

---

① 「TPP阻止国民会議」、http：//tpp. main. jp/home/。

② 石田信隆『TPPを考える：「開国」は日本農業と地域社会を壊滅させる』家の光協会2011年、47頁。

③ 馬田啓一、浦田秀次郎、木村福成編著『日本のTPP戦略：課題と展望』文真堂2012年、175頁。

决反对参与TPP’山形县联络会议”。到了2014年，该组织又扩大到了21个团体参加，包括山形县商工会联合会、山形县商工团体联合会、山形县生活协同组合、山形县消费生活团体联络协议会、山形县医师会、山形县民主医疗机关联合会、山形县建设劳动组合联合会、山形县和平中心、山形县劳动组合总联合、国民的粮食和健康守护运动山形县联络会、停止！TPP山形县县民行动团体、山形县农业共济组合联合会、山形县农业会议、山形县土地改良事业团体联合会、山形县森林组合联合会、山形县渔业协同组合、社团法人山形县畜产协会、山形县米谷收购协同组合、社团法人山形县调配饲料价格安定基金协会、山形县农民联、JA山形。①

2011年2月，以已故日本学士院会员、东京大学名誉教授，日本著名的经济学家宇泽弘文为代表的“谨慎思考TPP国民会议”成立，成员涉及国会议员、律师、学者、劳动组合、市民团体。2013年2月，又选出前日本医师会会长原中胜征为共同代表。8月，该组织改称“阻止TPP国民会议”。其中，学界除了宇泽弘文外，另有庆应大学经济学教授金子胜、青山学院大学教授榊原英资（国际金融学家）、东京大学教授铃木宣弘（农业经济学家）、早稻田大学副校长堀口健治等学者。他们对TPP持审慎、保留的立场，认为加入TPP会危及日本的农林水产业、食品安全及传统文化，同时亦主张政府必须向国民提供足够的信息，以利于全社会进行判断。②

反对派提出的主要立论基础是视TPP为美国对日本的一个“阴谋”，是美国政府和产业界一起推行的对日本经济结构改革政策的延续，意图按照美国的喜好去推行改造日本计划。此外，

---

① 原中勝征、TPP阻止国民会議編著『私たちはなぜTPPに反対するのか』祥伝社2014年、235—236頁。

② 原中勝征、TPP阻止国民会議編著『私たちはなぜTPPに反対するのか』祥伝社2014年、248—249頁。

它还是美国意图削减本国财政赤字、增加雇佣、活化本国经济的霸权工具。结论是，TPP 的本质并非是美国标榜的 21 世纪的自由贸易制度，而是将美国化推向亚太地区的一种手段。① 进一步地，对于赞成派强调加入 TPP 是日本主导未来国际贸易规则的重大机遇，即构筑未来亚太地区新经济秩序时，日本将会成为建章立制的主导者之一②，反对派就直斥为痴人说梦。

反对派指出，按照规定，首先 TPP 谈判的规则制定权仅限于 P9；其次，日本参与 TPP 谈判时，30 章（当时一致认为是 29 章）内容已有 24 章谈妥。对于这一部分，日本只能全盘接受，不得再行谈判；再次，在未来的谈判中，如果 P9 已经达成协议，则新成员（加拿大、墨西哥和日本）不得反对。此外，新成员提出谈判申请，在美国向国会提出申请后的 90 天内，P9 所达成的协议新成员也必须接受；最后，对尚未达成协议的内容，新成员无权提出增添或删减的要求。③ 换言之，新成员可谓毫无发言权，更遑论什么成为建章立制的主导者了。

最早系统地提出 TPP 是美国对日本的“阴谋”，并强调 TPP 会导致日本亡国的是曾任京都大学副教授的经济民族主义评论家中野刚志。2011 年，中野在《TPP 亡国论》一书中强调说，TPP 体现的是美国的意志，而日本政府所谓的“TPP 战略”不过是自欺欺人一厢情愿的说法。战后以来，日美关系的特点实质上是日本在安全保障问题上成为美国的“人质”，在 TPP 问题上也无法摆脱美国主导的贸易战略框架。加入 TPP 不但无法让日本再生，

---

① 原中勝征、TPP 阻止国民会議編著『私たちはなぜTPPに反対するのか』祥伝社 2014 年、4—5 頁。

② 谷内正太郎「安倍戦略外交の核心一価値観・哲学を共有し『アジア』と合従する」、『外交』Vol. 18，May 2013，32 頁；首藤信彦、高安雄一、吉崎達彦「TPPとニッポン——その戦略的得失を問う」、『世界経済評論』Vol. 57，No. 5，2013，21 頁。

③ 田代洋一『安倍政権とTPP—その政治と経済—』筑波書房ブックレット 2013 年、28—29 頁。

反而会导致日本亡国。[①] 中野的观点提出后，得到了反对派的共鸣，大家纷纷在演讲或文章中强调这一观点。如几乎与中野的《TPP 亡国论》同时出版的还有一本小仓正行的书就叫《TPP 灭国论》,[②] 而时任新党日本的众议院议员的田中康夫（2012 年众议院选举落选）更以此为口号，作为总召集人，于2011 年11 月在众议院提出了“反对参与 TPP 谈判的决议案”。结果有 232 人同意，其中民主党 96 人、自民党 98 人（当时众议员总数 118 人）、公明党 11 人、共产党 9 人、社民党 6 人、国民新党和新党日本 4 人、保护国益和国民生活会 2 人、日本奋起党 1 人、无党派 5 人。田中还形象地把 TPP 诠释成毁灭日本的 T（total，全部）P（poison，毒药）P（program，计划），即完全毒杀计划。他指出，与其说 TPP 是自由贸易，不如说是美国主导的经济圈，是美国单方胜利的保护贸易。[③] 此外，令人瞩目的还有日本前航空自卫队幕僚长田母神俊雄也认为，美国的对日战略基本上就是在战略上使日本事事顺从，TPP 则就是在经济上让日本成为美国的殖民地。[④]

进一步地，反对派把 TPP 与 1989—1993 年的“日美结构协议”和 1994—2008 年的“对日年度意见书”相联系，并将前者视为后者的延伸与扩展。美国对于日美贸易，一贯的做法是行使其拥有的政治实力、外交实力，对日本的贸易施加影响。面对日美之间长期以来的巨额贸易不平衡，美国始终不从自身寻找问题所在，总是强调这缘于日本国内的经济结构，因此两国 1989—1993 年的结构协议，实质就是美国主张日本应改变自身的经济结构，以适应美国的要求。[⑤] 从 1994 年开始，美国每年都提出

---

① 中野剛志『TPP 亡国論』集英社新書 2011 年、48—49 頁。

② 小倉正行『TPPは国を滅ぼす』宝島社新書 2011 年参照。

③『保護政策は正しい！TPPはアメリカの策略だ！』宝島社 2012 年、8 頁。

④『保護政策は正しい！TPPはアメリカの策略だ！』宝島社 2012 年、73 頁。

⑤ 原中勝征、TPP 阻止国民会議編著『私たちはなぜTPPに反対するのか』祥伝社 2014 年、27—28 頁。

“年度改革建议书”等，对日本广泛的生产领域和市场列举出美国企业认为的障碍问题，要求日本逐条改革，而日本政府对此基本被迫采取妥协态度。如2008年10月提出的建议书指出了对通信、信息技术、知识产权、医疗器械和医药品、竞争政策、商法及司法制度、（审议会等）透明性、国营企业民营化、流通、农业等领域的249个项目的“建议”。日本政府接受了上述建议，相应地提出了改正建筑基准法、医疗制度改革、司法制度改革、邮政改革、商法改革等多种制度变革。① 现在TPP问题出来了，美国就在年度改革建议书中明确要求日本在参与TPP谈判的同时进行日美双边FTA谈判，以迫使日本让步。②

基于此，日本的反对派指出，TPP简单来说谋求的不是贸易自由化，而是以制度自由化为目标，尤其是美国欲将自己的国内制度推广至亚太地区的所谓制度自由化。③ 如反对派中具有代表性的学者金子胜就提出，TPP所谓的自由贸易制度不过是漂亮的说词，实质不过是美国按照自身意图打造的“美式规则圈”。④ 进一步而言，TPP实际上是美国企业按照自身喜好对别国国内制度与经济结构进行改造的一种手段，是“由美国利益集团来管理的贸易协定”。⑤ 因此，对于日本加入TPP，反对派批评说“是被美国强行拉进去的”⑥，其结果就是美国主导下的对日改造，⑦ 使得只有1%的跨国企业有收益，而99%的其余人则被牺

---

① 石田信隆『TPPを考える：「開国」は日本農業と地域社会を壊滅させる』家の光協会2011年、51頁。

② 原中勝征、TPP阻止国民会議編著『私たちはなぜTPPに反対するのか』祥伝社2014年、28頁。

③ 首藤信彦、高安雄一、吉崎達彦「TPPとニッポン——その戦略的得失を問う」、『世界経済評論』Vol. 57，No. 5，2013，p. 8.

④ 『保護政策は正しい！TPPはアメリカの策略だ！』宝島社2012年、22頁。

⑤ http：//www. nhk. or. jp/bizplus-blog/100/150051. html#more.

⑥ 山澤逸平、馬田啓一、国際貿易投資研究会編著『通商政策の潮流と日本：FTA戦略とTPP』勁草書房2012年、173頁。

⑦ 中野剛志編『TPP　黒い条約』集英社新書2013年、74頁。

牲了。[1]

需要指出的是，反对派所宣传的“TPP 亡国论”，主要指加入 TPP 后会对日本原有的某些产业产生致命冲击，从而进一步导致日本无论是经商习惯、法律及社会面貌都会变得与美国趋同，[2] 而导致日本社会特有的由传统稻作文化滋生出来的，强调全民中流的“瑞穗之国”美誉也将不复存在。[3] 众所周知，TPP 虽然是 FTA/EPA 的一种，但目标可不仅只是“取消全部商品关税”，还涉及金融和保险、渗入公共事业、放宽医疗规则、劳动力移动的自由化等众多非关税领域，要求自由化和开放。另外，对于各国国内的制度和结构妨碍自由贸易的“非关税壁垒”（NTBs，Non-Tarriff Barriers），也要求降低或取消。而对日本来说，美国最想打破的非关税壁垒其实日本的文化。换言之，TPP 就是要使日本将自己特有的文化业一并丢弃。[4] 如日本因国土狭长、山地所占比重过大，加之本土资源贫瘠，因此为符合这一特征设计的轻型汽车在日本国内十分畅销。日本的轻型汽车约 2800 万辆，其中民用车就有 1900 万辆。尤其在离岛和山坳地带，既没有电车也没有地铁，即使是大巴每天也只有 2—3 辆往来。因此，无论是上班、上学、购物、看病，轻型车都是必备品。每家有 3—4 辆十分正常。在收税方面，如果是农用轻型卡车（自家用），税只有 4000 日元，自家乘用车为 7200 日元。但美国却不承认轻型汽车这回事，强调属于非关税壁垒问题，要求日本应遵循普通车（排气量 1 公升以上到 1.5 公升以下）的收费标准，每辆车收税 3.45 万日元，最低限度也应该在现行收税标准上翻番。显而易见，美国的提法根本忽视日本独特的国情，

---

① 山田正彦『TPP 秘密交涉の正体』竹書房新書 2014 年、21 頁。
② 斎藤貴男『安倍改憲政権の正体』岩波ブックレット 2014 年、27 頁。
③ 農文協編『TPP 反対の大義』農文協ブックレット 2011 年、8—18 頁。
④ 斎藤貴男『安倍改憲政権の正体』岩波ブックレット 2014 年、31 頁。

而且如果按照美国的要求无法适用于日本的农村。①

基于这一认识，日本已故著名经济学家宇泽弘文在批判TPP时，借用制度经济学的相关论述，提出了“社会性共同资本”的理念。宇泽认为，TPP所谓“取消全部商品关税”的想法源于新古典主义经济学。该命题成立的假设前提是现实中并不存在的制度性、理论性的各种条件，即生产手段的完全私有化、生产要素的可塑性、生产活动的瞬时性，还有就是对与全部人类经营活动相关的外部条件全不考虑，等等。它强调将每个人的能力发挥至极限，有效地利用各种生产要素，实现所有资源、生产要素的私有化，创造出一种一切事物都可通过市场实现的经济制度。显而易见，其特点是过于重视资源分配的效率性，完全忽视收入分配的公平性。而经济学应有的立场不是教人如何挣更多的钱，应是教人如何消除贫困，如何实现分配的公平性。②

日本传统的生产经营方式，强调的是为营造富裕的经济生活、发展优秀的文化，维持稳定、安宁、充满魅力的人类社会而追求与之契合的自然性和社会性的环境。在这里，自然环境、社会基础设施、制度资本相互依存，相互契合，和谐安定。所谓的“社会性共同资本”强调的就是上述三者的和谐融通。其理论源头是制度经济学，重在建立以守护所有人的人格尊严、保障灵魂的独立性、最大限度地享受市民权利为目标的经济体制。③宇泽认为日本的传统就是在营造富裕生活的同时，致力于打造“遍地青山绿水”的“田园型都市国家”，重视的是收入分配的公平性。但TPP完全是反其道而行之，因此日本加入TPP的结果只

---

① 山田正彦『TPP秘密交渉の正体』竹書房新書2014年、45—46、169、176頁。

② 宇沢弘文「TPPは社会的共通資本を破壊する一農の営みとコモンズへの思索から一」、農文協編『TPP反対の大義』農文協ブックレット2011年、9、11頁；宇沢弘文『社会的共通資本』岩波新書2014年、30、41頁。

③ 宇沢弘文「TPPは社会的共通資本を破壊する一農の営みとコモンズへの思索から一」、農文協編『TPP反対の大義』農文協ブックレット2011年、10頁。

能使之蜕变成“跨国公司的天堂”和凡事依靠审判解决的美国式诉讼文化的“骨肉相残的沙漠之国”。[①]

具体而言，反对派主要将矛头指向了农业、保险和ISDS条款这三个方面。

首先，反对派认为TPP给日本带来的实际经济利益有限，但对日本农业的冲击却是致命的，并将进一步摧毁农业的多方面功能，从而极大地改变日本“田园型都市国家”的面貌。

地狭人稠、精耕细作是日本农业的主要特征，但也导致了其成为日本经济的软肋，长期依赖财政补贴和贸易保护，以至于曾有WTO的官员这样揶揄日本说：“我想日本是一个工业国家，可是不明白到这里来开会的日本国会议员怎么全都是只对农业感兴趣的人，真是不可思议。”[②] 因此，迄今为止在日本签署的EPA中，农业都是重点保护领域，这也导致了日本与各国签署的EPA自由化率都属于较低水平，日本对别国市场开放程度最高的是菲律宾，但也只有88.4%，共有940种产品保留关税，其中农林水产品达到834种。[③] 这导致日本的EPA平均关税基本停留在3.2%～3.8%之间，非农商品最高也只有1.1%，但农产品关税却维持在14.5%～16.0%之间。[④] 在所有EPA中均被排除在外的产品共约450个种类，农林水产品约400种，其中水产品55种、乳制品110种、谷物70种、糖类10种，其余谷物和牛奶等约130种。[⑤]

也正因为如此，日本最早缔结的双边EPA是与国内没有农业生产的新加坡进行的。但即使如此，双方还是在金鱼、热带鱼

---

① 田代洋一『農協・農委「解体」攻撃をめぐる7つの論点』筑波書房ブックレット2014年、73頁。

② 中村靖彦『農林族——田んぼのかげに票がある』文春新書2000年、3頁。

③ 田代洋一『安倍政権とTPP—その政治と経済—』筑波書房ブックレット2013年、37頁。

④ 山澤逸平、馬田啓一、国際貿易投資研究会編著『アジア太平洋の新通商秩序：TPPと東アジアの経済連携』勁草書房2013年、35頁。

⑤ http：//www. mofa. go. jp/mofaj/gaiko/fta/epa_ seminar/1104/pdfs/bettenl. pdf.

等观赏类鱼和金枪鱼、兰花、椰果牛奶等方面一度发生龃龉。但最后新加坡还是照顾了日本，在上述领域做了让步。反过来，日本在啤酒问题上对新加坡做了让步。① 而相比之下美国迄今为止签署的FTA自由化率都在95%以上，日本却停留在86~87%之间。② 在TPP谈判中，日本共有9018种产品参与谈判，而农林水产品为2328种。其中，大米58种、猪肉49种、牛肉51种、乳制品188种、砂糖81种、小麦和大麦109种、淀粉50种、水产品91种、合板34种是迄今为止一直没有开放的种类。③ 从谈判结果来看，8575种产品全部免除关税，整体自由化率达到95%，其中工业产品达100%，农林水产品约81%，有834种农产品是首次免除关税。④ 因此，尽管与TPP其他成员国的横向比较来看，日本保留了很多种例外品种，但与日本以前签署的EPA进行纵向比较的话，其让步幅度可谓迄今为止最大的。换言之，加入TPP对日本农林水产业的巨大打击是不言自明的。

然而值得一提的是，日本国内对于TPP到底对农业会带来多大负面影响这个问题竟然也没有统一的测算数据。2010年时，农林水产省的测算结果显示加入TPP会导致日本农林水产业损失7.9万亿日元。⑤ 2013年3月15日，按照日本政府的统一测算，这个数额则降为2.96万亿日元。⑥

---

① 山澤逸平、馬田啓一、国際貿易投資研究会編著『通商政策の潮流と日本：FTA戦略とTPP』勁草書房2012年、29—30頁。

② 山澤逸平、馬田啓一、国際貿易投資研究会編著『通商政策の潮流と日本：FTA戦略とTPP』勁草書房2012年、162頁。

③ 田代洋一『安倍政権とTPP—その政治と経済—』筑波書房ブックレット2013年、37頁。

④ 「TPP協定の概要（要旨）」、『朝日新聞』2015年10月6日。

⑤ 内閣府「包括的経済連携に関する検討状況」、http：//www.mofa.go.jp/mofaj/gaiko/fta/pdfs/siryou20101106.pdf。

⑥ 内閣官房「関税撤廃した場合の経済効果に関する政府統一見解」、http：//www.cas.go.jp/jp/tpp/pdf/2013/3/130315_touitsushisan.pdf。

**表 2—4　TPP 对日本农产品市场的影响测算（2013 年 3 月）**

| 品种 | 生产量减少率（%） | 生产额减少量（亿日元） |
|---|---|---|
| 全部农产品 | | 29600 |
| 大米 | 32 | 10100 |
| 小麦 | 99 | 770 |
| 乳制品 | 45 | 2900 |
| 牛肉 | 68 | 3600 |
| 猪肉 | 70 | 4600 |
| 砂糖 | 100 | 1500 |

资源来源：原中勝征、TPP 阻止国民会議編著『私たちはなぜTPPに反対するのか』祥伝社 2014 年、48 頁。

但在 TPP 达成协议后，日本政府又认为之前的测算过于悲观，应按照协议内容进行重新测算。结果日本政府于 2015 年 12 月 24 日公布的最新测算结果显示，农林水产业受到的影响仅为 1300 亿 ~ 2100 亿日元之间，而算上日本政府农业对策的政策支援的话，这个影响可以小到忽略不计，即无论是农林水产业的生产总额，还是食粮自给率均能保持不变。①

两次测算的结果差异如此之大，日本政府解释说，首先，这次是按照 TPP 协议的结果来测算的，而 2013 年时则是按照整个产品关税全免的标准进行测算的，因此实际上 TPP 对农业的冲击变小了很多。其次，这次测算时除考虑关税下降、实际收入增加两个因素外，还加上了削减非关税壁垒所带来的外贸扩大，因外贸扩大所带来的生产增加及其导致薪资上涨这三个促进经济增长的积极因素。②

与政府测算分庭抗礼的是“要求退出 TPP 谈判大学教员之会”在 2013 年 5 月 22 日发布的结果，这个组织约 900 人，分布在很多研究领域。其结果显示农业及其相关产业受损额约 10.54

---

① 「TPP 協定の経済効果分析」、http：//www.cas.go.jp/jp/tpp/kouka/pdf/151224/151224_ tpp_ keizaikoukabunnseki02.pdf。

② 「TPP 協定の経済効果分析について」、http：//www.cas.go.jp/jp/tpp/kouka/pdf/151224/151224_ tpp_ keizaikoukabunnseki01.pdf。

万亿日元，农林水产及关联产业合计将有190万人失业。[①] 进一步地，还有人指出安倍内阁在测算时不但各项指标明显偏小，且未计算农业相关产业的损失。这里主要指日本精耕细作式的农业劳作所涵盖的多方面功能。实际上，根据农林水产省2007年2月的测算结果，如果日本完全开放农产品市场，农林水产业生产额会减少4.5万亿日元（其中农业损失为4.1万亿日元，林业损失500亿日元，水产品也将减少0.42万亿日元），而非内阁府公布的2.96万亿日元。农业多方面功能丧失的损失为3.7万亿日元，将有350万人失业。农林水产相关产业损失为3.9万亿日元。[②]

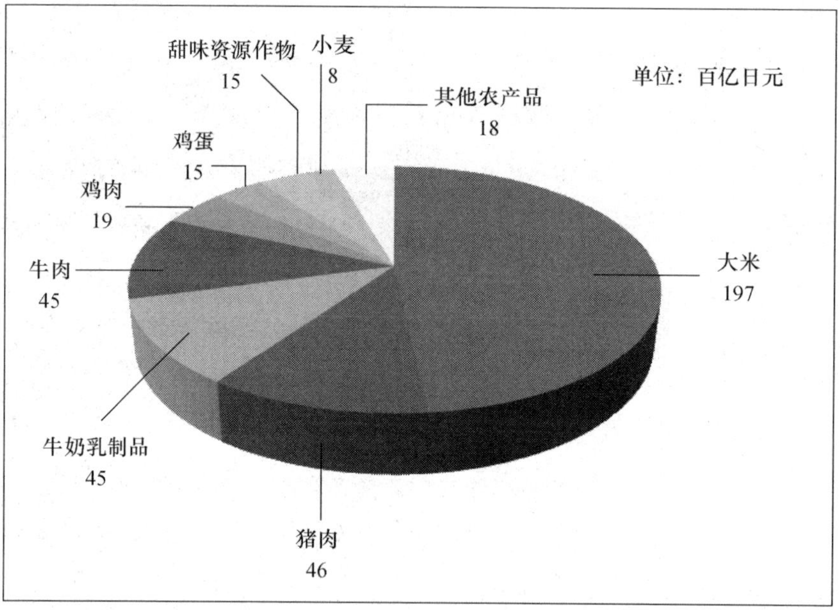


**图2—2　农业市场全面开放后农产品的损失估算**

① 山田正彦『TPP秘密交渉の正体』竹書房新書2014年、50頁；田代洋一『TPP＝アベノミクス農政—批判と対抗—』筑波書房ブックレット2013年、23頁。

② 『保護政策は正しい！TPPはアメリカの策略だ！』宝島社2012年、44、47—48頁；田代洋一『安倍政権とTPP—その政治と経済—』筑波書房ブックレット2013年、58—61頁。

农林水产省的测算对象是税率在10%以上、生产额在10亿日元以上的19个农业品类和14个林水产品类。具体而言，大米产量将减少90%，除越光大米和有机米等少数外，其余全部被进口大米所取代。猪肉将减少70%，除了“黑猪”、“三元猪”、“金华猪”等品牌以外，其余全部被进口猪肉取代。牛奶乳制品则除了鲜奶油外全部被取代。饮用奶方面，以业务用牛奶为中心，将有20%被取代。牛肉除了松阪牛等肉质属四、五等的高级牛肉外，三等以下（占全部约3/4）的全部被取代。鸡肉和鸡蛋方面，业务、加工用的产品有1/2被取代。甜味资源作物（指砂糖、淀粉的原料作物，包括马铃薯106万吨、甜菜365万吨、甘蔗151.5万吨、甘薯17万吨）全部被取代。国产小麦（67.42万吨）全部被取代。[①]

此外，在日本各地中，北海道的情况有些特殊。北海道面积占日本全国面积的22%，农田面积约115万顷，占全国的25%，农业产值1.0536万亿日元（2012年），为全国第一，粮食自给率高达200%，说北海道农业支撑了日本人的饭桌毫不为过。日本农业的老龄化，劳动力不足，弃农、耕地荒芜持续扩大等等危机在北海道根本不存在。农田的集中化导致每户耕种规模在扩大，劳动力也在增加，平均年龄54岁，比日本全国年轻11.8岁。按照农林水产省的测算方法，根据北海道厅2010年11月4日发表的TPP对北海道的影响结果，农业总产值5563亿日元、关联产业5215亿日元、地方经济9859亿日元等，合计2.1254万亿日元受到影响。北海道每年GDP为18万亿日元，如果加入TPP，意味着其规模将减少9%。因此在北海道参加集会反对TPP的中坚力量是“农协”、“农民协议会”及其上级团体“北海道农民联盟”，此外还有劳动团体、医师会、市民团体和非政

① 石田信隆『TPPを考える：「開国」は日本農業と地域社会を壊滅させる』家の光協会2011年、19—20頁。

府组织（NGO）等，很多人参与集会。①

**表 2—5　加入 TPP 对北海道经济的影响测算**

| 对象品目 | 测算的前提 | 对北海道的影响测算 |
|---|---|---|
| 大米 | 进口大米与国产大米竞争，其在价格上的优势可以导致国产大米生产量减少 90% | 生产额↓1130 亿日元 |
| | | 种植农户↓1.5 万户 |
| | | 关联产业↓470 亿日元 |
| | | 地方经济↓913 亿日元 |
| | | 雇佣人数↓2.2 万人 |
| 小麦 | 进口小麦与国产小麦竞争，其在价格上的优势可以导致国产小麦基本被摧毁 | 生产额↓418 亿日元 |
| | | 种植农户↓1.1 万户 |
| | | 关联产业↓219 亿日元 |
| | | 地方经济↓558 亿日元 |
| | | 雇佣人数↓1.5 万人 |
| 甜菜 | 尽管商品特性上的差别化很难计算，但进口甜菜在价格上的优势可以导致国产甜菜基本被摧毁 | 甜菜生产↓492 亿日元 |
| | | 关联产业↓908 亿日元 |
| | | 地方经济↓1031 亿日元 |
| | | 雇佣人数↓1.9 万人 |
| 淀粉原料用马铃薯 | 尽管商品特性上的差别化很难计算，但进口马铃薯在价格上的优势可以导致国产马铃薯基本被摧毁 | 生产额↓160 亿日元 |
| | | 关联产业↓272 亿日元 |
| | | 地方经济↓313 亿日元 |
| | | 雇佣人数↓0.6 万人 |
| 酪农 | 除饮用类外，其余在品质方面没有优势可言，因此产量将大幅减少 | 生产额↓2536 亿日元 |
| | | 饲养农户↓0.6 万户 |
| | | 关联产业↓3302 亿日元 |
| | | 地方经济↓6323 亿日元 |
| | | 雇佣人数↓0.96 万人 |
| 肉用牛 | 奶用种牛肉因价格差较大基本被摧毁，牛肉等价格也会大幅下跌 | 生产额↓483 亿日元 |
| | | 饲养农户↓0.04 万户 |
| | | 关联产业↓21 亿日元 |
| | | 地方经济↓445 亿日元 |
| | | 雇佣人数↓0.9 万人 |

① 原中勝征、TPP 阻止国民会議編著『私たちはなぜTPPに反対するのか』祥伝社 2014 年、230—233 頁。

续表

| 对象品目 | 测算的前提 | 对北海道的影响测算 |
|---|---|---|
| 猪肉 | 与进口猪肉相比由于价格相差甚大生产基本被催毁 | 生产额↓344 亿日元 |
| | | 饲养农户↓0.03 万户 |
| | | 关联产业↓23 亿日元 |
| | | 地方经济↓276 亿日元 |
| | | 雇佣人数↓0.6 万人 |
| 合计 | 影响金额合计↓21254 亿日元 | |
| | 其中农业生产额↓5563 亿日元 | |
| | 其中因生产条件不利的补贴金额↓617 亿日元 | |
| | 其中关联产业↓5215 亿日元 | |
| | 其中地方经济↓9859 亿日元 | |
| | 雇佣人数↓17.3 万人 | |
| | 农户↓3.3 万户 | |

资料来源：佐藤洋『TPPターゲット—アメリカの「モクロミ」と日本の進むべき道』新日本出版社 2011 年、56—57 页。

而对于日本政府 2015 年底所做的测算，更是遭到农林水产领域的普遍质疑，如政府测算的前提是否正确？TPP 对农林水产业的影响是否被低估了？安倍内阁提出的农业对策效果是否被高估了？此外，他们还批评政府在估算时设想的过于乐观。① 进一步地，岛根县的“农协”——JA 岛根早在 2015 年 11 月下旬便委托东京大学教授铃木宣弘按照 TPP 协议对岛根县的农林水产业受到的影响进行测算，其结果显示，TPP 生效 30 年后，该县的农林水产业将比现阶段（以 2010 年为基准）萎缩 20% 左右。具体而言，该县农业生产额将减少 108 亿日元，农林水产业整体生产额将减少 158 亿日元，若算上与之关联的其他产业，共减少约 229 亿日元。农林水产业的从业人员中将有 7600 人失业，加上与之关联的其他产业，共将有 8300 人失业。从种类来看，猪肉

① 「TPP甘い試算　対策効果を過大に評価」、『日本農業新聞』2015 年 12 月 25 日。

产量减少76.7%，牛肉减少62.8%，葡萄减少32.4%，鸡蛋减少31.6%，鲜牛奶减少14.2%，大米减少6.7%。①

肇因于此，对于日本政府公布的TPP对日本经济的贡献率也与反对派测算的结果大相径庭。根据安倍内阁的测算，TPP对日本经济的正负影响抵消后的结果显示，其对经济的贡献为3.2兆日元，占GDP的0.66%。② 但对于政府的测算，东京大学教授铃木宣弘测算得出TPP对日本经济的贡献只有0.06%。③ 高增明测算的结果认为，加入TPP所带来的GDP增加比率为0.29%，因此获益根本没有政府宣传的那么大。④ 而"要求退出TPP谈判大学教员之会"的测算结果显示，加入TPP对日本经济的损失是4.8万亿日元，约占GDP的1%。⑤

2015年12月24日公布的测算结果显示，TPP对日本经济的贡献为13.6万亿日元，占GDP的2.59%（如果算上日本此前与TPP其他成员国签署EPA所带来的经济效应，这个数字将增至20.1万亿日元，约占日本GDP的3.84%）。日本政府是以2014财年的GDP为基准（524.7万亿日元），估算了TPP生效10—20年后，撤销或削减关税、简化贸易手续对GDP带来的变化。结果是，日本的出口以及国内企业投资增加分别拉动GDP增加约3万亿日元。反过来，廉价农产品的进口增加又会将GDP拉低3.2万亿日元。民间消费变得活跃，带动GDP增加8.3万亿日元。与此同时，就业岗位也会增加79.5万个。测算还显示，

---

① 「農業生産額108億円減　TPP影響で独自試算　JAしまね」、『日本農業新聞』2015年12月26日。

② 内閣官房「関税撤廃した場合の経済効果に関する政府統一見解」、http://www.cas.go.jp/jp/tpp/pdf/2013/3/130315_touitsushisan.pdf。

③ 鈴木宣弘「TPPの影響に関する各種試算の再検討」、http://www.think-tpp.jp/shr/pdf/report03.pdf。

④ 高増明「農業に関するTPP参加の経済効果のシミュレーション：GTAPモデルによる推計」、http://www.takamasu.net/pdf/tpp.pdf。

⑤ 山田正彦『TPP秘密交渉の正体』竹書房新書2014年、50頁；田代洋一『TPP＝アベノミクス農政—批判と対抗—』筑波書房ブックレット2013年、23頁。

企业出口时向对方国家支付的关税最终减少 4996 亿日元，而进口国家所得到的关税收入则减少 2070 亿日元。此次测算认为，部分农产品的关税得以维持，贸易成本也会降低。如果再算上进出口扩大提升生产效率、工资上涨带来劳动力增多等因素，TPP 的效应可能将达到上次估算的 4 倍以上。[①] 对此，日本政府还乐观地表示，由于很难量化，测算时未考虑投资自由化等产生的效应，而时任 TPP 担当大臣的甘利明则表示“金额相当可观”。[②] 如前所述，虽然反对派目前尚没有进行新的测算，但对内阁官房 TPP 政府对策本部公布的这份数值充满质疑。此外值得注意的是，这份报告还显示，如果依旧按照 2013 年的测算标准，则这个数值将变成 1.8 万亿日元，占 GDP 的 0.34%。[③]

至于农业劳作所涵盖的多方面功能问题。反对派认为农业属于“不可移动的经济”，除了可以提供农产品外，还能同时发挥很多功能，不但是对住在农村的人，即使是城市居民都可以从中感受其利。

第一，是食物安全保障的功能。在国内能够持续稳定地生产让人放心的食物，对国民而言就是给人以极大的安心。这种确保食物的安全，与保卫国土这种涉及国家存亡的安全是同等重要的。

第二，是对水资源管理和国土的保全、维持环境和生态系统平衡等方面的贡献。日本的国土约 2/3 由森林覆盖，但多是斜度较高的土地，河流长度较短，但水流湍急。进一步地，日本地处亚洲季风气候区，降雨量充沛，每当台风过境，都能带来强降雨。因此，日本人自古以来对于治水便煞费苦心。而对国土安全

① 「TPP 協定の経済効果分析」、http://www.cas.go.jp/jp/tpp/kouka/pdf/151224/151224_tpp_keizaikoukabunnseki02.pdf。

② 「TPP 効果 10 兆円超　政府試算　前回の3 倍以上に」、『読売新聞』2015 年 12 月 23 日。

③ 「TPP 協定の経済効果分析について」、http://www.cas.go.jp/jp/tpp/kouka/pdf/151224/151224_tpp_keizaikoukabunnseki01.pdf。

发挥重要功能的是水田，水田发挥了固水的水坝作用，而且还可以防止水向地下渗透并逐渐侵蚀下游而出现水害。概言之，水田发挥了固水培源的作用。另外，水田还能发挥防止土壤侵蚀和泥石流的功能。进一步地，与水田息息相关的是大大小小的河流，这是构成生物多样性的生态系统。水田还能净化水质，而农作物也能发挥净化空气的作用。

第三，从事农业的人们形成的农业社会，给了城市居民亲密接触大自然，提供了亲密祥和的空间，更成为传承传统文化所不可或缺的场所。如果农业崩溃了，那么上述一切功能也将无从谈起。①

**表 2—6　对农业多方面功能的金额换算**

| 功能的种类 | 金额换算 | 替代换算基准 |
| --- | --- | --- |
| 防洪 | 3 兆 4888 亿日元/年 | 兴建防洪坝的替代费用 |
| 防止泥石流 | 4782 亿日元/年 | 防治泥石流的替代费用 |
| 防止水土流失 | 3318 亿日元/年 | 兴建防沙坝的替代费用 |
| 稳定河道 | 1 兆 4633 亿日元/年 | 兴建水坝的替代费用 |
| 蓄养地下水 | 537 亿日元/年 | 使用地下水与上水道的差额替代费用 |

资料来源：http：//www. maff. go. jp/j/nousin/noukan/nougyo _ kinou/pdf/pamphlet01. pdf.

概言之，反对派认为保护农业有三个理由：第一是确保食粮自给率；第二是保护地方经济；第三是维持农业所涵盖的多方面功能。设想如果日本农业因 TPP 而受到灭顶之灾，则无异于将国运交给外国。②

其次，反对派认为 TPP 会导致日本现有的全民参与的医疗保

---

① 石田信隆『TPPを考える：「開国」は日本農業と地域社会を壊滅させる』家の光協会 2011 年、22—23 頁。

② 浦田秀次郎『世界と日本にとってのTPP』日本経済新聞出版社 2013 年、181—183 頁。

险制度遭到破坏，其结果在导致全部医疗费用增加的同时，医疗质量却下降了。

日本现行的医疗保障体系是一种覆盖全体国民的健康保险制度，因此医疗并非以盈利为目的，而是作为一种有效利用的公共产品。[①] 但美国实施的是“自由医疗体制”，奉行的是新自由主义的市场原理，因此加入TPP后日式医疗保障体系势必会按照美国的要求推进医疗盈利化的改革，导入“保险医疗”与“自由医疗”并存的“混合式医疗”体系，改变药品特许制度等做法。[②] 其结果将导致：（1）盈利医院相比非盈利医院医疗费增加了，但医疗质量却下降了；（2）因为全面废除混合医疗制度，势必要求普及私人医疗保险制度，其结果将会导致全部医疗费用增加；（3）由此势必引发医疗保险的事务管理费增加。[③] 因此，日本医师会担忧“如果加入TPP，会导致日本医疗引进市场原理主义，最终极有可能导致国民全保的体系崩溃”。[④]

实际上，从单纯的医药费占GDP的比重来看，美国的比重远超日本。日本是9.6%，美国是17.7%。但美国制药公司将药品价格定得很高，这里的很大部分被药品价格占去了。一直以来，日本的药品价格由中央审议会来决定，且每两年进行一次价格听证，根据每种药品的销售额进行调整，因此对药品价格涨幅控制得很严，其结果是尽管日本医药费占GDP的比重远低于美国，但日本人看病就医却无需像美国人那样支付高昂的医药费。[⑤] 而因为医药费昂贵，美国没有参加医疗保险的人竟然有5000万之多，且美国个人申请破产的人中约60%是与医药费有

---

① 山田正彦『TPP秘密交渉の正体』竹書房新書2014年、151頁。

② 榊原英資「『TPP』のかかえる本質的問題」、『潮』2012年1月号、57、58頁。

③ 中野剛志編『TPP　黒い条約』集英社新書2013年、188頁。

④ 佐藤洋『TPPターゲット—アメリカの「モクロミ」と日本の進むべき道』新日本出版社2011年、63頁。

⑤ 原中勝征、TPP阻止国民会議編著『私たちはなぜTPPに反対するのか』祥伝社2014年、69頁。

关。在全美国，纽约的曼哈顿这一项开支尤其高，一次入院费甚至高达数百万至上千万日元。[①] 或许因为如此，美国有63%的自杀缘于医药费过高。更有甚者，曾有居住在美国的日侨，在患上牙痛之后因担忧美国的治疗费过高，最后居然坐飞机回国看牙的例子。[②]

**表2—7　日本医疗制度概要**

截至：2009年3月

<table>
<tr><th>制度名</th><th>保险者</th><th>参加人数（千人）</th><th>负担部分</th><th>保险金率</th><th>国库负担、补助</th></tr>
<tr><td>协会畎亩</td><td>全国健康保险协会</td><td>34705</td><td rowspan="6">接受义务教育年龄未满70岁者负担30%；未到接受义务教育年龄者负担20%；70岁以上至未满75岁者负担20%（但仍在工作者负担30%）</td><td>9.34%</td><td>支付费用的13%</td></tr>
<tr><td>公会</td><td>健康保险公会1497个</td><td>30337</td><td>不同健康保险公会规定不同</td><td>定额（预算补助）</td></tr>
<tr><td>各种互助组</td><td>各互助组、事业团77个</td><td>9023</td><td>—</td><td>无</td></tr>
<tr><td rowspan="3">国民健康保险</td><td>市町村1788个</td><td rowspan="3">市町村35970；国保公会3522</td><td rowspan="3">对每个家庭根据应益比例与应能比例收费*</td><td>发放费等部分的约43%</td></tr>
<tr><td>国保公会3522个</td><td>发放费等部分的约32%~55%</td></tr>
<tr><td>被用者中的退休者1788个</td><td>无</td></tr>
</table>

① 石田信隆「TPPと日本の経済・社会の将来」、『世界経済評論』Vol. 57，No. 5，2013，p. 42.

② 山田正彦『TPP秘密交渉の正体』竹書房新書2014年、151—152頁。

续表

| 制度名 | 保险者 | 参加人数（千人） | 负担部分 | 保险金率 | 国库负担、补助 |
| --- | --- | --- | --- | --- | --- |
| 超高龄者医疗制度（75岁以上） | 超高龄者医疗共同体联合，47个 | 13458 | 负担10%（但仍在工作者负担30%） | 由各共同体联合规定加入保险者的均等比例额与收入比例额，以此为基础核算 | 保险费约10%；支援费40%；公费约50%；公费细目为国家、都道府县与市町村比例为4：1：1 |

*应益是应益负担的简称，指加入医疗保险的家庭无论其收入多寡，按照享受医疗服务的内容统一支付的费用；应能是应能负担的简称，指加入医疗保险的家庭按照其收入能力所支付的费用。

资料来源：田中祐二、内山昭『TPPと日米関係』晃洋書房2012年、108頁。

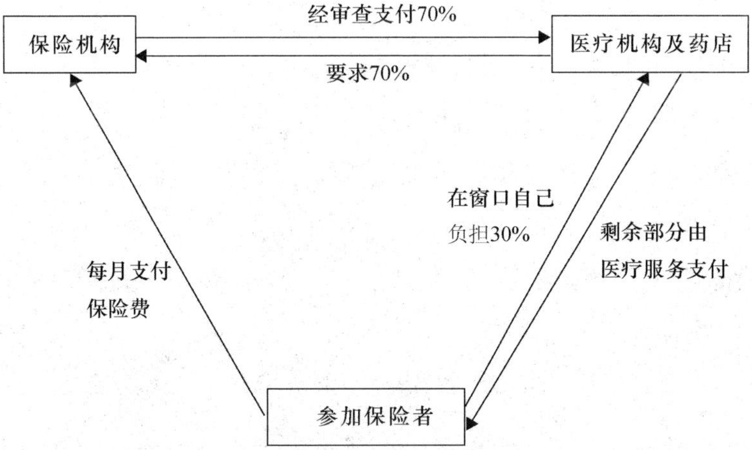


**图2—3　日本现有医疗制度下保方与被保方的关系**

资料来源：結城康博『国民健康保険』、岩波ブックレット2010年、5頁。

而对美国制药公司而言，最不可容忍的就是日本实行国民健康保险制度。基于此，可以想象日本加入 TPP 后的情况。首当其冲的就是药品价格调整。美国会将日本的药品价格按照国际标准进行比较，指出日本药品价格过低，要求涨价。因为如果不这样做的话，美国价格高昂的药品根本无法进入日本市场。因此，美国会要求日本按照市场定价来运作。显然，此举势必会导致日本药品价格上涨，且一直维持高价水平（然而，日本的制药公司对此倒是赞成）。[①] 此外，按照市场运作的逻辑，追求利润的最大化还必须将成本压至最低。在日本无论是超市还是药局，卖药的都是医科大学毕业的持有药剂师执照的人。如果客人拿着医生开出的处方来买处方药，药剂师就可以在卖药的时候，对处方药的某些情况进行说明。但对美国而言，这也属于多余的“流通成本”，需要削减。[②]

实际上，美国方面的要求基本上是三点：（1）日本现行药品、医疗器械的价格规制必须放宽或废除；（2）废除限定于医疗特区的有限公司医院经营和混合治疗的原则；（3）废除国家层面的有限公司的医院经营和混合治疗原则。这三点要求其实也是三个阶段，日本学者评估认为，第一阶段实现的可能性很高，第二阶段实现的可能性还是有的，但需要较长时期，第三阶段实现的可能性则比较低。[③] 对此，日本医师会也提出三点坚守原则：（1）维持现有的公共医疗支付范围；（2）不能全面解禁混合医疗；（3）不允许盈利企业（有限公司）参加到医疗机构的经营中去。[④]

最后，反对派认为 TPP 中的 ISDS 条款损害了日本的国家主

---

① 原中勝征、TPP阻止国民会議編著『私たちはなぜTPPに反対するのか』祥伝社 2014 年、69—70 頁。

② 首藤信彦、高安雄一、吉崎達彦「TPPとニッポン——その戦略的得失を問う」、『世界経済評論』Vol. 57，No. 5，2013，p. 13.

③ 中野剛志編『TPP　黒い条約』集英社新書 2013 年、171 頁。

④ 中野剛志編『TPP　黒い条約』集英社新書 2013 年、169 頁。

权，并且违反日本宪法。

在TPP中ISDS被称为“投资者—政府争端解决条款”，意指海外投资者因投资对象国和地区的法令或法规限制而受到不公平的待遇时，可以通过国际仲裁得到赔偿的制度。

反对派批判ISDS条款冲击国家主权，主要是从国际法和国内宪法体系两个维度进行论述的：首先，该条款将外国投资人置于超越投资国政府以上的法人地位，颠覆了国家主权的绝对性；其次，将扰乱不干涉内政、民族自决等载入联合国宪章的普遍性的国家法秩序。以上是从国际法方面考虑的。下面是从宪法层面，首先是侵犯了一国的司法主权；进而是对行政主权、立法主权的侵犯；第三是使地方自治徒有其表；最后是以人权高于主权的说辞，破坏整个宪法系统，活脱脱的是一种军事政变。①

而从实践层面来讲，反对派的批判集中在一点就是，ISDS条款是美国跨国企业保护自己、损害别国利益的一把利器。从逻辑上讲，任何制度一旦确立，无论是制定方还是参与方，都同时受制度的保护和约束，因而具有一定的公正性，如北美自由贸易协定（NAFTA）在1994年生效至今，美加墨三国企业援引ISDS条款诉讼的案件有45件，其中美国企业29件、加拿大企业15件、墨西哥企业1件。但由于所谓的第三方国际仲裁机构是世界银行（IBRD）旗下的投资纷争解决国际中心（ICSID：International Centre for Settlement of Investment Disputes）。这个看似中立的机构，在美国强有力的影响之下，迄今为止只有美国企业胜诉，其对墨西哥政府的诉讼是5胜，对加拿大政府的则是2胜3和解。② 而加拿大和墨西哥企业对美国政府的诉讼全部以败诉告终。③

---

① 原中勝征、TPP阻止国民会議編著『私たちはなぜTPPに反対するのか』祥伝社2014年、137頁。

② 原中勝征、TPP阻止国民会議編著『私たちはなぜTPPに反対するのか』祥伝社2014年、26頁。

③ 山田正彦『TPP秘密交渉の正体』竹書房新書2014年、194頁。

**表 2—8　NAFTA 中投资仲裁的结果**

| | | 投诉企业的国籍 | | |
|---|---|---|---|---|
| | | 美国 | 加拿大 | 墨西哥 |
| 被诉讼国 | 美国 | — | 胜诉 0<br>败诉 7<br>和解 0<br>撤销等 5<br>诉讼中 2 | 胜诉 0<br>败诉 0<br>和解 0<br>撤销等 0<br>诉讼中 1 |
| | 加拿大 | 胜诉 2<br>败诉 5<br>和解 3<br>撤销等 3<br>诉讼中 2 | — | 胜诉 0<br>败诉 0<br>和解 0<br>撤销等 0<br>诉讼中 0 |
| | 墨西哥 | 胜诉 5<br>败诉 6<br>和解 0<br>撤销等 3<br>诉讼中 0 | 胜诉 0<br>败诉 1<br>和解 0<br>撤销等 0<br>诉讼中 0 | — |

资料来源：外務省、経済産業省「国家と投資家の間の紛争解決（ISDSS）手続の概要」、http：//www. mofa. go. jp/mofaj/gaiko/tpp/pdfs/tpp20120327_ 06. pdf。

这项制度设置的初衷是发达国家认为因发展中国家法制不完善，导致本国投资企业的合法权益受损，因而借此来保护本国投资企业的利益。但在实施过程中，往往成为美国企业借口投资对象国存在“非关税壁垒”，对别国保护本国产业、环境等种种做法提出诉讼，肆意索要巨额赔偿金的手段。① ISDS 条款实施最初的例子是美国企业对墨西哥政府的诉讼。美国 Metalclad 公司获得了墨西哥政府的废弃物设施许可，但因为公司建立的设施是一

① 山田正彦『TPP 秘密交渉の正体』竹書房新書 2014 年、193 頁。

些有毒物资，污染了当地村庄的饮用水等，并导致出现多名患者，因此当地政府决定关停设施，结果该企业援引 ISDS 条款，提出诉讼，最后裁判墨西哥当地政府赔偿“约 1700 万美元”。在美国与加拿大的例子中，有家美国制药企业研制出了注意欠缺、多动性障碍治疗剂，但因为临床实验不足，加拿大政府没有给予许可证，该公司起诉加拿大政府，并要求 1 亿美元的赔偿金。[①] 其他的案例还有加拿大禁止石油添加 MMT 神经性有害物质，遭到美国燃料厂的损害赔偿控告，结果是加拿大取消该项管制措施。或是阿根廷因禁止调涨水费，遭到美国参与阿根廷供水事业企业的控诉，结果是阿根廷巨额赔偿美国企业等。

值得一提的是，美国因大量出口转基因玉米，导致墨西哥蔗糖市场萎缩，墨西哥政府为保护之，规定碳酸饮料中使用蔗糖以外的原料作为糖分增收 20% 的税。结果被美国公司索赔 1.98 亿美元。诉讼是在纽约的世界银行进行的，有三名仲裁人，过程不公开，最后只知道结果，且不能上诉。三人中有一个人是企业的主要干部，还有在 500 家跨国企业中受聘、按次序决定的约 100 名律师。前述墨西哥的案例说明，即使是仲裁，大家也觉得墨西哥政府的做法是有道理的，但是美国国务院施压表示，让美国企业败诉，就显示 NAFTA 本身也变得奇怪了，最后无奈只好裁决美国企业胜利。[②] 显而易见，如果加入 TPP，美国企业可以任意地以日本现行制度存在“非关税壁垒”为由，对日本政府提起诉讼。如上文谈及的日本药品在现行健康保险制度下价格低廉，美国制药企业为了打开日本市场就可以以日本做法不符合市场运作规律为借口，随意援引 ISDS 条款对日本政府提出高额的赔偿要求。[③]

---

① 原中勝征、TPP 阻止国民会議編著『私たちはなぜTPPに反対するのか』祥伝社 2014 年、23—24 頁。

② 山田正彦『TPP 秘密交渉の正体』竹書房新書 2014 年、192—196 頁。

③ 原中勝征、TPP 阻止国民会議編著『私たちはなぜTPPに反対するのか』祥伝社 2014 年、70 頁。

概言之，反对派在实践层面对ISDS条款的质疑主要集中于三点：第一是仲裁判断的一贯性问题；第二是仲裁庭的公开性问题；第三是国际仲裁的高昂费用问题。[①]

## 本章小结

在日本参与TPP谈判的问题上，尽管执政党从民主党变成了自民党，首相也从菅直人到野田佳彦，最后变成安倍晋三，但从整个决策过程来看，他们却呈现出惊人的一致性，即日本参与TPP谈判问题，很大程度上是首相本人的意志体现，因此首相官邸在决策中的主导地位特征明显。围绕着TPP问题，无论是政府还是执政党的决策过程都发生了改变，可以说整个决策过程打破了一贯以来的由省厅局课制定草案，逐层向上的既定程序，而由首相提出基本方针，自上而下按照指令执行。

从菅内阁到安倍内阁，日本国内围绕参与TPP谈判问题争论了近3年之久，其根本原因在于因TPP本身的争议，导致日本整个社会陷入了赞成和反对两种意见截然对立的局面，乃至有日本因TPP问题而被“一分为二”的说法。

赞成派的主要观点在经济层面体现为：首先，可提升日本企业的国际竞争力，扩大出口，振兴日本经济，减轻政府的财政压力；其次，推动农业的结构性改革，提高农产品的国际竞争力；再次，促成事实上日美FTA的签署，并与美国共同主导未来亚太自由贸易新秩序；最后，面对韩国等新兴经济体，加入TPP有利于日本产品在与韩国的国际竞争中继续保持优势地位。

在政治层面，赞成派强调：首先，将TPP作为日本国内改革的机遇和“新成长战略”的最有效手段，并以此为抓手扭转日

① 田中祐二、内山昭『TPPと日米関係』晃洋書房2012年、189頁。

本国内日趋内向化的氛围；其次，加入 TPP 是巩固日美同盟、充实其内涵的重要手段之一；最后，加入 TPP 也意味着日本积极配合美国对华牵制的战略，加大对华的制衡力度。

相比之下，反对派的视角则更关注 TPP 对日本的种种影响，主要结论是加入 TPP 对日本是弊大于利。首先，他们强调并不反对自由贸易，而 TPP 名义上是一个区域性 FTA，实质上却是美国对日经济结构改革政策的延续，因此日本根本不可能与美国共同主导未来亚太自由贸易新秩序；其次，TPP 对日本经济的提振作用甚微，但却会给农业等产业带来灭顶之灾，更遑论通过 TPP 形成倒逼机制，推动农业的结构性改革；最后，他们担忧美国会借助 TPP 改造日本的传统文化，将日本从“遍地青山绿水”的“田园型都市国家”，蜕变成“跨国公司的天堂”和凡事依靠审判解决的美国式诉讼文化的“骨肉相残的沙漠之国”。一言以蔽之，反对派认为日本参与 TPP 谈判是选对了方向，却走错了道路。

可以说，日本社会围绕 TPP 问题的裂痕并未随着 TPP 达成协议而结束，反而转入到一个新的争论之中，即加入 TPP 对日本而言究竟是利大于弊还是弊大于利？

# 第三章　日本的农业利益集团和日美TPP谈判

从日本政府提出要参与TPP谈判到各方正式签署TPP协议，在日本国内谈及TPP问题时，作为相关话题，“农协”可以说是出镜率最高的词汇。作为日本最主要的农业利益集团，它一方面积聚了能够支配日本农业的巨大经济实力，另一方面拥有可以将经济能量充分转化为政治影响的强大组织能力。正是在它的影响下，日本农业才得以长期获得了财政补贴及贸易保护。也恰因为如此，“农协”才能作为TPP反对派的中坚力量，甚至有能力在全国范围内声势浩大地组织反对日本加入TPP的活动。但从日本政府仍然决定参与TPP谈判，以及安倍内阁以推行农业结构改革为理由，大刀阔斧地对“农协”进行改造等视角来看，“农协”影响力的今不如昔是显而易见的。

因此到了日美TPP谈判之际，对于双方分歧最大的农业和汽车领域，频频看到的是美国在相关利益集团的压力下，一度要求日本全面开放农产品市场，却拒绝美国在汽车领域做出任何让步，但听不到“农协”等日本利益集团的声音。这使得谈判总体呈现出美国进一步、日本退一步的“一进一退”特征。但从TPP协议看，日本还是部分坚持了自己的立场，而美国也做了一定程度的让步。

基于此，本章的讨论主要聚焦于如下三个问题：首先，从菅直人内阁首次提出日本要参与TPP谈判，直到TPP签署正式协议的过程中，究竟该给“农协”的政治影响力一个怎样的客观评价呢？其次，“农协”在安倍内阁推动的农业结构改革中所处的地位是什么？最后，从利益集团的视角来看，日美TPP谈判呈现出哪些特征？

## 第一节 从TPP管窥“农协”的政治影响力

利益集团（interest group）是现代政治生态中的常态现象，意指由拥有某些共同目标并致力去影响公共政策的个人组成的团体，通常由三个基本要素组成：一是成员具备共同的利益或价值观；二是其是一个有组织架构的团体；三是其参与政治运作的目的是为了维持并巩固自身的特殊利益。

从必要性的角度而言，在公民参与政治的过程中，每个选民通过以投票为中心的政治参与提出自己的利益要求，但因其政治资源有限，难以对政治过程尤其是决策过程施加有效影响，因而一些有某种共同利益要求的社会成员，为了实现共同目标而组织成正式或非正式的社会组织——利益集团，同时将集团成员的利益要求聚合为最大公约数。

从政治功能的角度而言，利益集团一方面将社会的变化和社会团体的利益诉求传递给国家，另一方面又将国家的意志及信息传达给社会，在利益表达与分配、社会纠偏等方面积极协调，充当着国家与社会之间的中介者角色。它通常具有影响选举、直接或间接影响政治决策、直接或间接进行政治监督、对公民进行政治动员的政治性功能。因此，利益集团既是公民实现政治参与的有效途径，同时也提高了政治参与的层次和效能。从这一意义而言，利益集团的政治性功能对国家的政治发展具有一定的积极意义，如使社会政治生活的组织化程度日益提高；使政治参与的效能大大提高；使政治参与的形式与渠道更加多样化；使政治参与的层次有所提高。

一般而言，利益集团影响政治决策的运作方式主要集中在介入选举和在国会扶植政治代理人（political agent）或进行“院外活动”，如提供政治资金、聚集选票、直接参与、个人联系、大众动员等，但具体方式会因各国政治文化及结构的差异而各有特色。[①]

据统计，目前日本国内各种利益集团的数量约6万个，按照各团体的性质可分为专门领域团体（sector group）和公共利益团体（public interest group），并可进一步细分为八种类型。[②]

**表3—1 日本利益集团的类型**

| 团体性质 | 团体类型 | 特征概述 | 代表性团体 |
|---|---|---|---|
| 专门领域团体 | 经济团体 | 由企业与个体工商户组成，参与经济活动的团体 | 日本经济团体联合会（简称“经团联”） |
| | 劳动团体 | 各企业的劳动工会及其联合的工会组织 | 日本劳动团体总联合会（简称“联合”） |
| | 农业团体 | 与农林渔业相关的合作社及其联合组织 | 日本农业协同组合（简称“农协”） |
| | 专业团体 | 由持有各种专业证书的人士组成的团体 | 日本医师会 |
| | 教育团体 | 由学校法人及校长等组成的团体 | 高初中及小学校长会 |
| | 福利团体 | 由从事福利事业的人士组成的团体 | 健康保险组合联合会 |
| | 行政方面团体 | 由地方自治体及特殊法人等组成的团体 | 全国知事会 |
| 公共利益团体 | 市民、政治团体 | 由各种公共性的团体联合而成的团体 | 环保团体 |

① 堀江湛、岡沢憲芙『現代政治学』（第二版）法学書院2010年、170、178、180頁。

② 岡田浩、松田憲忠編著『現代日本の政治－政治過程の理論と実際－』ミネルヴァ書房2009年、138—140頁。

日本利益集团参与政治过程所形成的压力政治的积极作用表现为：促进政治多元化、利益聚合与利益表达、扩大决策系统信息输入、补充政党功能、完善代议制；消极面则表现为造成政治不平等、容易使政策变成少数人密室交易的产物、容易造成“金权政治”的泛滥、容易造成局部利益的泛滥。①

从政治文化的角度而言，强调“合意政治”（consensus decision making）传统的日本习惯通过人与人私下协商、疏通的方式化解分歧，即所谓的“根回”政治（stage management）。② 在政治构造方面，日本采用英式的议院内阁制，但不同于英国业已成型的两党制，战后日本曾长期由自民党一党独大，直到2009年才实现真正意义上的政党轮替，两党制仅处于雏形阶段。③ 上述特性使得利益集团在影响日本政治的路径及与政策制订方的关系方面也别具一格。

第一，利益集团习惯与行政机构及“族议员”之间通过类似“亲戚般往来”（親類づきあい）的沟通协商方式表达自身的利益诉求。

利益集团、行政机构及“族议员”三者之间发生紧密联系的交汇点在于共同在政策形成的过程中发挥作用。通常而言，一项政策应先由行政机构（职业官僚级别）制订好原案，然后应经内阁审议，交由国会通过后才告生效。原案一般由相关省厅的课长或课长补一级的官僚拟定，因此利益集团习惯在这一过程中与相关省厅的职业官僚通过沟通协商的方式表达自身的利益诉

---

① 王新生：《现代日本政治》，北京：经济日报出版社，1997年版，第76—90页。

② 京極純一『日本の政治』東京大学出版会1991年、208頁。

③ 北京大学教授王新生认为，未来的日本政治体制将仍以一个较大的政党为中心，几无实现两党制的可能。从民主党执政3年多的事实和安倍晋三再度执政以来的发展来看，日本政治体制目前仍处于执政党过强，在野党既弱且散的状态。参见王新生：“日本政治的未来发展趋势——从各政治主体相互关系的视角”，载《国际政治研究》（季刊），2011年第3期，第1—17页。

求。为了便于沟通，不但主要的利益集团均设有与相应省厅、主管局及课联系的部门，各省厅也都设立了专门负责与相应利益集团接洽、指导的部门。据统计，主要的利益集团中有85.1%与行政机构保持经常性接触，63.4%参与了政策制订，与行政机构交换意见的占87.2%，向审议会派遣委员的占59.6%。[①]

此外，因自民党长期一党独大，其利用这一优势，对行政机构也逐步确立了支配地位，形成了以自民党为核心的政策决定过程，导致了任何政策无论是行政上的制订过程还是法律上的立法过程，自民党都有相应的组织部门负责指导和操作。在此过程中，自民党党内也出现了所谓“族议员”现象，即因长期担任自民党政调会相关部会委员及国会相关委员会委员的职务，而谙熟相关决策领域的政策制订程序并有较强影响力及协调力，成为党内“政策专家”（expert）的一批国会议员。[②] 由于日本国会设有类似内阁省厅的各委员会，而所有的议员均必须加入众参两院的各个委员会中，因此各在野党或多或少也有一批能对相关政策领域施加强大影响力的“族议员”。战后日本的传统是，官僚在原案拟定过程中便不断与自民党的“族议员”进行协商，如果得不到后者的认可，是不可能拿到国会上去的。

这样，“族议员”既可参与拟定原案，还因其熟悉相关领域的政策运作，且参与国会投票，其对政策的巨大影响力不言而喻。因此，各利益集团也十分注重与相应的“族议员”进行接触，常常利用内部非正式的政治关系网来加强与“族议员”之间的联系，借机阐明自身立场观点，以影响政府决策。[③] 据统计，80%左右的利益诉求是各团体通过个人联系的方式解决的，它减少了日本政治决策过程中的对立和冲突，但也在很大程度上

---

① 岡田浩、松田憲忠編著『現代日本の政治－政治過程の理論と実際－』ミネルヴァ書房2009年、145頁。

② 猪口孝、岩井奉信『「族議員」の研究：自民党政権を牛耳る主役たち』日本経済新聞社1988年参照。

③ 堀江湛、岡沢憲芙『現代政治学』（第二版）法学書院2010年、180頁。

增加了不透明度。①

第二，利益集团与职业官僚、“族议员”三者关系盘根错节，形成了以共同利益为基础的“铁三角”（iron triangle）结构。

在政策形成过程中，利益集团、职业官僚及“族议员”三者在紧密联系的同时，也逐步形成了共同利益，并以此为基础组成了“铁三角”结构。如各利益集团中总有一些重要职位会安排给相关省厅的卸任高级官僚，这种现象称之为“下凡”（天下り）。对利益集团而言，主要是可以利用其原有的人际关系，加强与相关省厅的沟通渠道，更大限度地为所属行业争取利益。在利益集团与“族议员”方面，议员当选通常有三要素，即地盘、知名度和政治资金②，而这基本上都可仰赖利益集团的支持。因此，一方面前者运用选票和政治资金使后者能够连选连任，另一方面后者则在政策形成过程中为前者争得利益。

总体而言，日本的利益集团主要通过嵌入式的方式与政策的制定方在一定程度上形成利益攸关方，并以此为基础施加政治影响。而自身经济实力较强，又具有一定垄断性质的利益集团因在聚集选票方面拥有其他利益集团无法企及的能力，如“农协”、日本医师会、“劳组”等都是著名的“吸票机器”③，因而其政治影响力更加不容小觑。恰因于此，这些利益集团不但在客观上有能力维护既得利益，其维持现状的主观意愿性也更强，且与职业官僚、“族议员”之间的“铁三角”结构亦相对牢固。在这一点上，农业利益集团颇具代表性。

日本的农业利益集团向来比较集中、统一，代表性的团体有全国农业会议所、农业委员会、“中央酪农会议”、“中央畜产会”和“农协”等。众所周知，“农协”是日本最具凝聚力和组

① 王新生：《现代日本政治》，北京：经济日报出版社，1997年版，第72页。
② 曾根泰教、金指正雄『日本の政治』日本経済新聞社1989年、108頁。
③ 曾根泰教、金指正雄『日本の政治』日本経済新聞社1989年、113頁。

织力的利益集团。“农协”实质上是由多个农业团体组成的联合体，其历史可以追溯至江户末期的“先祖股份组合”。二战后，它因战时曾参与保障军需供应的工作，一度被取缔。1947 年 12 月，日本重新制订了《农业协同组合法》，并按照“促进发展农民的合作组织，提高农业生产力和农民在社会上的经济地位，同时促进国民经济的发展”的宗旨重建“农协”。①

在战后的发展过程中，“农协”在农产品生产、农产品流通以及促进农村社会进步等领域都发挥了重要作用。正是由于“农协”的发展与农民利益息息相关，从而使得“农协”对日本农村社会有着很强的组织协调能力，几乎所有农民都加入到“农协”中去了。日本农业的问题在于规模小、分散度高和缺乏资金，但具体表述起来，每个农户的要求可谓千差万别，一方面众多利益要求不可能都直接输入到决策系统中，另一方面决策系统也不可能同时受理那么多的利益要求。而经过“农协”的聚合后，最终形成了能够反映农户基本愿望的三大利益诉求——提高政府收购农产品（尤其是大米）的价格、争取更多的农业补助金和限制农产品进口。②“农协”集中自己的政治资源对决策过程施加压力，并通过自己支持的特定政党参与制定以相关法律为中心的政府政策，维护或扩大自己的利益要求。其发挥政治影响力的手段主要有三种：一是通过集会等大规模农政运动，利用新闻媒体扩大自己的舆论影响，向政府施加压力；二是直接向行政机关提出请愿和要求，力图使政府制定符合他们利益的政策；三是利用在选举中建立起来的与执政党的相互依赖关系，通过选票压力迫使执政党发起政策动议，最终影响政府决策。可见，恰是这三大利益诉求，也成了“农协”表现政治影响力的主要空间。这里主要以大米为例来加以说明。

① 本間正義『現代日本農業の政策過程』慶應義塾大学出版会 2010 年、186 頁。

② 王新生：《现代日本政治》，北京：经济日报出版社，1997 年版，第 79 页。

日本素来以“瑞穗之国”自诩，“瑞穗”原意指的是稻穗金黄，颗粒饱满。因此，在日本的历史传统中，大米的地位不同一般，是作为“食”生活重心的基本粮食，也因此成了与政治联系最为紧密的食材。而论及农林“族议员”与“农协”的联系，首先联想到的也是大米。

日本政府于1949年通过内阁决议设立了米价审议会，1951年又按照相关法律作为物价厅的附属机构。审议会成立之初，参与的委员中有国会议员，且比重非常大。第一批的“农林族”议员可以说就是从那时候诞生的。但这样的组成也备受诟病，经过多年的讨论，期间多次发生因朝野政党的对立导致米价审议会的运营时时陷入不可收拾的境地。到了1967年，日本政府终于规定国会议员不得担任委员。但这一结果却导致了国会议员对该问题的关注与日俱增。其缘由极为简单，就是“农协”开始拿选票向国会议员施压，而后者唯有对此正面回应才能确保下次顺利当选。因此国会议员关心米价也就是顺理成章的事了。一个个农民对政治影响甚微，因此“农协”就把大家组织起来，弥补这种缺陷，有了组织就意味着有了强有力的选票，其逻辑正在于此。①

那么”农林族”议员与官僚的联系又是如何建立的呢？有个很重要的背景就是，一开始的“农林族”议员熟谙农事，因此在国会辩论农业政策时滔滔不绝，主见十足。但是后来逐渐生疏，因此他们的讲稿也好，提出的政策也罢，就只有依赖农业但又不能亲自参与决策的官僚了。②

这样在决定大米的政府收购价格时，首先由“农协”提出要求价格，然后由“农协”干部与农林水产省（1978年7月5日以前称为“农林省”）官员频繁接触，与此同时，基层“农

---

① 中村靖彦『農林族——田んぼのかげに票がある』文春新書2000年、25—27頁。

② 中村靖彦『農林族——田んぼのかげに票がある』文春新書2000年、62—65頁。

协”和地方“农协”米价对策本部在各都道府县召开有地方议会议员和地方自治体首长参加的米价大会。另外，地方代表团云集首都召开全国米价大会，邀请许多国会议员参加，有时还要举行大型的游行示威活动。在这种形势的压力下，自民党的决策机构农林部会和综合农政调查会连日召开会议，并向政府有关部门施加影响，迫使后者接受“农协”的价格要求。[①]

基于此，“农协”与日本政府的关系表现为相互依赖和相互利用，一方面政府的农业政策很少与“农协”意愿相违，另一方面政府的法律、相关农业政策也依靠“农协”协助推行。[②] 而在“铁三角”结构中，利益集团的角色由“农协”充当，职业官僚是以农林水产省为核心的官厅，“族议员”是以自民党农林水产调查会及众参两院的农林水产委员会为核心的“农林族”议员。

在这种情况下，农民的诉求依靠“农协”向政府反映，而“农协”又借助农民手中的选票发挥政治影响力，受到压力的“农林族”议员又向内阁施压，最后内阁每年拨巨款维持大米的高收购价格，市场价格下降时又通过所谓的“减反”政策，补贴给农户促使其自主休耕。但农民不能直接获得政府的补助金，而是由“农协”来协助政府分配农业补助金，久而久之，“农协”又因此获得了垄断农产品流通等特权。如此一来，“农协”更有资格代表农民向政府施压了。与此同时，在“铁三角”的循环往复中，“农协”顺理成章地成了自民党的主要后援团体之一。此外需要说明的是，由于战后日本选举制度的改革长期迟滞于农村人口结构的变迁，议席分配对农业选区更为有利，且由于农村人口构成一个稳定的选票来源，投票率相对较高，这使得“农协”所掌握的农村选票更具“超值”分量，其政治影响力并

---

① 王新生：《现代日本政治》，北京：经济日报出版社，1997年版，第79页。

② 趙全勝著、杜進・栃内精子訳『日中関係と日本の政治』岩波書店1999年、79頁。

未因农业人口的减少而受到削弱。[①] 其结果导致自民党党内农业选区出身的议员所占比重相当大。据统计，直到 1990 年代中期这一比重仍超过六成。[②]

这一方面为自民党赢得了适应社会多元化进程的时间，同时又导致“农协”的支援对自民党的长期执政是不可或缺的，所谓投桃报李，长期以来自民党的农业政策基本上是由农林水产省、”农林族”议员和“农协”三者进行协商后出炉。也因为此，前首相福田赳夫曾经形象地说：“自民党比谁都爱农民。”[③]

“农协”之所以能够成为日本国内对政治拥有最大影响力的利益集团之一，除了其自身积聚了可以支配日本农业的巨大经济实力外，还拥有能将经济实力充分转化为政治影响力的强大组织能力。而这一切，与其独特的组织架构息息相关。

首先，从横向角度而言，“农协”包罗万象，还涉足商业、金融、保险等多个领域，不但对农户有强大的号召力，经济上也达到了支配日本农业的程度。

为解决日本农业发展面临的“小农业，大市场”瓶颈，“农协”将分散的农民组织起来共同生产，如以预约订货的方式将生产、生活资料供应给农民，再由其组织农产品（以稻、麦为主）的收购，然后转售给政府或加工工厂，或贩卖给批发商、批发市场等。[④] 这是“农协”工作的核心，主要由“全国农业协同组合联合会”（简称“全农”）来承担。[⑤]

---

① 三国英実編著『地域づくりと農協改革—新たな協同の世紀を求めて—』農山漁村文化協会 2000 年、9、12 頁。

② 王新生：《现代日本政治》，北京：经济日报出版社，1997 年版，第 66 页。

③ 曽根泰教、金指正雄『日本の政治』日本経済新聞社 1989 年、116 頁。

④ 本間正義『現代日本農業の政策過程』慶應義塾大学出版会 2010 年、188 頁。

⑤ 1948 年 10 月，日本分别成立了“全国贩卖农业协同组合联合会”（简称“全贩联”）和“全国购买农业协同组合联合会”（简称“全购联”）。1972 年 3 月，“农协”为了加强对农村供销业务的控制将这两个团体合并，成立了“全农”。暉峻衆三『日本の農業 150 年—1850 ~ 2000 年—』有斐閣 2003 年、309—313 頁。

除“全农”外，“农协”还设有“全国农业协同组合中央会”（简称“全中”）、“农林中央金库”（简称“农林中金”）、“全国共济农业协同组合联合会”（简称“共济联”或“全共联”）、“全国厚生农业协同组合联合会”（简称“全厚联”）等综合性的团体和为数众多的专门性团体，涉及商业、金融、保险及教育等领域。如“农林中金”负责管理“农协”会员的储蓄和信贷工作，并从事对农业相关企业进行贷款的业务，被称为“日本的农业银行”；“共济联”作为“农协”的保险机构，从事长期和短期的保险业务；“全厚联”则不但为“农协”会员及其家属治病，还担负着体检和预防疾病的工作。此外，“农协”还出版机关日报《日本农业新闻》，甚至设有专属大学，培养“农协”干部和技术人员等。①

相比美欧等国的以从事特定农产品的贩卖和材料的购买为特征的专门性“农协”，日本“农协”可谓独树一帜，从银行、生命保险，农产品和农业材料的销售，到生活物资、服务的提供等，可以说无所不包。且“农协”规定农业银行不能从事其他融资，生命保险也不能从事损害保险的业务。②

截至2016年1月1日，“农协”共有679个下属机构，其基层的“综合农协”、“专门农协”遍布日本各地，业务包罗万象，因此能直接同农民建立起各种形式的经济联系，控制着农村经济生活的各个方面。③ 按照规定，农民参加和退出“农协”都是绝对自由的，但一方面“农协”拥有覆盖整个日本农村的流通服务网络，另一方面“农协”不以盈利为目的，坚持服务第一的立场使得日本农民对其极其依赖，因而几乎全部是“农协”的

---

① 本間正義『現代日本農業の政策過程』慶應義塾大学出版会2010年、186頁；生源寺真一、農協共済総合研究所編『これからの農協—発展のための複眼的アプローチ—』農林統計協会2007年、7—8頁。

② 石川幸一、馬田啓一、渡邊頼純編著『TPP交渉の論点と日本—国益をめぐる攻防—』文真堂2014年、22頁。

③ 「JA数の推移」、http：//www.zenchu-ja.or.jp/profile/y。

正式会员。此外，“农协”还有数量庞大的准会员，[①] 两者相加达997.7万人。[②] 此外，“农协”的资金实力也相当雄厚，达到了可以支配日本农业的程度。据统计，2013年度“农协”事业总盈利为1.8732万亿日元，事业盈利为2050亿日元，购买事业达3.0523万亿日元，贩卖为4.3697万亿日元，当期剩余金额为1960亿日元。储蓄额为91.7978万亿日元，贷款额为22.7963万亿日元。[③]

其次，从纵向角度而言，“农协”是由下一级“农协”通过纵向连接的方式与上一级“农协”层层组合成的全国统一的团体。这种金字塔型的组织架构有利于“农协”将其庞大的资源进行整合，使之发挥巨大的政治能量。

从纵向角度而言，各级“农协”基本上是按日本行政区划建立起来的，即分全国一级“农协”、地方一级“农协”（都道府县）和基层一级“农协”（市町村）。组织原则是下一级的“农协”联合组织成上一级的“农协”，目前基层一级“农协”共2961个，它们联合组成103个地方一级“农协”，再由后者联合成立18个全国一级“农协”。此外，地方一级“农协”都

① “农协”将经营农业者列为正式会员，包括专业农户（指全年农业收入大于非农业收入，家中至少有一人年龄未满65岁且全年务农时间超过60日的农户）与兼业农户（又分为准专业农户和副业农户两类，前者指全年农业收入小于非农业收入，家中至少有一人年龄未满65岁且全年务农时间超过60日的农户，后者指家中有年龄超过65岁且全年务农时间超过60日的农户）两种。而准会员一般是当地的居民，或是“农协”的顾客，或是农业的合作团体等。现阶段“农协”的正式会员为461.4万人，准会员为536.3万人。由于准会员所占比例已经超过正式会员，标志着“农协”的性质已经发生变化，已非纯粹的农民自主的合作组织，呈现出商社化、金融机构化的趋势。参见阿部四郎『新訂　農協法と会社法』家の光協会2001年、58頁；焦必方主编：《战后日本农村经济发展研究》，上海财经大学出版社，1999年版，第184页；農林水産省「農林水産基本データ集」、http：//www.maff.go.jp/j/tokei/sihyo/index.html。

② 「JA全中　60年のあゆみ」、http：//www.zenchu-ja.or.jp/wp-content/uploads/2015/06/150608_01.pdf。

③ 「総合JA　13年度決算　事業利益6.3%増」、『日本農業新聞』2014年11月11日。

建有与全国一级“农协”对口的组织，如“经济农业协同组合联合会”（简称“经济联”）对应的是“全农”；“信用农业协同组合联合会”（简称“信联”）对应的是“农林中金”等。[①]

自20世纪90年代以来，“农协”为改进自身功能，开始实施“精兵简政”。在组织体制方面：一是合并基层“农协”，即将原有的一个市町村有一个基层“农协”改编为若干个市町村有一个广域的基层“农协”；二是将现有的市町村—都道府县—全国的三级组织架构缩编为两级，即将地方一级“农协”归并到全国一级“农协”的对口组织中，[②] 成为后者的分部，最终形成市町村广域“农协”—全国“农协”的两级架构。[③]

虽然上下级“农协”之间并非领导与被领导关系，只是相互协作与支援的关系，但上一级“农协”对下一级“农协”在业务上可以进行指导，从全国一级“农协”到基层一级“农协”，均是按上述原则建立起来的。更为重要的是，“农协”除了各种业务性机构外，还设有一个决策机构——“全中”，其任务是制订“农协”运动的方针，负责联系和调整“农协”各团体之间的关系。而为了更好地将“农协”的方针落实下去，日本47个都道府县均设有“全中”的对口组织——“农业协同组合中央会”（简称“中央会”）。一方面，“中央会”接受“全中”的指导，执行“全中”的方针政策；另一方面，它又可以对同级“农协”的组织、事业和经营等事务进行监督。此外，“全中”还被授权可代表“农协”同政府进行联系，或反映农民的一些要求，或就某些事项提出建言，并对政府制订的农业政策施加影响。

此外需要说明的是，根据《农业协同组合法》的规定，“农协”并不能直接从事政治活动。作为对策，“农协”组织成立了

---

① 本間正義『現代日本農業の政策過程』慶應義塾大学出版会2010年、186頁。

② 藤田教『農協事業活動の基本理論：制度・機能論から協同活動論へ』農林統計協会1998年、1頁。

③ 从进度来看，仍有某些领域保留原有的三级组织架构。

"全国农业者农政运动组织联盟"（简称"农政联"），并在中央设本部，各都道府县设地方事务局，专门从事政治活动。因此，每逢选举，候选人只要得到"农政联"推选，即意味着获得了"农协"的认可。①

由此可见，"农协"的纵向结构特征在于从基层"农协"到上一级"农协"通过纵向连接，最后联合成全国统一的"农协"组织。而一旦后者下达某项决定后，下一级"农协"基本予以执行。② 这种金字塔型的组织架构有利于"农协"将其庞大的资源进行整合，使之发挥巨大的政治能量。

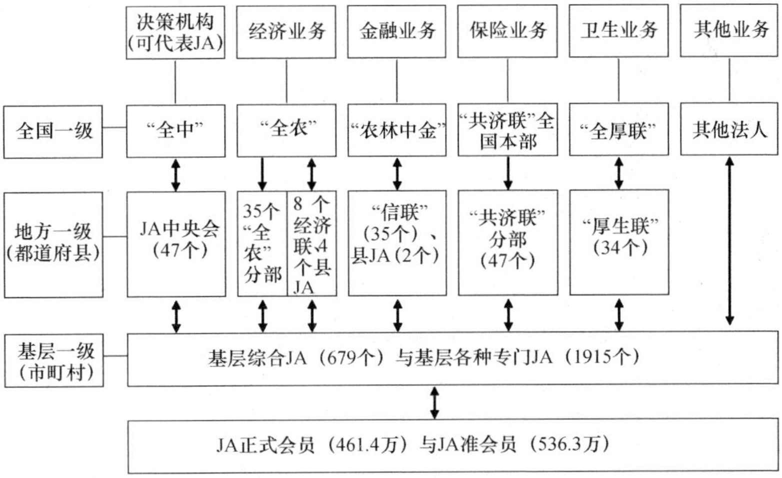


**图 3—1 "农协"（JA）机构组织示意图**

"其他业务"包含"报刊信息业务"（由"日本农业新闻株式会社"负责）、"出版·文化业务"（由"家之光协会出版社"负责）和"旅行业务"（由"农协观光株式会社"负责）。

资料来源：「JAグループとは」、http：//www. zenchu-ja. or. jp/profile/x；「JA 全中 60 年のあゆみ」、http：//www. zenchu-ja. or. jp/wp-content/uploads/2015/06/150608_ 01. pdf。

① 中村靖彦『農林族——田んぼのかげに票がある』文春新書 2000 年、117—119 頁。

② 本間正義『現代日本農業の政策過程』慶應義塾大学出版会 2010 年、186—188 頁。

概言之，“农协”不但经济实力雄厚，且其金字塔型的组织架构使得下级“农协”往往对全国一级“农协”的决定唯命是从，这使得“农协”的政治影响力超乎寻常。据统计，“农协”在日本20个最有影响力的利益集团中曾排名第九，而“农林族”议员也因在国会中势力甚大，一度被称作无敌的“农林族”①，且与“建设族”及“商工族”议员一起被称为自民党的“御三家”，它们所代表的势力也成为自民党巩固选票地盘、维持执政地位的关键部门。②“农协”则借此转化为日本利益集团中保守性和垄断性最强的团体，并频频以“代表农民利益的强大压力集团”的面貌示人。③ 但从1980年代后期开始，“农协”的政治影响力已呈缓慢下降趋势，④ 民主党上台后，其影响力更受到进一步削弱。前者缘于“农协”的社会基础有所动摇，后者则是民主党执政后对原有的“铁三角”架构从结构上形成冲击所致。

伴随着泡沫经济崩溃所引发的政治、经济、社会等各个领域的改革，社会各阶层的利益诉求趋于多元化，通过一个大型团体将全体成员组织起来的难度不断加大。利益集团与政党的特殊关系也开始发生动摇，即不固定支持特定政党的选民急速增加。如1970年代以前，有40%的选票为不固定支持特定政党的浮动票，固定支持保守政党或革新政党的选票各为30%，进入20世纪80年代后浮动票上升到60%，政党的固定支持票各占20%，到20世纪90年代后浮动票进一步上升到80%，政党的固定支持票分

---

① 王新生：《现代日本政治》，北京：经济日报出版社，1997年版，第57页。

② 曽根泰教、金指正雄『日本の政治』日本経済新聞社1989年、135頁。

③ 辻中豊編著『現代日本の市民社会・利益団体』木鐸社2002年、143—149頁。

④ 三国英実編著『地域づくりと農協改革—新たな協同の世紀を求めて—』農山漁村文化協会2000年、8頁。

别为10%。[①]

具体到农业领域，由于公共投资减少、公共设施投标改革带来利润率下降、大米消费量逐年降低、减少农作物种植面积政策的实施、农产品进口自由化程度的增加、少子及老龄化等因素的影响，“农协”的组织率和约束性不断下降，内部凝聚力和社会动员力也持续弱化。[②] 这种变化对利益集团而言即意味着其集票能力的弱化。如1989年参议院选举时，出于对“农协”的不满，农业选区出现了大量废票，结果导致自民党大败。[③] 此外，参加自民党国会议员个人后援会的农村选区选民，从1992年的18.2%减少到2006年的10.2%，缴纳会费的个人后援会成员更是从最高峰1986年的5.2%下降到2005年的1.7%。与此同时，缴纳会费成员的比例也从29%下降到16%。[④]

在自民党一党独大的时期，最具影响的利益集团与特定政党结成了较为稳定的合作关系，如“农协”与自民党、“联合”与民主党、信奉日莲正宗的宗教组织“创价学会”与公明党等。且根据与特定政党的合作关系，日本利益集团层被划分为不同的“系列”：与执政党关系密切的财界、农业及业界团体属于“主流系列”，与在野党关系密切的工会团体属于“旁支系列”。[⑤] 但随着2009年9月民主党上台执政，战后日本自1955年以来实现真正意义上的政党轮替后，利益集团与政党的特殊关系开始发生重大改变，民主党政权曾试图在更广范围内获取利益集团的支

① 福岡政行「海図なき政党政治のゆくえ」、『中央公論』1991年9月号，转引自王新生：《日本政治的未来发展趋势——从各政治主体相互关系的视角》，载《国际政治研究》（季刊），2011年第3期，第2页。

② 西井賢悟『信頼型マネジメントによる農協生産部会の革新』大学教育出版2006年、48頁。

③ 曽根泰教、金指正雄『日本の政治』日本経済新聞社1989年、116頁。

④ 御厨貴編『変貌する日本政治：90年代以降「変革の時代」を読みとく』勁草書房2009年、23—24頁。

⑤ 五十嵐仁『概説現代政治—その動態と理論—』法律文化社1995年、359頁。

持，使二者重构利益政治结构。

民主党执政后，试图推动更多利益集团改变原先的政党支持取向，向民主党靠拢。在一段时期内，也的确颇有成效。如日本医师会一向支持自民党，但在2010年的会长选举中，亲民主党的原中胜征击败了亲自民党的唐泽祥人（唐泽系时任会长，拟谋求连任），并在同年的参议院选举中决定支持民主党的候选人。① “农协”方面则因2009年众议院选举时，民主党提出的“农户收入补贴制度”广获农业选区选民的青睐，导致“农政联”不得不宣布保持政治“中立”，结果导致民主党在农业单一选区所获席位竟然超过自民党的42席，达到49席，而在前两次的众议院大选中，民主党和自民党在农业单一选区的议席数分别为10对79（2003年）、10对74（2005年）。② 2010年参议院选举时，“农政联”强调说其政党支持立场“不偏不倚”，因而不提出支持政党的“组织内候选人”，放弃推荐任何候选人。结果导致很多哪怕是出身“农协”的候选人也参选失败，如门传英慈作为自民党提名的候选人，虽然曾任全国农协青年组织协议会会长，但因未获得“农政联”的推荐，结果在比例代表选区仅获得80381张选票，因支持率（2.4%）过低而落选。③ 与此同时，伴随着许多业界团体纷纷向民主党政权靠拢，在民主党内部，以争取“行业选票”为目的的议员联盟短时期内大量涌现，如与包括“农协”在内的农业团体进行交流的“民主党食品与农业再生议员联盟”等。④

然而，民主党锐意推行“政治主导”和推动利益集团改变既有的政党支持取向的用意，在于从结构上形成由民主党位于顶

---

① 「日本医師会、政権と距離」、『朝日新聞』2012年2月26日。

② 菅原琢『世論の曲解：なぜ自民党は大敗したのか』光文社2009年、242頁。

③ http://www.yomiuri.co.jp/election/sangiin/2010/profile/yb001022.htm。

④ 「民主、業界票狙い60議連立ち上げ自民系切り崩し狙う」、『朝日新聞』2010年5月13日。

端、官厅和利益集团处于下端的“金字塔型”结构，而一改自民党时期的“铁三角”结构。以“农户收入补贴制度”为例，民主党就意图绕开“农协”直接对农户进行经济补助，其目的在于从结构上打破“农协”、农林水产省及“农林族”议员组成的“铁三角”，而改成由民主党位于顶端、农林水产省和“农协”及农户处于下端的“金字塔型”结构。[①] 此外，民主党囿于缺乏执政经验、治理效能不彰等因素，与利益集团之间的合作模式尚未定型。基于此，一些利益集团又开始奉行中立的“脚踏两只船”策略。如日本医师会在2012年的会长选举时，无论是谋求连任的原中还是其他两名候选人，均表现出要与民主党保持距离，转而与朝野各党均建立沟通渠道的姿势。[②]

从“农协”的角度而言，民主党绕开“农协”直接对农户进行经济补助的做法已经令其大为不满。而到了营直人正式宣布要参与TPP谈判后，作为反对派的中坚力量，“农协”的不满便如同火山爆发一般在日本全国发泄开来，并通过多种形式的政治动员，强烈反对政府的这一决定。尽管“农协”的影响力已大不如昔，但所谓百足之虫死而不僵，从其能在全国范围内展开大规模反对日本加入TPP的政治动员，并最终迫使野田佳彦首相不得不做出政治决断而言，其对政治的影响力仍不容小觑。

首先，“农协”通过举行反对日本加入TPP的游行集会，加大对普通民众的文宣力度，提高基层对自身主张的支持度，借以向政府施加舆论压力。

“农协”因为规模庞大、实力雄厚，使得它可以在全国范围内展开反对加入TPP的各种活动，以扩大声势。实际上，当2010年时任首相营直人首次表态日本要参加TPP谈判时，“农协”便开始在全国范围内举行了多场游行示威和政策宣讲会：

---

① 本間正義『現代日本農業の政策過程』慶應義塾大学出版会2010年、186—202頁。

② 「日本医師会、政権と距離」、『朝日新聞』2012年2月26日。

第一，“农协”于当年11月10日在东京举行了有3000多人参加的反对集会，通过了“坚决阻止参加TPP谈判”的特别决议；第二，岛根县的“农协中央会”联合一些渔业团体于12月14日召开“反对参加TPP、保卫日本食品的岛根县大会”，并组织市内游行，强烈呼吁保护日本农业、地方文化及地方传统；第三，“农协”还联合日本医师会等团体，大规模地在日本各地组织反对加入TPP的签名活动，短期内便征得1120万人的联署，[①]彰显了其在基层社会中的巨大动员力。

其次，“农协”利用在地方的影响力推动各地方议会及政府表明反对加入TPP的态度，意图借助地方议会及政府的力量对日本政府形成一定的牵制力。

农村经济活动区域与居住区域基本重叠，绝大多数居民习于安土重迁，极易形成熟人网络，因而投票率也远高于都市选区，且农村选区偏小，议员当选几率相对较高。如前所述，日本农民几乎都是“农协”会员，尽管根据法律规定“农协”不得直接参与政治活动，但为了涉足选举，“农协”成立了“农政联”变相参与其中。在“农协”的强大号召下，农民往往也会按照它的暗示去投票，这被称为“农协总动员式选举”。[②] 即使在“农协”组织率大不如昔的今天，能否成为其“组织内候选人”仍是决定选举胜负的关键。如2000年众议院选举时，“农政联”推选了271位候选人，其中自民党有261人，结果有199人当选。那一年的选举自民党在都市选区可说是铩羽而归，仅获得34席。但因在农业选区固守铁票，才能转败而胜，勉强保住了执政地位。[③]

---

① 「TPP反对署名1千万人超える　JA全中」、『産経新聞』2011年6月10日。

② 岡田浩、松田憲忠編著『現代日本の政治—政治過程の理論と実際—』ミネルヴァ書房2009年、144頁。

③ 中村靖彦『農林族——田んぼのかげに票がある』文春新書2000年、77頁。

此外，很多地方议员和国会议员原先便是出身“农协”，并以之为地盘，逐步走上从政道路，如曾任众议院农林水产委员会委员长的钵吕吉雄，曾在北海道的“农协”工作了近20年，在“农协”的鼎力支持下，他自1990年开始连续7次当选众议员，是民主党内著名的“农林族”议员。[①] 因此，由“农协”支持当选的地方议员人数众多，影响力甚至大到足以主导地方议会及地方政府的态度。

在“农协”的推动下，日本47个都道府县议会有39个议会通过了“反对TPP”或“应予慎重应对TPP”的意见书，其中有29个议会的民主党议员也投票赞成。[②] 2010年11月9日，东北地区6县及北海道的知事在新潟召开会议，一致反对日本加入TPP，要求政府采取谨慎态度。12月6日，秋田县知事佐竹敬久更明确表态，批评菅内阁在TPP问题上的立场，认为政府的决定过于轻率，并强调日本只有在“确保粮食安全、实施个别农业政策、实施地域政策”这三个前提下才考虑加入TPP。[③] 进一步地，“农协”还动员反对加入TPP的地方首长共赴东京向中央政府陈情。2011年11月1日，北海道、鹿儿岛、冲绳三道县的“农协中央会”会长与冲绳县知事仲井真弘共同向官房长官藤村修表明了他们反对政府仓促加入TPP的态度。[④]

最后，“农协”利用与“农林族”议员及农村选区出身议员的密切关系，大力推动他们对内阁决策施加影响。

一般而言，“农林族”议员及农村选区出身的议员都是以“农协”为其主要后援团体，“农协”通过选票和政治资金使他们的政治生命得以延续，这些议员则通过直接参与决策过程为

---

① 「新内閣　課題山積み」、『朝日新聞』2011年9月3日。

② 「農・工　ふたまた地方議会　『反TPP』39道府県で意見書」、『朝日新聞』2011年2月22日。

③ 「TPP対応で政府を批判」、『産経新聞』2010年12月7日。

④ 「『TPP、国防にも悪影響』JA沖縄など、政府に訴え」、『朝日新聞』2011年11月2日。

“农协”争得利益，两者关系休戚与共。此外，日本因选区划分有利于农业选区，而长期存在所谓“一票格差”的问题，在国会议员的当选票数上，大都市圈远远超过农村选区，如众议院的最大差距为2.52倍，参议院则高达5.124倍。[①] 这种选区分布明显偏重农业选区的特征，直接导致了该选区出身的议员人数众多，远远超过农业人口占日本总人口的比例。因此，在“农协”竭力反对加入TPP的背景下，国会众参两院中也始终存在着声势浩大的反对派。

第一，为呼应“全中”反对加入TPP的国会请愿活动，日本国会众参两院竟有过半数的363名跨党派议员联署反对加入TPP。其中，自民党以时任总裁谷垣祯一为首的重量级议员全部署名，总人数达166名，超过当时自民党国会议员总数（众议院118名，参议院83名）的3/4。野田内阁中虽无一名阁僚参与联署，但民主党议员署名的也有125人。[②]

第二，在民主党内，早在菅直人内阁时期，党内便有众多农业选区出身的议员反对加入TPP。2010年10月21日，甚至有100名民主党议员举办了反对加入TPP的集会。[③] 之后，他们又与执政联盟中的国民新党组成“谨慎思考TPP会”，由前农林水产大臣山田正彦出任会长，自民党、公明党等在野党的部分国会议员随后也参与其中，并改组成为跨党派的“考虑TPP的国民会议”。为了表示反对加入TPP的决心，山田本人甚至威胁野田

---

① 为此，2000年众议院大选时，议席被减至480席，2014年众议院大选时，议席再度被降至475席。所削减的议席都在农业选区，但即使如此众议院的“一票格差”仍达到1：2.1。因此，朝野政党还在商讨如何进一步对议席进行削减，以使得选区的划分更加符合日本各地人口分布的实际状况。「1票の格差　衆院2.524倍、参院5.124倍」、『読売新聞』2011年10月27日；「区割り変更　攻防激化」、『日本農業新聞』2014年12月5日。

② 「全中の反対請願　紹介議員が半数超える」、『朝日新聞』2011年11月2日。

③ 廣宮孝信『TPPが日本を壊す』扶桑社2011年、14頁。

要退出民主党。[①]

在“农协”的反对下，围绕着TPP问题，不但日本民众、地方政府及国会的朝野政党意见对立，甚至连民主党内最终也未能得出是否参加TPP谈判的明确共识，只得提请野田做出政治决断。首相做出政治决断即意味着要承担全部政治责任，甚至是首相宝座。但对野田而言，一方面意图通过TPP提升日本企业的国际竞争力，推动国内农业的结构性改革，重振日本经济，并欲借此在外交上巩固日美同盟，配合美国牵制中国的战略布局，在未来亚太经济一体化的进程中占据有利位置。另一方面，民主党内反对加入TPP的并非主流派，内阁中主要的反对派——农林水产大臣鹿野道彦的态度也有所转变，因此野田在权衡利弊后仍做出了参加TPP谈判的政治决断。但为顾及上述反对力量，野田一方面接受民主党干事长舆石东的建议，将原定11月10日宣布参加TPP谈判的决定推迟一天宣布，以与山田等党内对加入TPP持反对或谨慎态度的议员做最后的沟通[②]；另一方面在表述上也相当委婉：“以坚决保护日本的医疗制度、传统文化和美丽的农村为前提，以参加TPP谈判为目标，与相关国家展开协商。”[③]

野田的发言是表明了日本有加入TPP的意向，但并非正式宣布参与谈判。因此，到了2012年底举行的众议院选举中，TPP问题自然成了主要焦点之一。面对民主党表示要加入TPP，当时自民党的选举公约在涉及TPP问题时，明确提出谈判的六原则：“不承认没有例外的全面免除关税”、“不接受违反自由贸易理念的汽车等工业产品进口数值目标设定”、“维护全民保险制度”、“维护食品的安全安心标准”、“不引入有损国家主权的ISDS条款”、“遵循在政府采购和金融服务方面的日本特性”，并承诺说

---

① 「元農水相『離党も覚悟』」、『産経新聞』2011年11月4日。

② 「TPP参加表明延期の舞台裏」、『朝日新聞』2011年11月18日。

③ 「TPP交渉　参加方針」、『朝日新聞』2011年11月12日。

如果不能保证上述六原则，日本就不参与TPP谈判。[①] 结果，自民党再度得到“农协”的支持，在农业选区得到了众多席位。[②]

然而，安倍甫一组阁便自食其言，上述六原则很快只剩下“不承认没有例外地全面免除关税”这一个原则了。随后，在他正式宣布参与TPP谈判的前夕，其承诺又进一步缩小为五种誓死捍卫关税的重要农产品。[③] 虽然，他依旧不断强调说，我们一定会保护日本的国家利益，保护美丽的日本，创造强大的日本，并让后代得以传承，但诚如《金融时报》所评论的那样，“这意味着自民党撕毁了与受宠爱的农民之间的社会契约”。[④]

对此，“农协”的反应却相当平和，民主党执政时期组织的遍布全国、声势浩大的游行集会更是踪迹全无。时任“全中”会长的万岁章在2013年5月11日接受《朝日新闻》采访时仅是强调，“农协”不接受将大米等农产品的关税完全废除，但允许将这些农产品的关税适当予以下调。其下调标准将以能够维持农户的生活为基准。当时，距离参议院选举日期已近，但万岁章在采访中发言前后矛盾，不但看不出被自民党背叛后的愤怒，反而流露出对自民党的恳求。他说，在参议院选举中，“农协”不会支持特定的政党，而是就事论人，如果候选人是反对加入TPP的，我们就推荐他，不管他是哪个党。至于跟自民党的关系，自民党保证一些重要农产品是要竭力保护的，现阶段我们只能相信自民党的承诺。另外，抛开TPP，自民党在农业方面的政策很多

---

① 「TPPについての考え方」、http://www.jimin.jp/policy/policy_topics/recapture/pdf/055.pdf。

② 田代洋一『安倍政権とTPP—その政治と経済—』筑波書房ブックレット2013年、30—31頁。

③ 金子勝、武本俊彦『儲かる農業論　エネルギー兼業農家のすすめ』集英社新書2014年、44—45頁。

④ David Pilling, “China and the post-tsunami spirit have revived Japan”, May 8, 2013, http://www.ft.com/cms/s/0/717274d0-b687-11e2-93ba-00144feabdc0.html.

可圈可点，目前日本国内其他政党没有能力去担当大任。[①]

可见，万岁章一方面对自民党是满腹怨言，但另一方面又无可奈何。这主要缘于“农协”实力的极大衰落和安倍的强势回归，这导致的结果是“农协”支持与否对安倍内阁的重要性已大大降低。随着几年的议题发酵，再加上政府不断从国家安全等视角强调 TPP 的战略意涵，“农协”认识到无论是民主党还是自民党，都会选择加入 TPP。而“农协”虽心有不甘，但实在无力阻挠，因此相比反对加入 TPP，不如通过既有的“铁三角”关系，去影响安倍内阁，希望其能信守诺言。2015 年 8 月 11 日，“全中”会长改选，三重县“农协”中央会会长奥野长卫当选新任会长。而他的要求也与万岁章相仿，只是要求安倍内阁切实遵守在国会的承诺，捍卫所谓“圣域”的五种重要农产品的关税。[②]

基于此，尽管有部分县的“农政联”拒绝在选举中提名自民党的候选人，但囿于“现阶段我们只能相信自民党的承诺”的尴尬和希冀自己的主张能够在政策执行时得到一定程度落实的无奈，“农协”还是在选举中支持自民党的候选人。如在 2014 年 12 月举行的众议院选举中，“农政联”共提出 206 名“组织内候选人”，其中 190 人为自民党候选人，包括安倍晋三本人在内的内阁和自民党高层几乎全部被提名。结果显示，185 人当选。[③] 尽管如此，很多农户并不响应“农协”的号召，而是按照自己喜好去投票，导致自民党很多候选人的竞选过程异常艰辛，

① 「TPPコメ関税引き下げ容認も JA 全中会長示す」、『朝日新聞』2013 年 5 月 12 日。

② 「TPP 交渉における国会決議の遵守を求める特別決議」、http: //www. zenchu-ja. or. jp/wp-content/uploads/2015/08/150811_ 02. pdf。

③ 「全国農政連が1 次推薦決定」、『日本農業新聞』2014 年 12 月 2 日；「全国農政連が2 次推薦決める」、『日本農業新聞』2014 年 12 月 3 日；「推薦候補を追加 衆院選で全国農政連」、『日本農業新聞』2014 年 12 月 4 日；「推薦候補を追加 全国農政連」、『日本農業新聞』2014 年 12 月 5 日；「推薦候補を追加 全国農政連」、『日本農業新聞』2014 年 12 月 6 日。

以至于出现了自民党在选举中大获全胜，但农业选区的议员纷纷陷入苦战的现象。① 具有讽刺意味的是，这种结果没有削弱安倍的影响力，反而映衬出“农协”内部凝聚力的进一步下滑。

综上所述，随着日本农业经济的持续式微，支撑“农协”施加政治影响力的社会基础也不断被削弱。但一方面日本农业精耕细作的小农生产方式并未改变，另一方面以“农协”为主的农业利益集团拥有很强的保守性与垄断性，导致“农协”仍能维持对农民的强大号召力，并继续维系“铁三角”结构，因而依旧可以左右日本的农业政策。如 2008 年，由于大米歉收导致国际市场大米价格暴涨，因此当时日本国内无论是官房长官还是农林水产大臣，均有意更改限制大米生产规模的政策，但在“农协”的坚决反对下，这一议题甚至未能进入审议程序。这也是为什么“农协”能在反 TPP 活动中展现出巨大政治影响力的根源。

民主党执政后，农业利益集团虽然一度调整了亲自民党的立场，民主党内部也成立了专门与之进行沟通的“民主党食品与农业再生议员联盟”，但民主党立意要打破既有的“铁三角”结构，这导致两者在利益互换过程中的合作程度相当有限。可见，在民主党执政下，一方面其与农业利益集团的合作程度远不及自民党那样紧密，另一方面农业利益集团对民主党农业政策的影响力也无法与自民党时期相比拟。“农协”联合其他团体声势浩大地展开反 TPP 的政治动员，但最终仍归于失败的原因恰在于此。

自民党重新执政后，全然不顾之前的竞选承诺，正式宣布参与 TPP 谈判。但“农协”的反应却异常平静，全然不见在民主党执政时期的大规模游行集会。其主要原因在于“农协”实力

---

① 「農業理解、政策を重視　各県域農政運動組織」、『日本農業新聞』2014 年 12 月 11 日；「実現に向け尽力期待　農政連・全中会長が表明」、『日本農業新聞』2014 年 12 月 16 日；「TPP、農協改革…課題山積　問われる現場目線」、『日本農業新聞』2014 年 12 月 16 日。

的衰落和安倍的强势回归，因此“农协”转换策略，通过采取继续支持自民党的方式，希冀自己的主张能够在政策执行时得到一定程度落实。

安倍正式宣布参与TPP谈判和签署正式协议，意味着日本农业长久以来的保护政策和经营模式已开始受到巨大冲击。为因应这一挑战，安倍内阁实施的农业结构改革便以开放化、规模化及集约化为目标，而这势必会给“农协”带来釜底抽薪的冲击，因此其政治影响力的每况愈下注定不可避免。

## 第二节 安倍内阁的农业结构改革和“农协”的应对

对日本的农业利益集团和农民而言，安倍内阁施政中最受关注的除参与TPP谈判外，便是号称“进攻型”的农业政策。2013年1月29日，农林水产省设立以农林水产相为本部长的“进攻型农林水产业推进本部”，并指出该机构的设立宗旨是要激发农业生产的潜力，寻求农业生产的活力，开启农林水产业发展的中期规划。进一步地，安倍内阁又于同年5月成立以首相为本部长、强调跨部门合作的“农林水产业·地区活力创造本部”。与此同时，自民党也于同年4月25日提出“农业、农民收入翻番十年战略目标——政策总动员和建设富有生机的农村”计划，而作为自民党新机构的“农林水产业·地区活力创造本部”正是在这一背景下于同年6月正式设立。之后，安倍内阁又多次开会商讨“进攻型”农业政策的一些具体措施，并在与自民党领导层进行商讨的基础上，终于在12月10日出台了农政改革的整体规划——“农林水产业·地区活力创造计划”。[①] 2014

① 「農地中間管理機構の創設と経営所得安定対策の見直しなどの4つの改革」、http：//www. maff. go. jp/j/wpaper/w_ maff/h25/pdf/z_ 1_ 0_ 1_ 2_ 1. pdf。

年1月28日，安倍内阁又开始研究新的食品、农业、农村基本计划。在此基础上，规制改革会议于5月14日提出农业彻底改革方案。以此为背景，农政改革营业收入稳定对策、日本型直接支付关联法案于6月13日设立，随即安倍内阁又于24日修订了“农林水产业·地区活力创造计划”。

总体而言，该计划中的10年战略是以2010年为基础，提出2020年要以实现农业、农村整体收入翻番为总目标。为此，(1)要强化农业生产，主要是增加单位农户的耕种面积，降低生产成本。目标提出要将农田集中耕种的比例从现阶段的50%提高到80%，大米的生产成本要降低40%，全国农业法人经营体数要达到5万家；(2)扩大农林水产品的出口，力争从2012年的4497亿日元增加到2020年的1万亿日元。如水产品从1700亿日元增至3500亿日元，加工食品从1300亿日元增至5000亿日元，大米及大米加工品从130亿日元增至600亿日元，苹果、柑橘、草莓等青果类从80亿日元增至250亿日元，牛肉从50亿增至250亿日元；(3)六次产业化的规模从1万亿日元增至10万亿日元。①

为实现上述目标，安倍内阁又提出发展“强大农林水产业”，创造“美丽且充满活力的农山渔村”的四大结构改革支柱：(1)扩大农产品的出口市场，如促进食文化、食品产业向全球输出，扩大国内需求，积极对应国内的新需求，确保食品安全和消费者的信赖；(2)构筑产业链，如推进农业六次产业化，实现下一代设施园艺等生产、流通体系的高度化，实现新品种和新技术的开发及普及等，进一步强化畜牧、乳酪类农产品的生产；(3)强化农业生产，如通过活用农田中间管理机构来削减农业生产成本，营业收入稳定对策和废除大米的减反（减反——控制耕地面积）政策，以推进农业增长产业化为目标，推动

---

① 「これまでの『攻めの農林水産業』の検討状況」、http：//www. maff. go. jp/j/kanbo/saisei/honbu/pdf/250617kanteihonbushiryou. pdf。

“农协”、农业委员会的各项改革；（4）维持并发挥农业多方面的功能，如设立日本型直接支付制度，直面人口减少的社会事实，搞活各地区交流，并通过都市和乡村的交流等，保持农山渔村的活力。①

日本加入TPP意味着其农业长久以来的保护政策和经营模式受到巨大冲击。从这一意义而言，安倍内阁实施的农业结构改革可视为是对TPP的应对之道，以适应越来越大的贸易自由化压力。但究其根本，应该说日本农业现实的窘境才是使得其提出农业结构改革的根源。用安倍的话说，现阶段日本农业面临三大困境：第一是农业生产总额20年间从14万亿日元减少到10万亿日元，农业收入则从6万亿日元减至3万亿日元；第二是农户的平均年龄已高达66岁（具体而言，59.6%的农户年龄在65岁以上，75岁以上的超高龄农户占28.6%），20年间上升了10岁左右，而且年轻人从事农业劳作的意愿很低；第三是废弃农田的面积20年间增加了2倍（现阶段日本家有耕地却荒废不种的在2010年达到137万户，比1990年增加了77%。所有的农田中已有24%被弃耕，约占全国耕地面积的10.6%），现阶段全日本已经有与整个滋贺县或埼玉县（约40万公顷）相当的农田被废弃。更为重要的是，上述三大困境都处于进一步恶化的状态中，如果不进行改革，则日本农业危矣！②

平实而论，现阶段日本农业面临的困境是人所共知的事实，并非安倍在耸人听闻。面对如此困境，无论谁当政均需拿出对策，推动农业改革。从这一点而言，无论是安倍内阁的农业结构改革，还是提出以实现农业、农村整体收入10年翻番为总目标，

---

① 「農地中間管理機構の創設と経営所得安定対策の見直しなどの4つの改革」、http://www.maff.go.jp/j/wpaper/w_maff/h25/pdf/z_1_0_1_2_1.pdf。

② 安部総理「成長戦略第2弾スピーチ」、http://www.kantei.go.jp/jp/96_abe/statement/2013/0517speech.html；田代洋一『TPP＝アベノミクス農政—批判と対抗—』筑波書房ブックレット2013年、71—72頁；農林水産省「農林業センサス2010」、http://www.maff.go.jp/j/tokei/census/afc/about/pdf/kakutei_zentai.pdf。

应该说总体方向是对的。但对于其提出的一系列具体措施，却在国内受到很大质疑，尤其在很多TPP反对派看来，政府根本就是走错了道路。①

安倍内阁农业结构改革的目的，就是增加农户收入，扩大农业生产及搞活地方农业经济。对此，内阁认为要实现上述目标，把分散耕种的农田集中一处，扩大农业生产规模、降低生产成本乃是当务之急。2013 年 2 月，安倍在出席实现增长战略的产业竞争力会议时就强调说，10 年后要使日本的农业生产额和出口双双达到世界第三，并以 10—15 年为目标，让每个农户的平均种植面积达到 50 公顷（北海道例外，为 100 公顷），以实现有效率的农业生产。与此同时，对农业生产法人的限制要放缓，实现有限公司形态的农业法人全面自由化。②

如前所述，现阶段日本约有 40 万公顷耕地处于弃耕状态，农业人口高龄化、农业衰退等固然是主要因素，但实际上也跟日本实施了 40 多年的大米“减反”政策息息相关。所谓“减反”政策意指日本政府提出限制水稻生产面积，以降低产量维持大米的高位价格的一种农业政策。日本过去水稻种植面积很大，但由于产量过多，造成大米价格下跌并影响了农户的生产积极性。作为对策，日本政府于 1971 年开始实施大米“减反”政策，规定对于配合政府限制措施放弃水稻生产的农户，按面积发放补贴。

政府实施“减反”政策的初衷是保护农民免受短期价格波动带来的不良影响，40 多年来日本数百万小规模的大米种植者仅依靠政府补贴就能获得丰厚的收入，且由于政府的补贴是通过“农协”发放的，因此“农协”也受益匪浅，成为这项政策的最坚定捍卫者。

---

① 田代洋一『安倍政権とTPP—その政治と経済—』筑波書房ブックレット 2013 年、53 頁参照。

② 田代洋一『安倍政権とTPP—その政治と経済—』筑波書房ブックレット 2013 年、52 頁。

然而，大米“减反”政策实施多年后，其弊端越来越大，突出的就是造成水稻生产日趋萎缩，截至2010年，日本有近三分之一的稻田不再种植水稻，且其中又有五分之二的土地变成荒田。与此同时，政府的财政负担日益加重，而大米消费量却每况愈下，因为许多土地拥有者即使什么都不种，政府每年也必须编列大量预算对之进行补贴。基于此，日本社会早有“减反”政策实际上是扼杀农业生产的政策应尽早废除的呼声。但在“农协”的强烈反对下，一直未果。[①] 这样，作为安倍内阁农业结构改革的第一步，2013年11月26日，日本政府正式决定将于5年后的2018年废除大米“减反”政策，届时大米种植者将可以“按照自己的管理决策”来种植大米。此外，安倍还鼓励农户将耕种对象由需求一直降低的食用米转向饲料米，且宣布对饲料米的补贴力度是食用米的两倍。[②] 其用意在于提高饲料米的自给率，扩大生产。目前饲料米的自给率仅1%，安倍内阁的计划是力争在5年后开发出单产高，味道、质量有所差异的多品种饲料米，并打通生产和流通环节。[③]

进一步地，为了防止出现废除大米“减反”政策后可能发生的水稻生产恶性竞争，导致价格暴跌的情况，安倍内阁推出的第二项措施是扩大农业生产的规模化，鼓励中小农户放弃水稻生产，将农田出租或出售给大型农户，并允许企业经营大型农场。此外，安倍内阁还于2013年6月17日提出在东京以外的各地新设农田中间管理机构——“农田集积银行”的计划，并指出由该机构从小型土地所有者那里收集农田，进行整合集中后再大块租赁给农业公司。12月，日本朝野政党提出修正案后，该计划在国会获得通过。翌年10月，日本政府将在农业生产中引入

① 石川幸一、馬田啓一、渡邊頼純編著『TPP交渉の論点と日本—国益をめぐる攻防—』文真堂2014年、22—23頁。

② 「農政　非主食用米にシフト」、『日本農業新聞』2014年11月22日。

③ 服部信司『TPP交渉と日米協議—日本政府の対応とアメリカの動向—』農林統計協会2014年、110—111頁。

"多元化的新加入主体"作为重要课题。安倍的目的是打破一直以来都是农业人员经营农业的现状，要让农业以外的企业进入农业。为此，安倍本人还提出具体目标："今后10年里要把农田的80%（约360万公顷）集中于中坚农户（即大型农户）手中"，而"农田集积银行"在收集农田方面要做出积极贡献。[①]

显而易见，安倍内阁此举的意图是通过扩大农业生产规模，降低成本和价格，防止出现谷贱伤农的情况，并能有效应对农产品贸易自由化带来的冲击。现阶段，日本平均每户耕种的面积除北海道为23.18公顷外，其余各地仅为1.52公顷，全国平均每户约2公顷。[②] 据日本政府的测算，现阶段每60公斤大米的平均生产成本为1.446万日元，10年后若80%的农田集中于中坚农户，则生产成本将降低4成，为8700日元。与此同时，日本进口大米的平均价格为每60公斤7000日元，两者差价1700日元。[③]

基于此，安倍内阁认为民主党执政时推行的"每户收入补贴制度"（分成"固定支付"和"浮动支付"两个部分，前者意指参加"减反"的农户定额补贴每10公亩为1.5万日元，后者强调的是当大米价格低于标准售价时，由政府向农户支付相应的差额补贴）完全是"不分重点的乱撒胡椒面"，因为该制度以农户为对象，并不管每家农户的实际生产意愿如何，且其政策倾向小型土地所有者，而对日本农业的发展毫无助力。安倍遂于2013年10月提出要废除该制度，最后决定从2014年度[④]开始先将该补贴数额减少一半至7500日元，到2018年度时随着大米"减

---

① 田代洋一『戦後レジームからの脱却農政』筑波書房2014年、16頁；「担い手を柱に集積」、『日本農業新聞』2014年11月27日。

② 「担い手とJAの接点に」、『日本農業新聞』2014年12月4日。

③ 田代洋一『TPP＝アベノミクス農政—批判と対抗—』筑波書房ブックレット2013年、50—51頁。

④ 此处年度系财政年度之略称，即从当年的4月1日起截至翌年的3月31日算一个财政年度，下同。

反”政策的全面废除，将彻底取消补贴。但“浮动支付”则于2014年度即行废除。安倍内阁为鼓励农民提高生产积极性，扩大经营规模，遂以“多方面功能支付制度”取而代之，其强调的是“用农田维护农田的支援政策”，即依耕地面积多寡进行补贴。①

具体而言，它除关注农业生产本身之外，还注重农业对日本生态环境保护方面的功能，因此在支付金的名称上分成“农田维持支付”和“资源提升支付”两个部分。“多方面功能支付制度”实际上并非安倍内阁首创，主要是取代并扩充了原有的“农田、水保全管理支付金”的相关职能，并与“中山间地区等直接支付金”及“环境保全型农业直接支援对策”等一起构成了所谓“日本式直接支付”（direct income payment）与经营收入稳定制度。

**表 3—2　多方面功能支付金的交付单价**

单位：日元/公亩

| 都府县 | ①农田维持支付 | ②资源提升支付[1,2]（共同活动） | ①与②一起的情况 | ③资源提升支付（长寿命化[3]） | ①②③一起的情况[4] |
|---|---|---|---|---|---|
| 水田 | 3000 | 2400 | 5400 | 4400 | 9200 |
| 旱地[5] | 2000 | 1440 | 3440 | 2000 | 5080 |
| 草地 | 250 | 240 | 490 | 400 | 830 |
| 北海道 | ①农田维持支付 | ②资源提升支付[1,2]（共同活动） | ①与②一起的情况 | ③资源提升支付（长寿命化[3]） | ①②③一起的情况[4] |
| 水田 | 2300 | 1920 | 4220 | 3400 | 7140 |

① 山澤逸平、馬田啓一、国際貿易投資研究会編著『アジア太平洋の新通商秩序：TPPと東アジアの経済連携』勁草書房2013年、288—294頁。

续表

| 都府县 | ①农田维持支付 | ②资源提升支付[1,2]（共同活动） | ①与②一起的情况 | ③资源提升支付（长寿命化[3]） | ①②③一起的情况[4] |
|---|---|---|---|---|---|
| 旱地[5] | 1000 | 480 | 1480 | 600 | 1960 |
| 草地 | 130 | 120 | 250 | 400 | 620 |

地方资源保全计划制定：50 万日元/组织 组织的规模化、体制强化：40 万日元/组织

1. 关于农田、水保全管理支付持续 5 年以上的地区，支付原有农田、水保全管理支付单价的 75%。

2. ②的资源提升支付（共同活动）与①的农田维持支付基本上合并支付。

3. 用于水路和农道等设施朽化部分的修补和设施的更新。

4. ①②及③一起的情况下，②的单价为原有农田、水保全管理支付的 75%，都府县的水田合计为 9200 日元/10 公亩。

5. 旱地包含树园地。

资料来源：「多面的機能支払交付金のあらまし」、

http：//www. maff. go. jp/j/nousin/kanri/pdf/27tamen_ pamph. pdf。

总体而言，安倍内阁实施的“多方面功能支付制度”实质上是作为经营稳定对策而提出，为此决定固定支付金额为每 10 公顷 1. 5 万日元。如前所述，按照安倍内阁的测算，降低 4 成后每 60 公斤日本国产大米的价格与进口大米的差价为 1700 日元，这意味着为了填补差价则政府补贴每 10 公顷只要达到 1. 48 万日元即可。因此，安倍内阁提出的 1. 5 万日元的补贴可以说是绰绰有余。① 进一步地，他又提出，日本农业规模扩大后，可以通过 TPP 打开亚太市场，以促进农业及农村整体收入 10 年内实现翻番。

① 田代洋一『TPP = アベノミクス農政—批判と対抗—』筑波書房ブックレット2013 年、51—52 頁。

然而，对于安倍内阁的上述做法，在日本国内引发了众多质疑，其反驳主要集中在如下三点：

首先，扩大农业耕种规模真的可以使日本农业拥有国际竞争力吗？现阶段，从平均每户耕种的面积看，如果日本是1的话，则欧盟为6，美国是75，澳大利亚更高达1309。[①] 尽管日本国内有意见认为，日本的劳动生产率高于国际平均水平，然而即使如安倍内阁所制定的所谓平均每户耕种面积达到50公顷，北海道达到100公顷的目标，但相比美国的200公顷和澳大利亚的3000公顷，这远远不能弥补自然禀赋的巨大差异所带来的弱势。换言之，日本的地理环境决定了其农业的弱势地位，要提高国际竞争力，实现收入翻番，离不开政府的大规模财政补贴。何况即使是农业竞争力较强的美国和法国等国也一直对农业进行大规模的补贴，如美国用间接补助金和高关税所保护的除了砂糖外的许多产业，如烟草关税高达350%、花生163.8%、花生酱131.8%。此外，鞋类关税为37.5%，玻璃制品关税最高达到38%，衣料品最高也有32%，卡车为25%。[②] 换言之，安倍内阁所补贴的金额不是绰绰有余，而是严重不足。[③]

此外就是“中山间地区”问题。众所周知，日本山地面积占整个国土的2/3左右，且很多耕地位于多群山之间的山坳地带，不但高低不平，且并不连成块，大型机器根本无法适用。而扩大生产规模之说也根本不适用于这里。进一步地，安倍强调要引入农业以外的企业进入农业，哪怕该企业非当地企业。质疑者担忧，这样企业一来只是追求商业利润，忽视日本农业多方面的

---

① 石川幸一、馬田啓一、渡邊頼純編著『TPP交渉の論点と日本—国益をめぐる攻防—』文真堂2014年、29頁。

② Greg Rushford, “Obama's Double Standard on TPP; The president wants other countries to embrace free trade, while defending tariffs for domestic textiles”, *The Wall Street Journal*, May 7, 2012.

③ 金子勝、武本俊彦『儲かる農業論　エネルギー兼業農家のすすめ』集英社新書2014年、46頁。

功能，最后大量“中山间地区”会遭到遗弃，这不利于生态的维护；二者日本农业属于精耕细作类型，当地人从事农业劳作之际比较注重水土环境的延续发展，但外地企业（尤其是大都市地区）更多的是注重规模的扩大，而会忽视这一点，从而造成对水土环境的破坏。①

尤其需要说明的是，农田耕种规模扩大的问题实际上一直在循序渐进地进行。如2013年的一项统计显示，尽管日本贩卖耕地的农户的数量已经相比1990年减半，仅为145.5万户，但规模却在扩大。如北海道每户平均耕种面积为23.18公顷、其他都府县仅为1.52公顷，然而北海道每户在50公顷，其他都府县在5公顷以上的农户却在增加。尤其是后者的数量已达6.65万户，是1990年的2.5倍。② 现阶段日本集中耕种的耕地面积已经达到220万公顷，接近全国耕地面积的一半，且集中耕种的面积正在以每年5万公顷的速度增加。这一方面有利于降低生产成本，另一方面也注意到对当地环境的保护。而按照安倍内阁以10—15年为目标，让每个农户的平均种植面积达到50公顷（北海道为100公顷），10年内将农田的80%集中于中坚农户手中的规划，其新设的“农田集积银行”平均每年要集中的农田规模将达到14万公顷，这即使能够达成目标，但是环境保护恐怕便无暇顾及了。③

总体而言，质疑者强调的是安倍内阁的农业结构改革完全走“大规模+专业化”的道路存在常识性误导的倾向，它只考虑一个经济发展的共性，而忽视了农业和日本自然禀赋这些特性因素。进一步地，安倍内阁的改革思路完全遵循新古典主义经济学的逻辑思维，一味强调所谓市场原理，而忽视日本农业一直以来

---

① 石田信隆「TPPと日本の経済・社会の将来」、『世界経済評論』Vol. 57, No. 5, 2013, 42頁。

② 「担い手とJAの接点に」、『日本農業新聞』2014年12月4日。

③ 服部信司『TPP交渉と日米協議—日本政府の対応とアメリカの動向—』農林統計協会2014年、127頁。

对建设“田园型都市国家”中发挥的积极作用，如放弃山坳坡地等“中山间地区”的做法，将破坏一直以来的人与自然的和谐相融，从而导致国土安全出现危机，最后就是破坏日本的农村社会，给地方经济带来无法恢复的打击，因此这种只顾市场不顾其他的做法最终恐将得不偿失。

除反对以外，质疑者也提出他们加强农业的一些建议，并举出一些实例。其主张可持续发展的农业需要“村落营农”，即相同村落通过商议，决定进行责任分担，作为村落全体推进持续性的农业经营，且由村落、地方进行商议，对今后的经营体如个人、法人、“村落营农”、农田集积、地方农业的方式做出决定。①

在举实例方面，他们要证明的是农户和“农协”并非坐以待毙，而是有按照适合日本国情的方式推进日本农业经济的一些积极作为，安倍内阁不应该仅是强调问题，对其弃之如敝履，也应该肯定成绩。如在北海道的十胜平原的士幌町，通常秋季收获马铃薯的季节也会多雨，这就导致马铃薯易腐烂。因此，战后伊始“农协”便设立了一个淀粉工厂，收购马铃薯进行加工。之后以此为基础，又成立了自己的技术研究所，从薯片、土豆沙拉、土豆肉末炸饼等食品的研发到建立畜产品的加工工厂，展开了各种事业。其结果是成员户数达到420户，不足750人的农协，销售总额达到319亿日元，储蓄总额达到830亿日元。

又如大分县大山町“农协”的例子，它地处山坳中，平均耕种面积只有0.4公顷，可见基础都是一些小规模的零散土地。但这里搞了“一村一品”运动，打出“种植梅栗卖到夏威夷”的标语，办起了从梅干到果酱和饮料加工工厂，更开展了蘑菇栽培的工作，并将栽培用的木屑渗入堆肥，再混入独特的菌以基肥，并成立工厂，把这种堆肥种植的有机蔬菜推向市场，远销到

① 石田信隆「TPPと日本の経済・社会の将来」、『世界経済評論』Vol. 57, No. 5, 2013, 42頁。

福冈市、大分市、别府市、日田市等地。大山町仅靠此便雇佣了当地400人，并创造了年均15亿日元的营业额。大山町“农协”的目标是“利用周休三日的休闲时光从事文化活动”，其“农协”负责人不无自豪地说“农村是座大宝藏”。①

概言之，上述举例除了说明农户和“农协”有所作为外，也隐含了反对安倍内阁推出的在农业生产中引入“多元化的新加入主体”的改革，并希冀政府的改革应将重点放在对现有的一些农业经营方式加以扶持上，而非否定一切，完全奉行市场原理主义。

其次，安倍内阁提出的“10年内将农田的80%集中于中坚农户”，则日本农业的成本可以降4成的目标能否达成？

农业生产对自然环境的依赖很强，并非扩大规模一途就能将成本想降低多少就降低多少。更不要说从日本的自然环境来看，散落在全国的大量“中山间地区”根本无法实现规模化生产。对此，曾任“农协全中”会长的万岁章便大吐苦水说：“在产业竞争力会议上有人提议10年内要将大米的生产成本降低40%。对此，我们的回答只能是尽力而为，因为农业生产不是汽车生产，成本削减难度很大，希望他们能到农业生产的第一线去看看就会明白的。”②

退一步而言，即使按照安倍内阁的计划，能够在10年内实现成本降低4成的目标。但降低4成成本后的日本国产大米成本究竟是多少钱呢？据统计，以2011年度每60公斤大米的生产成本来看，每户种植面积在1—2公顷的为1.6823万日元，2—3公顷的为1.4318万日元，3—5公顷的为1.3088万日元，5—10公顷的为1.2307万日元，10—15公顷的为1.1848万日元，15

① 金子勝、武本俊彦『儲かる農業論　エネルギー兼業農家のすすめ』集英社新書2014年、49—52頁。

② 「TPPコメ関税引き下げ容認も　JA全中会長示す」、『朝日新聞』2013年5月12日。

公顷的为1.1080万日元。[①] 因此，降低4成成本后的每60公斤日本国产大米的生产成本应为9600日元，而非安倍内阁公布的8700日元。换言之，这意味着安倍内阁提出的补贴金额并非绰绰有余，而是严重不足。[②]

最后，安倍内阁提出通过TPP打开亚太市场，以促进农业·农村整体收入10年内实现翻番的说法根本就是空中楼阁。安倍内阁计划在10年内将农产品出口额翻一番，达到1万亿日元，该计划本身无可厚非。但问题在于日本主要的农产品出口国和地区按顺序依次是香港、台湾、美国、韩国、中国，且安倍内阁列出的重点出口对象除了上述国家和地区外，还有欧盟、非洲、印度、泰国、巴西及俄罗斯等。显而易见，日本农产品重要出口对象中除了美国、新加坡、越南等几国外，其余大部分国家均未加入TPP。可见，依靠TPP扩大农产品出口的说法根本就是缘木求鱼。[③]

安倍内阁的农业结构改革从消极的角度而言是适应越来越大的贸易自由化压力，从积极的角度审视则是希冀通过改革来振兴日本的农林水产业，搞活地方经济，为此势必要对现行各项相关制度进行重审。以此为背景，作为日本最重要的农业利益集团的"农协"本身成为内阁农业结构改革的重要对象也是题中应有之义。因此，安倍内阁在研究增长战略的产业竞争力会议上提出研究农政改革问题，推动"农协"、农业委员会的各项改革自然而然地成为了改革的四大支柱之一。

2014年5月14日，规制改革会议将工作小组制成的"关于

① 石田信隆「TPPと日本の経済・社会の将来」、『世界経済評論』Vol. 57, No. 5, 2013, 40—44頁。

② 田代洋一『TPP＝アベノミクス農政—批判と対抗—』筑波書房ブックレット2013年、51—52頁。

③ 「これまでの『攻めの農林水産業』の検討状況」、http://www.maff.go.jp/j/kanbo/saisei/honbu/pdf/250617kanteihonbushiryou.pdf；田代洋一『安倍政権とTPP—その政治と経済—』筑波書房ブックレット2013年、53頁。

农业改革的意见”（俗称“草案”）进行意见汇总。经过各方讨论后，自民党于6月10日推出执政党版本的“关于农协·农业委员会等改革的推进”，规制改革会议遂以此为基础于6月13日推出第二版意见书（俗称“修正案”）。随即，安倍内阁在对“规制改革实施计划”和“农林水产业·地方活力创造计划”的修订中也采纳了修正案，并决定在2015年的通常国会中提出“农协法”修正案。

**表3—3　规制改革会议的“草案”和“修正案”之比较**

| 对象 | 农业工作小组提出的草案 | 规制改革会议提出的修正案 |
|---|---|---|
| 农业委员会 | 以“闲置农田对策”和“违反转用对策为重点” | 以涵盖闲置农田对策的农田利用最有效化为重点 |
| | 废除委员的公选制度，统一由市町村长选任 | 在市町村议会同意的基础上统一由市町村长选任，但事前应在各地进行推荐和公募等活动 |
| | 委员人数应定在5—10人 | 委员人数为现行的半数左右 |
| | 设置农田利用推进员 | 新设立农田利用最有效化推进委员 |
| | 废除全国农业会议所、都道府县农业会议制度 | 重新审视全国农业会议所、都道府县农业会议制度的职能，然后改为都道府县、国家层面所规定的新制度 |
| | 农地的权利转移许可，除法人外，皆可提出申报 | 未涉及 |
| | 公布农户的意见，向行政厅建议等业务除外 | 不持异议 |
| 农业生产法人 | 废除事业规定 | 未涉及 |
| | 干部规定方面，干部或重要使用人1人以上可以从事农业生产 | 不持异议 |
| | 企业出资规定方面，提升至不足1/2的程度 | 不持异议 |

续表

| 对象 | 农业工作小组提出的草案 | 规制改革会议提出的修正案 |
| --- | --- | --- |
| 农业生产法人 | 在一定期间内持续进行农业生产，获得农业委员会许可的法人，不适用于规定 | 与农田中间管理机构相关法案5年后修改相结合，以租赁方式参与农业生产的企业的状况等为基础，进行研究，并得出结论 |
| 农协 | 废除中央会制度，“全中”改组为农业振兴的智库和其他团体等组织 | 关于中央会制度，“农协”自身也进行组织内研究，拿出自我改革的方案，并按照方案推进改革 |
| | “全农”转变为有限责任公司 | 法律进行调整，允许“全农”转变为由“农协”出资的有限责任公司，如果没有违反垄断法，“全农”应积极研究如何转变为有限责任公司 |
| | 对单协、联合会进行分割重组，可以转变为有限责任公司、生协、社会医疗法人及社团法人 | 不持异议 |
| | “单协”的金融业务转移至“农林中金”或由“中金”代理其业务 | 推进JA银行法的灵活运用，认可金融业务的让渡、代理店方式 |
| | “单协”的互助业务实现全共联的窗口、代理业化 | “全共联”职能要向减轻“单协”的业务负担方面转化 |
| | 半数以上理事必须由认定的农业从事者及无论当地外地的有丰富民间经营经验和成效者构成 | 半数以上理事由认定的农业从事者及从事农产品贩卖和专门经营人员构成 |
| | 未涉及 | “农林中金”、“信联”、“全共联”可由“农协”出资转变为有限责任公司 |

续表

| 对象 | 农业工作小组提出的草案 | 规制改革会议提出的修正案 |
|---|---|---|
| 农协 | 准会员的事业利用不得超过正式会员的1/2 | 研究导入与正式会员事业利用有关系的相关规则 |

资料来源：田代洋一『農協・農委「解体」攻撃をめぐる7つの論点』筑波書房2014年、8頁。

所谓的农业改革其实主要对象是“农协”，而“农协”改革的核心则聚焦于中央会制度。如前所述，“全中”是“农协”的一个决策机构，其任务是制订“农协”运动的方针，负责联系和调整“农协”各团体之间的关系。而为了更好地将“农协”的方针落实下去，日本47个都道府县均设有“全中”的对口组织——“农业协同组合中央会”（简称“中央会”）。一方面，“中央会”接受“全中”的指导，执行“全中”的方针政策；另一方面，它又可以对同级“农协”的组织、事业和经营等事务（即地方“单位农协”，简称“单协”）进行监督。一言以蔽之，“中央会”对各都道府县的“单协”有经营指导之权，“全中”则借此对每个“单协”有全国统一之经营指导权。具体而言，这种经营指导权是在现行“农协法”下规定的监查职能，是审计监查和指导日常业务的业务监查两位一体。按规定，“中央会”每年3次进行期中监查、资产自我查定的监查、决算监查。期中的业务监查主要内容是监查是否违反“农协法”和“农协”的定款、规约。

安倍内阁的改革基于两个焦点：第一是农业生产的扩大、增加农户的收入、面向地方活性化“农协”的事业、组织应如何做；第二是按照这样的新农政发展，“中央会”制度应进行调整。目的就是地方创新、“推动地方‘农协’的自立”。[①] 其逻辑认为农业领域实施缓和规则的话，就会扩大市场竞争，就可以实

① 「論説　農業弱め地方創生逆行」、『日本農業新聞』2014年10月27日。

现竞争力强大的农业结构改革。而“中央会”的这种强制性监查权限，导致各都道府县“单协”的自主性经营就此被完全束缚了手脚，这显然不利于提振日本的农业经济，因此认为应该废除“中央会”制度，改革“全中”职能，以提高“单协”活动的自由度，促进各“单协”彼此竞争。基于此，安倍亲自强调说要按照“农协法”改变现行的“中央会”制度。① 因为安倍内阁计划在2015年的通常国会提出“农协法”修正案，遂需要在2014年内拿出具体的改革方案。

对此，自民党在9月成立了“农协改革”等法案研究项目小组，由吉川贵盛出任主席。但因“农林族”议员仍有不小的影响力，因此小组对于“中央会”制度究竟该如何更改并没有达成一致意见。其分歧主要是“农林族”议员认为“中央会”应该继续保留监查职能等制度，但需要在相关法律的配套下实施，而另一派则完全附和安倍的意见，奉行激进的“改革论”，即强调“中央会”应该实现一般社团法人化，“全农”则实现有限责任公司化等。后在自民党政调会长稻田朋美（曾任规制改革担当相）的斡旋下，自民党于2014年10月下旬成立了力推规则改革的“规制改革推进委员会”，会长由后藤田正纯出任。稻田认为，“中央会”制度的改革应以农户和“单协”为服务对象，重新改组。农林水产省也提出，“中央会”制度的改革应以“修正案”为原则进行改革，其核心就是要按照提升“单协”的自主性这一方针进行。②

安倍内阁虽然旗帜鲜明地强调要废除“中央会”制度，但“修正案”也表态说“农协”自身也应进行相关内部研究，拿出自我改革的方案，并按照方案推进改革。然而对“农协”而言，废除“中央会”制度形同自残，因此“农协”的基本立场就是

---

① 「与党内の調整加速」、『日本農業新聞』2014年11月7日。

② 石田信隆「TPPと日本の経済・社会の将来」、『世界経済評論』Vol. 57, No. 5, 2013, 40—44頁。

反对“中央会”转为一般社团法人。“农协”强调的理由主要有三点：

第一，日本各地农业因自然条件复杂多样，各自经营活动也各有特色，“全中”和“中央会”不会也不可能将“单协”自主性经营的手脚完全束缚住。① 事实上，各“单协”都可以发挥其专门性的功能。现行“农协”的系统是一个贩卖战略，但是基层的对应是千差万别的，是根据实际情况运作的。因此，在现行“农协法”下“中央会”所拥有的监查职能才是担保“单协”经营的健全性所不可或缺的。反过来，“单协”方面也希望“中央会”的这一职能能够保留，否则除了将导致“农协”经营弱化和损害农业竞争力外，一无所有。②

第二，“全农”早就参与了国际竞争，如农业用的玉米饲料，就是从美国进口的。换言之，肥料的原材料采购早就是在世界市场内参与全球竞争而采购了。因此，安倍内阁所谓的“全农”没有按照市场经济规则去竞争，“全中”、中央会制度的存在有碍“单协”的彼此竞争并不符合现实情况。③

第三，中央会若转为一般社团法人，反而会导致地方农业更加衰弱，恰好与安倍内阁推进的地方创生方针相反。④

基于此，“农协”主张改革应该在自主、自立的基础上根据“农协”成员的意见进行，即可持续发展的农业经营和富饶的易于生活的地方社会，而“农协”就是维持这一切的社会性基础。从这一意义而言，“农协”认为安倍内阁的改革不接地气，如果是为了实现让农民增收的目的，就不应该只是空谈，而应根据农

---

① 服部信司『TPP交渉と日米協議—日本政府の対応とアメリカの動向—』農林統計協会2014年、88頁。

② 「論説　JA健在経営に不可欠」、『日本農業新聞』2014年11月14日。

③ 服部信司『TPP交渉と日米協議—日本政府の対応とアメリカの動向—』農林統計協会2014年、91—94頁。

④ 石川幸一、馬田啓一、木村福成、渡邊頼純編著『TPPと日本の決断——「決められない政治」からの脱却』文真堂2013年、206頁。

业、农村的实际情况进行研究。①

“农协”方面负责自我改革的机构是作为“全中”会长的咨询机构——“‘农协’自我改革审议综合审议会”，议长由“农协”秋田中央会会长木村一男出任。2014年8月8日，综合审议会接受时任“全中”万岁章会长的咨询，开始进行议论。讨论“农协”和中央会的事业、组织的应有框架的“农协”改革专门委员会（“农协”广岛中央会会长香川洋之助出任主席）和研究中央会制度的中央会改革专门委员会（“农协”富山中央会穴田甚朗会长出任主席）。②

10月30日，“农协”神奈川中央会在横滨市“农协”神奈川大厦召开“农协”改革特别委员会、专门委员会联合会议。会长高桑光雄指出：“此次‘农协’改革绝非仅是‘全中’、‘全国联’的事情，而是‘农协’围绕着以食和农为基轴，扎根地方的农协组织存亡的试金石。”而“全中”的谷口肇常务理事也表示：“内阁也表示，‘农协’自我改革的中期报告将反映到最终的法案中去。因此，彻底的改革是不可或缺的。而时间节点的关键就是今年11—12月。”此次会议，“农协”还邀请神奈川县选出的国会议员、县知事及县议会议员出席。“农协”神奈川的自我改革以县营农经济改革计划的制定为中心进行讨论。县青壮年部协议会委员长露木德行也表示：“各‘农协’采取实质性行动至关重要。为了保护地方农业，也就不要再分正式会员和准会员了，大家应该群策群力才是最基本的。”③

之后，“全中”理事会和中央会、全国机关会长会议在11月6日召开理事会，提出了“农协”自我改革的具体方针。其基本思考是作为自主自立的合作团体而进行的自我改革，目的是

---

① 「論説　政府の解釈こそ『ずれ』」、『日本農業新聞』2014年11月12日。

② 「中央会制度　単位JAの声反映を」、『日本農業新聞』2014年10月25日。

③ 「JA改革で神奈川県中央会　今後の運動確認」、『日本農業新聞』2014年11月1日。

"农协"通过自我改革将对农业、地方经济的发展有所贡献，支持其展开各种积极经营事业。基本目标锁定三点：增加农户收入、扩大农业生产规模、搞活地方经济。①

而在中央会制度的改革方面，"农协"的基本定位是"经营指导、监查职能"。具体而言，中央会废除"农协法"规定的统制权限；根据"农协"的意思重新组织结构；将其功能集中于对"农协"的经营活动给出意见和进行监查，并归总"农协"的意见发挥代表的功能，负责"农协"和联合会之间的联系、调整等"综合调整功能"三个方面；新的中央会根据"农协法"的规定重新设置。"农协"根据成员的多元要求，转换既有的事业方式；强化对农业中坚力量的培养；强化业务执行体制；对综合事业开展而带来的农业振兴和地方活性化有所贡献。"全中"拿出1000亿日元资金创立"农协"支援计划；继续讨论"全农"、"经济联"的有限责任公司化（会议认为前提是获得会员全代会的同意）带来的影响；减轻金融、互助事业的"农协"的负担。② 一言以蔽之，中央会的职能将集中到如下三点：经营协商、检查职能；代表职能；综合调整职能。

显而易见，尽管"农协"的自我改革方案在"全农"、"经济联"的有限责任公司化等问题上比较配合"修正案"的要求，但在中央会制度问题上可以说与安倍内阁的要求是大相径庭。

**表3—4　内阁改革方案与"农协"自我改革方案之比较**

| | 内阁改革方案 | "农协"自我改革方案 |
|---|---|---|
| 改革的方式 | 内阁按照"农协法"提出 | 自我改革 |
| "农协"的组织性质 | 职能组织（专门"农协"） | 综合组织（食品、农业、地方经济合作联合体） |
| 准会员利用 | 有限制 | 无限制 |

---

① 「JAグループの自己改革の全体像」、『日本農業新聞』2014年11月7日。

② 「中央会、農協法措置を」、『日本農業新聞』2014年11月7日。

续表

| | 内阁改革方案 | “农协”自我改革方案 |
|---|---|---|
| 业务目的（非营利规定） | 提高利益积蓄、还原 | 为会员做出最大贡献 |
| 业务内容 | 经济业务（农业） | 综合业务（农业、生活、地方经济） |
| 金融业务 | 向农林“中金”让步业务，实现代理店化 | 合并推进 |
| 理事 | 认定农业者、专门经营者过半 | 中坚农户、女性 |
| 基于“农协法”的中央会 | 废除<br>（改成一般社团法人） | 保留<br>（监查、代表、综合调整） |
| 中央会监查职能 | 废除 | 保留 |

资料来源：田代洋一『農協·農委「解体」攻撃をめぐる7つの論点』筑波書房2014年、9頁。

因此，当万岁章于11月7日拿着“农协”自我改革方案与时任农林水产相的西川公也会晤时，他一再要求保留中央会对“农协”资金出入的监查权，并提出“全中”的权限应该由“农协法”加以明文规定。对此，西川明确指出此举“与内阁方针有所偏离”。官房长官菅义伟随后也表态说“农协”自我改革的方案与内阁、执政党的要求方向不吻合。① 11月30日，安倍再度不指名地批评“农协”说：“这其中有既得利益者的阻挠。”②

2014年11月12日，规制改革会议公布了对“农协”自我改革方案的意见，即中央会应早日改为一般社团法人，显示了完全不理会“农协”自我改革方案的强硬立场。且其结果意味着

① 「農相、JA全中会長に苦言」、『日本経済新聞』2014年11月8日。
② 「農業改革推進テレビで首相　『既得権がある』」、『日本農業新聞』2014年12月1日。

比6月的修正案又严重收紧，以至于连自民党内的“农林族”议员也表示异议，“全中”更是批评内阁的意见不接地气。[①]

正当各方都密切关注中央会制度的改革将何去何从之际，安倍于2014年底宣布解散国会，重新举行众议院选举。一般而言，利益集团在选举时的政治影响力最大，往往可以乘此良机向政府讨价还价。换言之，面对安倍内阁提出的废除中央会制度的改革措施，“农协”可以有效利用众议院选举之机为自己争取最大的权益。

对“农协”而言，从安倍内阁2013年3月15日宣布参与TPP谈判，到推行一系列的农业结构改革，很大程度上形同对自己的一再背叛，它完全可以借此次选举之机转向支持其他政党以示惩戒。然而，当时的实际情况却是安倍气势如虹，各种民调显示其领导的自民党、公明党执政联盟笃定可以获得众议院2/3以上的席位。在这种背景下，“农协”忖度自身影响力早已今非昔比，即使转向支持其他政党，也改变不了安倍会胜选的结果。因此，与其支持其他政党最后落得彻底惹怒安倍，不如选择继续支持自民党，待自民党胜选后，或许可以将自身的主张通过自民党内的“农林族”议员进行内部沟通，在一定程度上得到正面回馈。诚如万岁章和时任“农政联”会长山田俊臣在选举后所发表的谈话指出的那样，“农协”希望改革能够按照自我改革的方案去落实，TPP谈判则要最大限度地遵守内阁对国会的公开承诺。[②] 正是基于这一考虑，“农政联”正式决定依旧支持自民党和公明党。结果导致“农政联”提名的206名“组织内候选人”中有190位是自民党候选人，且包括安倍晋三本人在内的内阁和自民党高层几乎全部被提名。其余16人中，公明党候选人为13

① 「政府規制改革会議　JA自己改革へ意見　全中・県中法的裏付けを否定」、『日本農業新聞』2014年11月13日。

② 「実現に向け尽力期待　農政連・全中会長が表明」、『日本農業新聞』2014年12月16日。

人、民主党1人、次世代党1人[①]及共产党1人。[②]

然而，很多地方“农政联”并不认同全国“农政联”的选择，认为不应该仅仅看党派推荐，还要以人物为本位推荐一些在野党的候选人，或者同时支持执政和在野两党。因此很多地方“农政联”采取的方式就是让候选人公开谈及自己在“农协”改革和TPP问题上的政见，并由此决定推选谁。结果显示，共有岩手、埼玉、山梨、神奈川、京都、岐阜、爱知、三重、石川、长野、长崎等府县的“农政联”决定不推出“组织内候选人”，即使其他决定推出“组织内候选人”的地方，会议最后也是以少数服从多数的情况通过的。而这与“农政联”往昔很多决定均是全场一致的情况相比是相当罕见的。[③]

进一步地，就是很多农民对“农政联”决定的不买账。如时任农林水产大臣西川公也的选举口号是：“重振日本农业，让地方富裕起来，请大家交给我吧！”而安倍为之站台辅选时也强调，唯有西川才能胜任农业结构改革这一重任，因此希望选民能够投票给他。另一方面，其对手是民主党推选的、曾任枥木县知事的福田昭夫，他强调的是自己的大米补贴政策的贡献，以及在日澳EPA谈判中为引入“安全阀”制度所做的贡献。民主党原本的意图是鉴于“农协”对农业结构改革意见很大，希望其不再支持自民党。虽然枥木县“农政联”最后还是决定推荐西川，但“农协”的影响力早已与往昔无法等量齐观，有农民就直接

---

① “农政联”提名的次世代党候选人为园田博之。2015年9月25日，他与前党首平沼赳夫一同脱离次世代党，复归自民党。同年10月2日，自民党党纪委员会认可二人复党。

② 「全国農政連が1次推薦決定」、『日本農業新聞』2014年12月2日；「全国農政連が2次推薦決める」、『日本農業新聞』2014年12月3日；「推薦候補を追加衆院選で全国農政連」、『日本農業新聞』2014年12月4日；「推薦候補を追加　全国農政連」、『日本農業新聞』2014年12月5日；「推薦候補を追加 全国農政連」、『日本農業新聞』2014年12月6日。

③ 「農業理解、政策を重視　各県域農政運動組織」、『日本農業新聞』2014年12月11日。

明言说："我们不管是哪个党，看谁为农业出力流汗，就投票给谁。"[①] 投票结果显示，西川得票62240票，负于福田的62439票，最后只得选择在比例选区"复活"当选。堂堂的农林水产大臣在既有"农政联"支持，更有安倍本人大力奥援的情况下，仍在小选区选举中败于对手，这固然彰显了"农协"内部统合能力的严重下滑，显示了即使有安倍的强力支持却仍有大量选民不买账，但追根溯源还是对首相官邸主导的农业结构改革充满不安。[②]

又如在长野第一选区，民主党推出的是孝、自民党是小松裕。两人均由长野县"农政联"推出，结果是小松输给篠原，而依靠比例选区"复活"当选。长野县的某位70多岁果农接受采访时说，我们为什么要投票给自民党呢？因为与执政党保持密切联系至关重要。但是在农业结构改革方面能代表农民发声这个问题上是不能指望篠原的，因此对到底要投票给谁实在为难。[③] 篠原在民主党执政期间曾经出任农林水产副大臣，为"复活"户别所得补偿制度四处奔走，坚决反对日本加入TPP，并批判"安倍经济学"对农村地区的经济一点儿好处也没有看到。此外，还有70多岁的水稻农户说："TPP问题也好，农业结构改革问题也好，自民党一天到晚宣传的尽是经济界的观点，能够反映我们农民心声的只有篠原了。"而在青森县"农政联"虽然决定在全选举区一致推举自民党候选人，县"农协"农政对策委员会也认可这一决定。但是对于TPP问题和农业结构改革、米价下降的对策等问题，县内农户对安倍多有不满。因此，冈山时夫委

① 「農政　主要論点に花火」、『日本農業新聞』2014年12月4日。

② 「農業所得倍増を強調　栃木で首相演説農協改革には触れず」、『日本農業新聞』2014年12月13日；「官邸主導農政に不安」、『日本農業新聞』2014年12月15日。

③ 「安倍政権の2年問う　農村部で激戦」、『日本農業新聞』2014年12月14日。

员长毫不讳言地指出，推举候选人时并非是全场一致的。[①]

上述情况导致尽管安倍领导的自公执政联盟一如选前预期获得了众议院2/3以上的议席，但自民党有相当部分的候选人在农业选区陷入苦战，且在比例选区的得票率比小选区还要来的低。如自民党在农业选区（小选区）的支持率为47.5%，但在比例代表区支持率为43.5%，而民主党的这两个数字则为14.1%和22.7%，共产党的支持率最低，分别是4.2%和11.0%。[②]

面临众议院选举，“全中”不顾安倍数次背叛自己仍决定支持自民党，其目的是希冀通过自民党的“农林族”议员能在农业结构改革上替“农协”发声，取得一定的转圜余地。但一方面安倍此刻声望如日中天，“农协”的支持对安倍而言仅仅是锦上添花，而非雪中送炭，另一方面“全中”的决定也在很大程度上遭到了各地方“农协”和基层农户的强烈反对，间接反映了“农协”无论是政治影响力还是内部统合力及约束力，均呈现出严重的今不如昔。因此，其对安倍内阁相关改革所提出的种种应对策略基本无效也就不足为奇了。

2015年2月9日，安倍内阁、自民党和“全中”就改革的基本框架达成共识，原有的监查职能分离，或交由从“全中”的监查部门——“农协”全国监查机构分离出来后，新组建的监查法人负责，或委托一般性的监查法人处理。而“全中”应在2019年3月末之前完成改制成一般社团法人的工作，届时按“农协法”的附则规定，其定位是承担“农协”的代表、综合调整等职能。[③]对此，尽管万岁章积极评价说是“为踏出重大的一步而做出的重

---

① 「農林候補『最後のお願い』　声枯らし農政公約」、『日本農業新聞』2014年12月14日。

② 「自民　農村票固める」、『日本農業新聞』2014年12月15日。

③ 「農協改革　骨格で合意　監査『選択制』　全中は社団法人化　准組規制見送り 政府・自民党とJAグループ」、『日本農業新聞』2015年2月10日。

要决断”,[①] 然而连《日本农业新闻》也颇有微词地评论指出，在与“农林族”议员等磋商后，向通常国会提交的相关法案虽然相比之前规制改革会议的意见稍微接了一点儿地气，但实际上对“农协”而言仍留下诸多问题有待后续妥善解决。[②]

## 第三节 利益集团视阈下日美TPP谈判的特征

作为经济全球化日益深化的重要标志之一，世界各种区域或双边FTA方兴未艾。时至今日，自由贸易政策是提高一个国家或地区经济福利最优选择的认识似乎成了各方的一个共识，然而在现实中大多数国家和地区都奉行贸易保护和自由贸易相结合的政策，更有甚者，很多国家和地区只是口口声声要对方向自己打开市场。对此，美国哈佛大学教授罗伯特·帕特南（Robert D. Putnan）从收入分配的视角出发，考察贸易政策作为一项公共政策的政治决策过程，指出贸易保护政策是国内各种利益集团与政府之间博弈的均衡结果。

经济相互依赖导致国际政治与国内政治日益紧密的联系。他认为，从政治角度看，国际经济协调可设想为“双层博弈”（two-level games）。在国家层次，国内集团通过施加压力迫使政府采取有利于自己的政策，以实现利益最大化，政治家则通过在那些集团中建立联盟来谋求权力。在国际层次，各国政府谋求最大限度地满足国内压力的自由，同时使外部发展的不利结果最小化。一般而言，一国的贸易政策是“国内博弈”与“国际博弈”共同均衡的结果，它服从于国家利益最大化这一基本目标。“国

① 「自己改革に総力　農協改革で全中会長談話」、『日本農業新聞』2015年2月11日。

② 「法案化へ懸念残る　会計・業務どう両立　農協改革骨格の課題」、『日本農業新聞』2015年2月11日。

内博弈”优先于“国际博弈”在一国内部的利益集团与政府之间进行，“国内博弈”形成的“获胜集合”（win-sets）是各国政府参与国际贸易谈判的初始条件。而从美国的情况来看，在国内利益集团竞争激烈的情况下，其对外政策的所谓“获胜集合”变得更加小了。这意味着外国谈判对手必须做出更多的回馈方能获得美国的让步。[①]

具体到日美协商，从两国间的贸易和经济事务的双边协议看，超过半数的日本多边贸易的增长和日美双边贸易的全部增长均来自于产业间贸易的增长，而大部分产业间贸易的增长来自于净出口产业的进口增长，这一结果与美国要求日本开放本国市场的压力是一致的。从这个角度而言，美国对日外压和日美贸易协议不可谓不成功。甚至可以说，日本成为对美国外压让步最多的国家。[②] 日本政府在贸易外交上表现出明显的保守和谨慎风格，基本不主动出击，而往往在面对美国先发制人的外来压力时才缓慢地实施贸易自由化。[③]

双边贸易交涉中美国体现的往往是“进攻诉求”，即最大限度地夺取交涉对手日本的价值，而日本则更多地体现为“防御诉求”，具有维持现状的政策偏好（status quo bias），即防止交涉对手美国从己方获得价值，或最大限度地减少己方价值的损失。换言之，日美贸易交涉的协议结果对两国而言，分别体现为进攻性互惠（aggressive reciprocity）和被动互惠（passive reciprocity）。[④] 从维护美日同盟的战略考量和客观实力对比的现实主义视角来看，两国之间的贸易交涉具有问题解决型（problem-sol-

---

① Robert D. Putnan, “Diplomacy and Domestic Politics: The Logic of Two-Level Games”, *International Organization*, Vol. 42, Summer 1988, pp. 427 -460.

② Ka Zeng, *Trade Threats, Trade Wars: Bargaining, Retaliation, and American Coercive Diplomacy*, Ann Arbor: University of Michigan Press, 2004, pp. 61 -64.

③ ［美］I. M. 戴斯勒著：《美国贸易政治》，王恩冕、于少蔚译，北京：中国市场出版社，2006 年版，第 52 页。

④ ［美］弗雷德里克·皮尔逊、［美］西蒙·巴亚斯里安著：《国际政治经济学：全球体系中的冲突与合作》，杨毅等译，北京大学出版社，2006 年版，第 233 页。

ving）或整合型（integrative）的特征[①]，但各个交涉本身又基本属于利益分配型（distributive），争取各自在具体议题领域的实际收益。在达成协议的基本目标之下努力实现自身收益的最大化。而在涉及大米市场保护等“立场型交涉”和“原则型交涉”时，日本政府的交涉态度往往较为坚定，而在数量更多的“让步型交涉”[②] 中其妥协退让的可能性相对较高。[③]

具体到TPP，从自由主义视角看，作为一种国际制度的FTA，实质上是国际贸易体系中的区域性公共产品，为所有参与国都提供了深化经济合作的制度保障，通过形成统一市场来促进各参与国的经济发展。[④] 而为了推动贸易自由化的早日形成，主导国应为此贡献主要成本——公共产品，美国的获利应该着眼于绝对层面，即在“通过贸易自由化来推动其他参与国经济繁荣的同时，也能兼顾美国的利益”。[⑤] 换言之，FTA是大国权力的产物，谈判过程的顺利与否与主导国的推动力度息息相关。总体而言，参与TPP谈判的12国虽然意图各异，但在推动谈判的方向上志趣相投。按照自由主义的话语逻辑，在谈判各方主观意愿积极的情况下，只要主导国在提供公共产品问题上展现出相当的胸襟，谈判的推进应当较为顺利。然而，自美国主导TPP谈判到2015年10月5日各方达成基本协议，整个过程却是一波三折，延宕日久。这不仅由于参与谈判的各国彼此经济结构差异较大，大大提高了集体行动的难度，还缘于TPP内部的利益分配形式严重失衡这一因素。而导致这种现象产生的主要根源就是各国尤其

---

① P. Terrence Hopman, “Two Paradigms of Negotiation: Bargaining and Problem Solving,” *Annals of the American Academy of Political and Social Science*, No. 542, 1995, pp. 24 – 47.

② 刘园：《国际贸易谈判》，上海：复旦大学出版社，2008年版，第7页。

③ 贺平：《贸易政治学研究》，上海人民出版社，2013年版，第538—543页。

④ 李巍、张玉环：“美国自贸区战略的逻辑——一种现实制度主义的解释”，载《世界经济与政治》2015年第8期，第131页。

⑤ Richard Kats, “Free Trade and the TPP——Will Republicans Defeat the Trans-Pacific Partnership?”, *Foreign Affairs Report*, No. 11, 2015, p. 66.

是美国国内的各相关利益集团。

实际上，当 TPP 谈判久拖不决时，早有批评者指出，TPP 维护的并非各个国国家的利益，而是各国国内不同利益集团的利益，各国的谈判者也如同各利益集团的辩护律师一般，每每为维护各集团的利益而交涉。更为严重的是，美国国内的各种利益集团只想借助本国的强势主导地位，单方面要求各国顺应它们的喜好，而对各国的要求几乎置若罔闻。① 如日美 TPP 谈判时，美国在要求日本必须全面开放农产品市场的同时，却坚持对从日本进口的汽车维持现行税率。在农业领域，一方面美国对日本处于优势地位，因而要求日本全面放开农产品市场，另一方面相比澳大利亚等国，美国则处于劣势，遂不愿全面放开本国的农产品市场。② 显然，TPP 实际上是美国企业按照自身喜好对别国国内制度与经济结构进行改造的一种手段，是"由美国利益集团来管理的贸易协定"。③

如前所述，TPP 不但可以将美国纳入亚太地区经济一体化进程中，且还有助于美国通过制定和确立有利于本国竞争力的一系列贸易规则，在确立美国的出口竞争优势、振兴经济的同时，主导亚太地区经济一体化的进程，以牢牢掌控美国在该地区的主导权。正如曾任美国贸易代表办公室（USTR，Office of the United States Trade Representative）贸易代表的罗恩·柯克（Ron Kirk）在向国会的通告中所说的那样："TPP 旨在形成一个高标准的、广泛的区域协定。这一协定将为跨太平洋地区的经济一体化创造一个潜在的平台，是提高美国在世界上经济增长最快国家中的经济利益的手段，也是扩大美国出口的工具，这对我们恢复经济、创造和保持高薪、高质量的工作至关重要。TPP 谈判的成功达成

① Richard Katz，"Getting TPP right is better than getting it fast"，*Foreign Affairs Report*，No. 6，2015，pp. 23 - 25.

② Richard Kats，"Free Trade and the TPP——Will Republicans Defeat the Trans-Pacific Partnership?"，*Foreign Affairs Report*，No. 11，2015，pp. 67 - 68.

③ http：//www. nhk. or. jp/bizplus-blog/100/150051. html#more.

将要求建立一个高标准的拥有广泛成员基础的21世纪协定，为美国的工人、农民、农场主、服务供应商和小型企业提供经济显著的崭新的市场准入机会。”[①] 因此，美国国内大部分利益集团对TPP是予以支持的，如由275家企业联合组成的美国贸易利益联盟（Trade Benefits American Coalition，TBAC），此外还有美国农业局（American Farm Bureau）、美国猪肉生产商理事会（National Pork Producers Council，NPPC）、全国畜牧业牛肉协会（National Cattlemen's Beef Association，NCBA）、美国制造业联盟（Alliance for American Manufacturing）、美国商工会议所（U. S. Chamber of Commerce），[②] 等等。

然而，上述利益集团虽然嘴上强调自己是“自由贸易论者”，但其支持TPP的最大推动力是希望借此让亚洲各国顺应它们的要求开放市场，而同时确保其利益在美国向别国开放市场时能够得到最大限度的保护，表露出了浓烈的自我中心主义。如美国贸易利益联盟曾强调说会邀请专家对TPP协议文本进行仔细审核，若发现不利于自身利益之处，将游说代表其利益的两院议员在国会审议时向政府施压，甚至在有必要的情况下与相关国家就相关领域重启谈判。[③]

众所周知，美日两国在TPP谈判中的焦点问题集中于农业和汽车领域。从美对日角度而言，一方面美国农业局、美国猪肉生产商理事会和全国畜牧业牛肉协会等农业领域的利益集团，强烈要求日本应在谈判中全面放开迄今为止一直壁垒高筑的农产品市场。如2013年12月18日，美国猪肉生产商理事会曾联合全国

---

① “USTR Formally Notifies Congress of Intent to Join TPP Negotiations”, December 14, 2009, http://www.ustr.gov/about-us/press-office/fact-sheets/2009/december/tpp-statements-and-actions-date.

② 美国制造业联盟和美国商工会议所在美国贸易利益联盟成立后也宣布加入其中。

③ Richard Kats, “Free Trade and the TPP——Will Republicans Defeat the Trans-Pacific Partnership?”, *Foreign Affairs Report*, No. 11, 2015, p. 68.

畜牧业牛肉协会等17个农业利益集团致电美国贸易代表办公室，指出如果日本坚持对本国农产品进行保护，又拿不出令美国信服的理由的话，那么应考虑将其踢出TPP谈判。① 另一方面，美国目前对从日本进口的小汽车征收2.5%的关税，轻型卡车的税率为25%，其余汽车相关零部件则在6%～10%之间。对此税率的设定，美国制造业联盟和美国商工会议所等利益集团则反复要求美国应在同日本的谈判中坚持不改变现行税率制度。② 而美国贸易代表迈克尔·弗罗曼也曾在2014年11月回答《日本农业新闻》记者提问时指出，如果日本能够在农业问题上做出进一步让步，谈判将很快达成一致。但对于美国会在汽车领域将对日本做出何种让步，他却绝口不提。③

**表3—5　美国利益集团对日本参与TPP谈判的主要诉求**

| 利益集团 | 主要诉求 |
| --- | --- |
| 全美工商会议所 | 所有财产、服务及贸易、投资相关的壁垒问题全部应放入TPP谈判中 |
| 全美汽车整车评议会 | 强烈反对日本参与TPP谈判，除非日本在市场开放问题上对美国有所表态 |
| 全国生命保险协会 | 要求kanpo生命保险公司与一般民间企业平等地进行竞争 |
| 全国快递协会 | 要求日本邮政的国际快递服务（EMS）与民间企业一同被纳入到规制的范围 |
| 全国大米联合会 | 以取消所有种类关税为谈判前提 |
| 全国食肉协会 | 关于食品安全应遵循国际规定的标准 |

① 服部信司『TPP交渉と日米協議—日本政府の対応とアメリカの動向—』農林統計協会2014年、37頁。

② 服部信司『TPP交渉と日米協議—日本政府の対応とアメリカの動向—』農林統計協会2014年、5頁。

③ 「日本に譲歩求める　フロマン米通商代表」、『日本農業新聞』2014年12月13日。

续表

| 利益集团 | 主要诉求 |
| --- | --- |
| 全美劳动总同盟、产业界别工会会议 | 凡不利于美国经济、劳工利益之问题，全部要求日本做出让步 |

资源来源：服部信司『TPP交渉と日米協議—日本政府の対応とアメリカの動向—』農林統計協会2014年、20頁。

反观日本，汽车产业、电子机器产业等长期居于国际市场的高端位置，有较强的出口竞争力，日本常年巨额的外贸黑字多受惠于此。但由于日本与他国缔结自由贸易协定的停滞不前，[①] 在很大程度上削弱了其产品的国际竞争力。因此，日本的工商企业有73.8%支持日本参与TPP谈判，并认为这是日本企业保持国际竞争力所不可或缺的。[②] 日本国内工商业领域的三大利益集团——经团联、日本商工会议所和经济同友会也一致主张日本应尽早加入TPP，经团联前会长米昌弘昌甚至表示："如今不参加TPP的话，日本将成为世界的孤儿。"[③] 而其主要的诉求就是希望日本政府能够通过TPP谈判，使得美国废除对进口日本汽车所征收的关税。实际上，因日本农产品市场长期封闭等问题，美国一直对日本启动双边自由贸易谈判的要求不予理睬，随之也导致美国征收日本进口汽车关税问题长期解决无门。鉴于美日两国GDP占TPP12国的80%左右，日本加入TPP不啻于事实上启动了两国的自由贸易谈判，且久拖不决的美国征收日本进口汽车关税问题也将在谈判过程中迎刃而解。

---

① 这主要是以韩国为参照的，一方面韩在汽车、钢铁、电子产品等众多领域具有较强的国际竞争力，对日本产品已形成较大压力；另一方面韩国已分别与中美欧这三大贸易伙伴签署了FTA，FTA占其外贸总额的比重已高达73%左右。而目前FTA占日本外贸总额的比重仅为22.3%，即使加上TPP，也仅达到37.2%，仍远远落后于韩国。

② 「主要企業アンケート：新成長戦略に期待」、『毎日新聞』（東京朝刊）2011年1月4日。

③ 竹中平蔵「TPPを政策転換の突破口に」、『日本経済新聞』2010年11月3日。

但相比之下，农业领域却一直是日本的软肋。地狭人稠、精耕细作是日本农业的主要特征，也导致了其成本高昂，长期依赖财政补贴及贸易保护。在TPP之前，在日本签署的所有双边或区域EPA中，农产品无一例外地被排除在外。即使在2014年4月签署的日澳EPA协议中，日本仍是仅部分开放了农产品市场。因此除TPP外，在日本缔结的所有EPA中，贸易自由化率均属低端，无一超过89%。且以“农协”为首的日本农业利益集团几乎都认为加入TPP将会给本国农业带来灭顶之灾，而表示坚决反对。这导致了日本国内各阶层围绕加入TPP问题一度出现反对、赞成两派泾渭分明的对垒局面，甚至民主党的分裂也与之息息相关。进一步地，在2012年底举行的众议院选举中，安倍晋三领导的自民党为了获得“农协”的支持，还打出“自民党反对加入要免除所有商品关税的TPP”、“我们不撒谎，坚决反对TPP，可不是装模作样”等竞选口号。① 而事后当选的自民党多数众议员也表态反对参与TPP谈判。

概言之，从两国相关利益集团的诉求看，双方预设的目标可谓南辕北辙，完全是一条平行线。且在东亚地区与TPP并行的还有RCEP、中日韩FTA谈判，后者的自由化率虽然没有TPP高，但一来对日本农业的冲击小于TPP，二者对日本经济贡献率高低的争议也低于TPP。基于此，若以单纯的经济视角考量，日本似乎应对RCEP和中日韩FTA最为热心，或将RCEP、中日韩FTA和TPP三个谈判同等对待，甚至以前两者来迫使美在TPP谈判中对日做出相当让步。然而，日本却在现实中反其道而行，从菅直人、野田佳彦到安倍晋三，三届内阁不顾国内巨大的反对声浪，积极参与TPP谈判。究其缘由，经济以外的政治因素是不言自明的。

所谓的政治因素，意指以FTA为核心的国际制度竞争正成

---

① 田代洋一『安倍政権とTPP—その政治と経済—』筑波書房ブックレット2013年、30—31頁。

为大国竞争的重要内容，TPP 作为美国“私有化”的权力工具之一，强化安全同盟和重建国际规则构成了美国主要的私人战略目标。① 而美国也毫不隐晦地表示，这个针对目标就是指中国，如奥巴马总统在 2015 年度的国情咨文中所强调的那样，“如果不尽快通过美国与亚太国家的贸易协定，该地区的贸易规则可能就会由中国来制定”。② 显而易见，美国要借 TPP 改变自身在亚太地区的经济权力动态，在推进亚太经济整合过程中占据主导地位。这与其“重返亚太”或“亚太再平衡”战略的既定目标如出一辙。换言之，TPP 构成了美国上述战略的重要支柱。

而反观日本，面对东亚地区在历史上首次出现了中日两强并立的格局，导致两国尚未在战略上找到如何共存的路径，从而陷入到结构性的深层次矛盾当中。这一思维定式表现为中日互争东亚地区的主导权，包括东亚地区经济整合的主导权。此外，一方面面对中国迅速崛起，日本则陷入“迷失的二十年”，加上两国关系近年来因为领土问题、海洋权益及历史认识等多重因素影响，另一方面安倍也要在修改宪法解释、解禁集体自卫权、强推新安保法案等一系列推动“正常国家化”的过程中，将“中国威胁论”视为增强其正当性的重要抓手。这导致日本选择了毫不犹豫地进一步追随美国，强化日美同盟，配合“亚太再平衡”战略，积极参与 TPP 谈判的道路。如安倍本人于 2015 年 4 月 29 日在美国国会演讲时就曾明言：“TPP 早已超出单纯的经济利益，从长远来看，不可忽视其在安全保障领域中的重大意义。”③

为了配合美国的战略部署，日本选择了无论如何也要参与 TPP

---

① 李巍、张玉环：“美国自贸区战略的逻辑——一种现实制度主义的解释”，载《世界经济与政治》2015 年第 8 期，第 127—154 页。

② Office of the Press Secretary, “Remarks by the President in State of the Union Address,” *The White House*, January 20, 2015, http://www.whitehouse.gov/the-press-office/2015/01/20/remarks-president-state-union-address-january-20-2015.

③「米国連邦議会上下両院合同会議における安倍内閣総理大臣演説」、http://www.kantei.go.jp/jp/97_abe/statement/2015/0429enzetsu.html。

谈判的道路。日本或许认为如果强调TPP的政治内涵的话，美国可能会在谈判中向日本有所妥协。但实际上，日本这种安全牺牲经济的做法直接导致其在TPP谈判中对美丧失了最大的讨价还价余地，使得美国利益集团可以借助本国的强势主导地位，最大限度地逼迫日本让步，而自身却能对日本的要求置之不理。而当日本态度较为坚定之际，美国反而倒过来要求日本从战略角度对美妥协。[①] 从这一视角而言，日美TPP谈判的最大特征呈现为“进攻的美国和防守的日本”（美国一进，日本一退）[②]，即日本在多大程度上满足美国，或者说美国相关利益集团对其提出的让步要求。

如前所述，日美在日本正式参与TPP谈判前夕曾达成“（1）日本将一部分农产品、美国将一部分工业制品均定性为‘敏感品种’；（2）最终的结果将在谈判中进行决定；（3）TPP谈判过程中，不能要求单方面预先承诺废除全部关税”等相关协议。[③] 但事后证明，日美对《联合声明》的解释有温度差，如日本强调的是一定要如何如何，而美国只是说认可了日本提出的要件。[④] 且美国国内相关利益集团早在日本参与TPP谈判前便预设立场，要求日本在谈判中答应全面放开迄今为止一直壁垒高筑的农产品市场，但同时坚持对从日本进口的小汽车、轻型卡车及汽车相关零部件征收关税。随后，它们在谈判过程中又反复施压，致使美日之间的谈判基本在日本单方面做出较大让步的情况下进行。以猪肉为例，日本在美国的强烈要求下同意大幅降低对进口猪肉征收的关税，但即使如此，美国猪肉商理事会（NPPC）仍于2014年8月17日致电美国贸易代表办公室，指出让日本全面

---

① 田代洋一『戦後レジームからの脱却農政』筑波書房2014年、46頁。

② 「来月に再度協議　進展次第で首脳級も」、『日本農業新聞』2014年10月28日；田代洋一『戦後レジームからの脱却農政』筑波書房2014年、55頁。

③ 「日米の共同声明」、http：//www. mofa. go. jp/mofaj/kaidan/s_ abe2/vti_ 1302/pdfs/1302_ us_ 01. pdf。

④ 作山巧『日本のTPP交渉参加の真実—その政策過程の解明—』文真堂2015年、178—179頁。

废除猪肉的进口关税对美国的猪肉业者而言是最重要的商业性课题，而日本目前的立场虽有利于美国增加对日本猪肉的出口量，然而相比日本全面废除猪肉的进口关税给美国带来的每年数亿美元的利益和几千个就业机会，日本的立场实际上仍损害了美国的经济利益。实际上日美TPP谈判的大多数时间就是在美方不断对日本农产品提出开放要求而自身却丝毫没有透露出妥协征兆的情况下进行的，以至于日本的谈判代表甘利明一度表态说不能只让日本单方面做出让步，美方也应该展现出一定的积极姿态。美日谈判也一度因美国拒绝做出任何让步而被迫中断。[①]

甘利明所谓的让步指的是五种重要农产品中的一部分可以下调关税，但美国并不领情，而是要求日本把全部农产品的关税废除，直接导致了谈判一度无法进行下去。[②]

**表3—6　五种重要农产品的平均税率及生产额**

| 五种重要农产品名称 | | 从量税 | 从价税换算值 | 生产额（2010年） |
|---|---|---|---|---|
| 大米 | | 341日元/kg | 778% | 1.5517万亿日元 |
| 麦 | 小麦 | 55日元/kg | 252% | 469亿日元 |
| | 大麦 | 39日元/kg | 256% | |
| 牛肉 | | — | 38.5% | 4639亿日元 |
| 猪肉 | | 482日元/kg | 136% | 5291亿日元 |
| 牛奶乳制品 | | 29.8% +985日元/kg | 360% | 6747亿日元 |
| 甜味资源作物 | 粗糖 | 71.8日元/kg | 328% | 614亿日元 |
| | 淀粉 | 119日元/kg | 583% | 720亿日元 |

资料来源：作山巧『日本のTPP交渉参加の真実—その政策過程の解明—』文真堂2015年、8頁。

① 服部信司『TPP交渉と日米協議—日本政府の対応とアメリカの動向—』農林統計協会2014年、5、10、40—41頁。

② 原中勝征、TPP阻止国民会議編著『私たちはなぜTPPに反対するのか』祥伝社2014年、46頁。

表 3—7 日本猪肉的差额关税制度

单位：日元/每千克

| 进口价格 | 关税 | 总进口价格（进口价格 + 关税） |
| --- | --- | --- |
| 524（基准价格）<进口价格 | 4.3% | 进口价格：700 的话为 730 |
| 65 <进口价格 <524 | 547—进口价格 | 进口价格：300 的话为 547 |
| 进口价格 <65 | 一律 482 | 进口价格：50 的话为 532 |

资料来源：「現行の豚肉関税制度」、『日本農業新聞』2014 年 5 月 13 日。

日本主导 TPP 谈判的并非是外务省和其他相关省厅，而是由首相官邸一力主导，目的是完全遵从安倍意图，积极参与 TPP 谈判。因此，安倍任命好友甘利明为 TPP 担当大臣，负责谈判，但在美国几乎不做让步而不断施压让日本单方面做出让步的情况下，甘利明也不敢全权承诺，而是不时地强调需要首相做出政治决断。以此为背景，奥巴马总统于 2014 年 4 月访日时，曾对安倍明言，安倍在日本的支持率约 6 成，远高于自己在美国 4 成左右的支持率，因而希望日本做出更大的让步。当年 11 月，美国将迎来国会中期选举，民主党的后援团以产业工会为主，因此要求美国政府在 TPP 谈判中坚持汽车关税，而以农业团体为后援团的共和党则不断向美国政府施压，要求日本全面放开农产品市场。待到当年年底日本众议院选举后，美国对安倍领导的自公联盟再度获胜倍感欢欣，认为可以要求日本做出更大让步。如 NPPC 当即要求日本废除猪肉差价关税制度。无独有偶，美国谷物协议会也表达了类似的观点。① 这样，在美国相关利益集团的不断施压下，直到 2015 年 4 月，美日双方还在为增加多少对日出口最低限度进口义务（minimum access）大米的问题争执不

① 「TPP 前進　期待多く」、『日本農業新聞』2014 年 12 月 23 日。

下。[①] 美日两国经济总量占TPP总量的80%左右，因此两国谈判的顺利与否直接影响到TPP整体谈判的进展。可以说TPP谈判达成协议的日期一延再延，与美国相关利益集团这种借美国在谈判中的主导地位而肆意将一己私利强加给谈判对手的做法息息相关。

其次，美日为安抚各自利益集团的诉求，在日本正式参与TPP之前已就相关敏感问题展开事前协商，并达成三点共识，基本上划定了美日双方在TPP谈判中都能接受的底线。

仅从美日各自利益集团的诉求看，日本根本无法参与TPP谈判。但站在安全保障战略角度，美日对于日本参与TPP谈判又具有高度共识。因此，为回应各自利益集团的要求，美日均认为有必要进行事前协商，为随后的TPP谈判划定彼此都能接受的红线。

对于事前协商并达成相关协议，美国显得极为重视。如2012年6月，美国国会方面质疑为什么这么重视与日本的事前协议，指出“不要把是否认可日本、加拿大和墨西哥三国参与TPP谈判问题等量齐观，根据我们多年来与日本人打交道的经验，尽管不断要求日本人开放市场，但成效甚微。因此我们要得到日本人的保证，不但是事后的保证，也包括事前的保证”。[②] 为此，奥巴马政府确定了3个日本必须在参与谈判前事先解决的问题：日本对美国牛肉进口的限制；美国汽车的市场准入；保险和快递问题。经过协商，双方达成如下协议：

第一，自2003年12月美国华盛顿州发现第一例“疯牛病”（牛海绵状脑病）病例后，日本禁止进口美国牛肉。之后，虽然日本放宽了限制，允许进口牛龄20个月以下的牛肉，但美国向

---

① 田代洋一『官邸農政の矛盾——TPP・農協・基本計画』筑波書房2015年、18、21—26頁。

② “TPP Partners Invite Mexico And Canada To Join TPP Talks, But Not Japan”, *Inside U. S. Trade*, June 22, 2012, pp. 9 - 10.

日本施压，要求还要进一步放宽限令。结果日本允许进口牛龄在30个月以内的美国牛肉。

第二，该问题源自日本进口的由底特律三大汽车制造商——克莱斯勒、福特和通用汽车——生产的车辆很少，那些公司认为是日本的税收、安全和环境制度、保险和其他非关税壁垒造成了这种状况。由于这些讨论，日本同意根据其“优先处理程序”（Preferential Handling Procedure）将美国生产的车辆的数目从每“车型”2000辆提高到每“车型”5000辆。此外，两国同意在并行的谈判中解决与汽车贸易有关的非关税措施的相关问题，包括制度、标准和认证的透明度，“绿色”和其他新技术车辆、分销。这些并行的谈判也解决制订特殊“保障”条款的问题，以应对汽车进口的恶性激增，还有特别的关税“迅速反弹”（snap-back）机制，以应对伙伴未能履行在汽车贸易上的承诺。①

第三，日本政府经营的日本邮政活动是美国贸易代表办公室与日本关于保险的协议的主要焦点，日本邮政的子公司出售保险和快递服务。日本宣布，在其确定私营保险公司与日本邮政之间的竞争形成“公平条件”之前，政府不会批准日本邮政销售新的或修改后的癌症保险产品或单独的医疗保险产品。进一步地，日本还表示日本邮政将于2015年秋季实现上市，后又表态将上市计划提前到当年春季实施。②

在日本方面，安倍在2012年11月众议院大选期间强调的是“自民党反对加入要免除所有商品关税的TPP”，甚至打出了“我们不撒谎，坚决反对TPP，可不是装模作样”的竞选口号。③而当选的自民党多数众议员也表态反对参与TPP谈判。然而，安倍就任首相后立即改弦更张，强调必须以TPP为中心，配合财

① http://www.ustr.gov/sites/default/files/04132013% 20Japan% 20OVERVIEW% 20factsheet%20FINAL_ 1. pdf.

② 山田正彦『TPP秘密交渉の正体』竹書房新書2014年、41頁。

③ 田代洋一『安倍政権とTPP—その政治と経済—』筑波書房2013年、30—31頁。

政、金融政策来提高民间企业的投资意愿。[①] 以此为基础，自民党外交、经济合作调查会于2013年2月13日公布了“关于参与TPP谈判的基本方针”：在竞选纲领的基础上提出：（1）只要TPP谈判仍坚持取消全部关税，没有例外的话，拒绝参与谈判；（2）不接受违反自由贸易理念的汽车等工业制品的数值目标；（3）维护全民参与的保险制度；（4）维护食品安全放心的基准；（5）不同意有损国家主权的条款诸如ISDS；（6）在政府采购、金融服务等领域，立足于日本原有特征参与谈判。方针还指出：“我们一定会保护日本的国家利益，保护美丽的日本，创造强大的日本，并让后代得以传承。”[②]

随即，日本的立场退缩成只有第一条，之后又退至将大米、麦、砂糖、猪牛肉和牛奶等乳制品这五种农产品列为死守关税的“圣域”，而美国对日本汽车征收的进口关税将分阶段废除，其时间长度超过美韩FTA中美对韩的承诺（小汽车5年内废除关税，轻型卡车10年），为TPP协议中规定的最大分阶段取消关税的时期。[③] 进一步地，安倍又在国会信誓旦旦地保证：（1）“圣域”产品应作为例外或者作为协议关税的对象；（2）上述产品如果超过10年，分阶段地废除关税也是不被认可的；（3）最优先确保“圣域”，如果不能确保，日本不惜退出谈判。[④] 可见，安倍一方面顺应了“经团联”等三大商工利益集团的诉求，要求美国必须在汽车领域对日本有所让步，另一方面对于农业利益集团的担忧，尽管不断退缩，但也体现了一定程度的安抚，即强调TPP谈判中不能完全开放农产品市场。

---

① 斎藤貴男『安倍改憲政権の正体』岩波書店2014年、23頁。

② 「TPP交渉参加に対する基本方針」、https：//www. jimin. jp/policy/policy_topics/pdf/pdf088_ 1. pdf。

③ 服部信司『TPP交渉と日米協議—日本政府の対応とアメリカの動向—』農林統計協会2014年、8頁。

④ 田代洋一『官邸農政の矛盾——TPP・農協・基本計画』筑波書房2015年、20頁。

基于此，安倍于2013年3月15日正式宣布参与TPP谈判。[①]而美国则于4月12日宣布支持日本参与TPP谈判。此外，由于美国的同意，此前持反对意见的加澳新三国立即转变立场表示了支持。这样，在日本支付了高价的入场券之后，终于在2013年7月23日正式参与了在马来西亚举行的TPP第十八轮谈判。[②]

最后，在TPP谈判中，美日双边谈判与12个TPP参与国多边谈判并行（parallel bilateral，negotiation），使得美日谈判具有多边谈判与双边谈判并存的双重过程特性。

参与TPP谈判的12个国家中，美国早已与加拿大、墨西哥、澳大利亚等国签署了FTA，这使得TPP在一定程度上如同上述多个FTA的升级版（plus）协议，因而部分具有双边谈判的特性。[③]但日本的特征在于，美日之间并未签署自由贸易协定，TPP谈判不啻等同于日美FTA/EPA，且鉴于两国立场分歧很大，日本又是中途参与TPP谈判，倘若没有美日的双边谈判，一方面多边谈判的议题将被美日之间的农产品和汽车产业争端主导，另一方面TPP其他相关议题也将迟迟得不到展开，势将导致TPP谈判更加复杂敏感、过程更加跌宕、效率更加低下。因此，这种双重过程特征的目的就是要在TPP谈判达成协议之际，两国也要实现取得“切实而重大”（tangible and meaningful）的成果，且在TPP协议生效之时将具有法律上的约束力。[④]

自2013年3月15日安倍正式宣布参与TPP谈判后，美日双边谈判进行的一度相当不顺利。其原因如前所述，主要是美国相关利益集团根本不顾美日达成的事先协议，反复向美国贸易代表

---

① 「安倍内閣総理大臣記者会見」、http：//www. kantei. go. jp/jp/96_ abe/statement/2013/0315kaiken. html。

② 山澤逸平、馬田啓一、国際貿易投資研究会編著『アジア太平洋の新通商秩序：TPPと東アジアの経済連携』勁草書房2013年、284頁。

③ 田代洋一『官邸農政の矛盾——TPP・農協・基本計画』筑波書房2015年、19頁。

④ http：//www. ustr. gov/about-us/press-office/press-releases/2013/april/amb-marantis-japan-tpp.

办公室施压，一味强求日本完全开放农产品市场，而拒绝在汽车领域做出任何让步。虽然安倍内阁基于安全战略考量，积极参与TPP谈判，但也要对国内有所交代，因而不可能在谈判中听任美国予取予求。其对策主要由三个部分组成：

首先，日本在谈判中，就农产品市场开放问题提出了方程式协议的方式。所谓“方程式协议”，意指将农产品关税的下降幅度、缓冲时间及发生紧急事态时日本的应对等问题进行一揽子综合谈判，内容包含：（1）农产品关税的下降幅度；（2）税率下降的缓冲时间；（3）因关税下降对日本农产品影响过大时启动紧急进口限制措施——“安全阀”（safe guard）；（4）最低限度进口义务（minimum access）的增量等四个方面。① 这种形式的最大特点在于，前提是日本承认在农产品问题上要对美国做出重大让步，遂将谈判的焦点从该不该让步转移至包含让步的幅度、形式及应急措施等如何让步的技术层面。日本希望通过这种一揽子谈判的形式，可以在总体对美国让步的框架下做到一定程度的进退有度，并能推动谈判的进行。而事实上自2014年4月美国认可了日本提出的这一方式后，直到2015年4月双方基本结束谈判为止，美日TPP谈判基本上就是按照这一方式进行的。

其次，日本积极推动日澳签署EPA。日澳EPA谈判始于2007年4月23日，但是谈判过程异常艰难，导致协议迟迟未能签署。众所周知，澳大利亚是农产品出口大国，其对日本农产品出口份额占日本进口农产品比重很高，如牛肉、小麦、砂糖、大米、天然干酪等均超过50%。澳大利亚相比精耕细作的日本农业，是典型的规模化经营，其农户经营的平均农地面积约3000公顷，是日本的1500多倍。因此，面对澳大利亚强烈要求日本废除农产品关税的要求，日本则通过国会决议表示死守不放。而另一方面，澳大利亚对汽车、电器、工矿产品等征收的关税很

① 服部信司『TPP交渉と日米協議—日本政府の対応とアメリカの動向—』農林統計協会2014年、4頁。

低，且众多日本企业早已在澳实现当地化经营，日澳 EPA 对日本产业界所带来的利益甚微。因此，日本国内戏称日澳 EPA 对日本而言是“获利最小和损失最大”的双边自由贸易协定。而这也从一个侧面解释了双方彼此强硬，谁也不愿率先做出妥协的原因。但随着日本参与 TPP 谈判和日美开展双边磋商，澳大利亚担忧美国牛肉会挤占其牛肉在日本市场的原有优势，而日本鉴于美国在谈判中态度强硬，且日澳 EPA 与美日谈判的焦点也颇为一致，因此日本也希望通过先与澳签署 EPA 来增加自身在谈判中的主动性。

以此为背景，当日本于 2013 年 3 月 15 日正式宣布参与 TPP 谈判后，日澳双方旋即于 3 月下旬重开谈判，并很快于 2014 年 4 月 7 日达成一致。根据协议，日本将分阶段减让对从澳进口牛肉的关税，且会根据情况启用“安全阀”。此外，大米等重要农产品不列入谈判对象，而食用小麦、砂糖、黄油、脱脂奶粉等农产品则留待以后谈判。而澳大利亚也将对从日本进口的汽车的大部分关税立即撤除。[①] 日澳 EPA 的自由化率约 88%，虽然在日本迄今为止签署的 EPA 中算得上高水平，但日澳两国均为 TPP 谈判国，而 TPP 号称综合性高水平的自由贸易协定，虽然自由化率无法做到 100%，但也高达 98% 左右。日澳在 TPP 谈判过程中却签署了一个自由化率水平并不高的 EPA，其意图至为明显，就是要借此推进 TPP 谈判，尤其是希望美国能对日本有所让步。[②] 事实上，也就是在日澳 EPA 签署后，美国才开始同意日本提出的方程式协议方式，并展开相关谈判的。

最后，利用 TPP 的多边谈判平台，推动美日谈判。除了签署日澳 EPA 外，日本还加快与新西兰就乳制品、与墨西哥就猪肉、

---

① 田代洋一『戦後レジームからの脱却農政』筑波書房 2014 年、48—49 頁参照。

② 服部信司『TPP 交渉と日米協議—日本政府の対応とアメリカの動向—』農林統計協会 2014 年、15 頁。

与新加坡就白砂糖为原料的巧克力、与马来西亚就胶合板、与越南就大米等进口关税减免问题进行谈判，并达成了一些相关协议，以倒逼美国在对日本农产品问题上减缓压力。

从日本政府公布的TPP文本来看，日本参与TPP谈判的9018种商品中8575种全部免除关税，整体自由化率约95%，其中工业产品100%实现免税，农林水产品的自由化率则约81%。1990种农产品中有834种是首次全部免除关税。338种水产品中除海带、紫菜等10种品种外，其余也全部免除关税。[①] 而被视为美日TPP谈判焦点的五种农产品和汽车领域减免关税的大致情况如下：

1. 大米的现行税率不变。TPP生效后的前3年日本从美国、澳大利亚进口的最低限度进口义务数量维持现行的每年5万吨和0.6万吨水平，2013年时这个数字分别上升至7万吨和0.84万吨。

2. 小麦的现行税率不变。TPP生效6年后，日本从美国、澳大利亚和加拿大三国进口的“最低限度进口义务”总量由现行的19.2万吨升至25.3万吨；小麦制品的现行税率不变。TPP生效5年后，日本从TPP其他成员国进口的“最低限度进口义务”总量由现行的4.5万吨升至6万吨；通心粉的税率在TPP生效8年后下降60%。

大麦的现行税率不变。TPP生效8年后，日本从TPP其他成员国进口的最低限度进口义务总量由现行的2.5万吨升至6.5万吨；从美国、澳大利亚和加拿大进口的麦芽最低限度进口义务总量在TPP生效11年时，从18.9万吨升至20.1万吨。

3. 乳制品的现行税率不变。但脱脂奶粉和黄油的最低限度进口义务总量从现行的6万吨（按鲜牛奶量换算）到TPP生效5年后，将升至7万吨。乳清的现行税率不变。其他如奶酪、切达

---

① 「TPP協定の概要（要旨）」、『朝日新聞』2015年10月6日。

干酪、高德干酪、奶油乳酪等现行税率在TPP生效后维持16年，之后实现全面自由化。

4. 砂糖的现行糖价调整制度基本维持，但精糖（98.5度<含糖量<99.3度）废除关税，调整金也稍许减少。含糖调味品根据品种，其最低限度进口义务总量从TPP生效时的6.2万吨到6—11年时升至9.6万吨。淀粉的现行糖价调整制度基本维持。

5. 牛肉的关税减免但不废除（但高档牛肉现行4.3%的税率废除）。现行38.5%的税率自TPP生效时即降至27.5%，10年时再降至20%，16年时又降至9%。启动“安全阀”时，TPP生效时税率维持38.5%，4年时降至30%，11年时降至20%，15年时再降至18%。之后，启动“安全阀”情况下的税率每年递减1%，直至9%，但若在TPP生效15年后才首度启动“安全阀”，则税率递减自18年时开始计算。而如果连续4年不启动“安全阀”，则该制度自动废止。

如遇例外情况，如果因为疯牛病等问题，造成日本连续3年禁止从相关国家进口牛肉，则至解禁日起的5年内不得启动“安全阀”。

普通猪肉从量税，现行482日元/千克自TPP生效日起降为125日元/千克，10年时再降至50日元/千克；高档猪肉从价税，现行4.3%自TPP生效日起降为2.2%，10年时废除。启动“安全阀”时，普通猪肉从量税在70—100日元/千克之间；高档猪肉从价税在2.2%—4.05%之间，但该制度实施11年后废止。

美对日进口汽车税率：小汽车现行2.5%的税率，在TPP生效15年时降为2.25%，20年时再降为1.25%，25年时废止；轻型卡车现行25%的税率，在TPP生效后维持30年；汽车相关零部件，现行6%—10%的税率，在TPP生效后维持15年。①

---

① 「TPP農林水産物市場アクセス交渉の結果」、http：//www.maff.go.jp/j/kokusai/tpp/pdf/tpp_1.pdf；「TPP協定の概要（要旨）」、『朝日新聞』2015年10月6日。

如前所述，日本参与TPP谈判的9018种商品中8575种全部免除关税。而将五种重要农产品细分的话，大米58种（占0.6%）、猪肉49种（占0.5%）、牛肉51种（0.6%）、牛奶乳制品188种（占2.1%）、砂糖131种（占1.5%）、大小麦109种（1.2%），共586种（一说594种），占总数的6.5%。[①] 但从生产总额来看，这五种重要农产品的生产总额为3.4万亿日元（2010年基准），占日本农业生产总额的42%[②]，而TPP中农产品的关税减免率约81%。[③] 换言之，在美国的强大压力下，日本在TPP谈判中对所谓“圣域”的五种重要农产品关税大部分予以保留（但税率有不同程度的降低），全部废除的有170种，总体撤废率达到30%左右。[④] 显然，这相比安倍内阁在谈判前向国会做出的保证可谓大大退后，其逻辑是只要名义上不完全废除关税即算不违反国会决议。因而这种关税减免的结果在日本国内被讥讽为“名存实亡”。[⑤]

综上所述，TPP因对日本农业的负面影响巨大，因此以“农协”为首的农业利益集团持坚决反对态度，连自民党内的“农林族”议员也不赞成安倍内阁的抉择。然而，首先是在小选举区制的情况下，首相、首相官邸的权力得到绝对的增强。反对派尽管也打出不惜“退党”的旗帜，但退党即等同与现政权公开唱反调，这作为运动口号还行，真正实施起来根本不可能。其次，日本参与TPP谈判的主导者是首相官邸，负责谈判的是安倍

---

① 田代洋一『TPP＝アベノミクス農政—批判と対抗—』筑波書房ブックレット2013年、21頁。

② 作山巧『日本のTPP交涉参加の真実ーその政策過程の解明ー』文真堂2015年、8頁。

③ 「TPP農林水産物市場アクセス交渉の結果」、http：//www. maff. go. jp/j/kokusai/tpp/pdf/tpp_ 1. pdf。

④ 「TPP甘い試算　対策効果を過大に評価」、『日本農業新聞』2015年12月25日。

⑤ 田代洋一『官邸農政の矛盾——TPP・農協・基本計画』筑波書房2015年、21頁。

好友甘利明，因此整个谈判过程可说是安倍个人意志的完全体现。而外务省、农林水产省和经济产业省等相关省厅可说是无缘置喙，加上谈判内容一直保密，利益集团、“族议员”和官僚以往利用三角关系进行政治干预的方式也被大大限制了。此外，安倍内阁的农业结构改革中严令要废除“农协”中央会制度，也使得“农协”更加关注自身的命运，而无暇关注 TPP 谈判了。因此，日本参与 TPP 谈判的立场一而再、再而三地向后退让也是不可避免的。最后，日本的财经界是强烈要求加入 TPP 的，而只要美国会在汽车领域中有所让步，哪怕幅度很小也算是满足财经界的诉求了。这也就是为何在日美 TPP 谈判中，频频看到美国国内的相关利益集团对政府施压，却鲜见日本国内的相关利益集团有什么声势的根本症结所在。

## 本章小结

“农协”是反对日本参与 TPP 谈判的主要利益集团之一，因为其一方面具有可以支配日本农业的巨大经济实力，另一方面拥有可以将经济能量充分转化为政治影响力的强大组织能力。因此，尽管日本农业经济日益萎靡，“农协”的社会统合能力日益弱化，但仍能在全国范围内组织力量，声势浩大地反对参与 TPP 误判。然而，从安倍内阁正式宣布参与 TPP 谈判这一点来看，“农协”政治影响力的每况愈下是一个不可逆转的趋势。也因为此，面对安倍内阁提出的农业结构改革中要废除中央会制度等措施，“农协”的应对基本也是逆来顺受。

再回过头来看 TPP，若从综合性的视角审视的话，TPP 实质上是居于主导地位的美国在提供一种区域性公共产品同时，也夹带了强化安全联盟和重建国际规则等私人战略目标。而日本积极参与 TPP 谈判的主要战略考量恰恰是后者，加之“农协”等反对加入TPP的利益集团基本上无法发声，这就导致美国国内的相关利益集团可以最大限度地在两国谈判过程中，借助本国的强势主导地位向日本施压，迫使其就范。以此为背景，日美TPP谈判的最大特征呈现为“美国一进，日本一退”，即日本在多大程度上满足美国对其提出的让步要求。但日本也不可能对美完全予取予求，作为对策，日本通过提出方程式协议、签署日澳EPA、利用多边谈判平台等策略，部分坚持了在农业领域的既定立场，并使得美国在汽车领域也做出了一定程度的让步。

# 第四章　TPP 和安倍内阁的对华外交布局

TPP 对安倍内阁而言有两重身份属性：一是对促进日本经济增长的积极意义；二是其安保外交战略的重要一环。对于前者，安倍不但强调 TPP 有利于日美共同主导亚太自由贸易新秩序，还将之定位为“安倍经济学”增长战略的核心，且在 2015 年年底的重新测算中，大大提高了 TPP 对日本经济的贡献度。然而，无论是 TPP 有利于日美共同主导亚太自由贸易新秩序，还是它对促进日本经济增长的贡献度十分可观，都受到广泛质疑。在日本国内，这种质疑很大程度上是全社会关于日本加入 TPP 究竟是利是弊争论的一种映衬。

实际上，仅从 FTA 对日本经济的贡献度大小角度而言，相比 TPP，中国、日本均参与其中的中日韩 FTA 和 RCEP 对日本经济的提振效果更大，且对日本经济结构的冲击也要远远小于 TPP。从这一角度而言，相比经济层面，TPP 对安倍内阁的意义还是侧重安保外交战略这一政治层面。这也解释了为何安倍重新执政前打着提振日本经济的大旗，执政后却未将主要精力放在经济方面。他念兹在兹的是让日本“摆脱战后体制”，并实现“正常国家化”，即意图使日本在这一历程中军事成分和权重大幅跃升，最终突破经济大国的单一特征，提高日本对国际事务的影响力和干预力，成为具有综合外交能力的全球性政治大国。

显而易见，中国的快速崛起和美国提出“亚太再平衡”战略，为安倍实现上述目标提供了最好的外部环境。那么以TPP为切入视角，应如何审视安倍内阁的政治目标呢？而其对华外交与实现上述政治目标之间的关系是什么？以此为背景，安倍内阁对华外交的布局又呈现出怎样的特征呢？

## 第一节　安倍内阁加入TPP的战略意图

日本国内围绕是否参与TPP谈判问题，整个社会陷入了赞成和反对两种意见截然对立（“赞否两论”）的局面，甚至有日本因TPP问题而被“一分为二”的说法。但安倍却执意要加入其中，除具体指出TPP在政治、经济不同层面上的意义外，还将TPP定位为“‘安倍经济学’增长战略的核心”，并呼吁国民要从战略的角度看待TPP。①

众所周知，所谓“安倍经济学”，意指安倍首相再度组阁后为提振日本经济而出台的一系列经济刺激政策。其是以1980年代美国政府通过的“压缩政府资产，削减财政支出”，以实现“不增税的财政重建”的“里根经济学”为借鉴对象。而为方便记忆，安倍特将其核心内容用“三支利箭”来进行形象的概括，包括：以超级量化宽松政策为特征的大胆的货币政策、扩张性财政政策和大规模公共投资、以结构改革和刺激民间投资为中心的经济增长战略。其主要措施有：将通胀目标设置为2%，使日本摆脱长期通货紧缩的状态；实施超级量化宽松的货币政策，以促使日元贬值，增强日本商品在国际市场上的竞争力，增加日本对外出口；政策利率降为负值；推行大规模公共投资（国土强韧化）；日本银行通过公开市场操作，购入建设性国债；修改《日本银行法》，加大政府对央行的发言权等。

---

① 谷内正太郎「安倍戦略外交の核心―価値観・哲学を共有し『アジア』と合従する」、『外交』Vol. 18、March 2013、31頁。

按安倍本人的设想，通过向市场大量注入资金，造成通货膨胀率增加，从而导致日元贬值，在日元贬值的带动下出口可以实现有力反弹，如此企业收益也将增长，员工收入也会随之增加。此外，进口产品价格大幅上扬，居民在通胀压力下加大消费支出，企业又在居民消费增长的带动下加大投资。这样在出口、消费和投资三项利好的推动下，日本股市水涨船高，资产价格的上升带来的财富效应又进一步刺激消费和投资，最终摆脱通货紧缩，从而使日本经济进入良性循环。为此，他提出的施政目标是：今后三年内（2013—2016年）民间投资增长10%左右，达到70万亿日元，到2020年基础建设输出增至30万亿日元；未来10年，实现人均国民收入（GNI）年增长3%，实际GDP年增长2%，实现增速比之前的10年翻番，使得日本重新成为“世界增长的引擎”。[①] 正如他2013年2月访美时，在美国战略与国际关系研究中心（CSIS）发表题为“日本归来”的演讲时所强调的那样：“日本无论是现在还是将来，都不会沦为‘二流国家’……我的任务就是放眼未来，让日本成为世界第二大经济体。”[②]

在安倍看来，“通货紧缩的恶性循环是日本经济持续走不出困境的关键所在，而如何摆脱多年来的通货紧缩的恶性循环是重振日本经济最为关键的一环”。因此，“安倍经济学”的学理支撑是“再通胀主义”。安倍奉行的是美国的“麦卡勒姆规则”（McCallum Rule），其逻辑是利用货币宽松政策形成缓慢的通货膨胀，进而刺激经济以摆脱通缩，即如果要达到1%的名义GDP增长率，货币供给必须增加3%。套用这一理论，面对日本连续多年陷入通货紧缩的现状，安倍认为必须增加货币供给，摆脱

① 武心波：“试析‘安倍外交学’与‘安倍经济学’一体两面的战略互动关系”，载《日本学刊》2014年第1期，第80—81页。

② 安倍晋三「日本は戻ってきました」、http://www.kantei.go.jp/jp/96_abe/statement/2013/0223speach.html。

通缩。

2015年9月24日，安倍在无人竞争的情况下顺利连任自民党总裁。当日，他在自民党总部召开的记者招待会上称，“希望挑战日本一直没有着手解决的社会构造的课题”，为此“安倍经济学将进入第二幕”，并提出了“一亿总活跃”计划，表示政权运营将以经济为最优先课题。而作为第二幕的标志，安倍又提出了“为了希望、梦想和安心的新三支箭”，即“孕育希望的强大经济、构筑梦想的育儿支援及安心的社会保障”。安倍表示这个目标是将GDP在2020年扩大到600万亿日元，人口出生率达到1.8‰，零看护离职。①

相比安倍的旧三支利箭，新三支利箭并未明确具体内容，如他提出GDP达到600万亿日元的目标何在、通过何种方式实现等具体内容均没有明确说明。尽管重视构筑梦想的育儿支援和安心的社会保障的新政策获得了积极评价，但这两支利箭具体要如何推进，还有如何确保财源等等，全无下文。还有就是日本社会一直期待的其实是仍在中途的旧的第三支利箭的增长战略，在此新三支利箭中丝毫没有提及。因此，对于这新三支利箭，《日本经济新闻》政治部评论员佐藤理就直言：“如果安倍提倡‘经济最优先’，有必要拿出一套实现这一目标的增长战略。如果缺乏具体政策，在‘安倍经济学第一阶段’膨胀的市场预期也可能随之萎缩。”②

基于此，对于“安倍经济学”运行三年的成效，安倍本人的看法与外界的评论可谓差异甚大。安倍自我标榜为取得了极大的成果，并强调完全实现了对国民的承诺。③

---

① “安倍亮出‘新三支箭’”，http://zh.cn.nikkei.com/politicsaeconomy/politicsasociety/16301-20150925.html。

② “安倍‘新三支箭’避谈引发阵痛的‘老大难’”，http://zh.cn.nikkei.com/politicsaeconomy/economic-policy/16305-20150925.html。

③ 「第百九十回国会における安倍内閣総理大臣施政方針演説」、http://www.kantei.go.jp/jp/97_abe/statement2/20160122siseihousin.html。

但仅仅从安倍重新执政这三年的各项经济指标来看，“安倍经济学”除了旧的第一支利箭取得了一定成效外，财政政策获得的评价可谓差强人意，而增长战略可以说至今仍在途中。[①] 因此，学界早有人批评“安倍经济学”是极不负责任的政策，由于其自身的理论缺陷和执行者安倍的倒行逆施，终将难以实现政策目标，而剩下的只能是政府债务的不断累积。历史会作出证明，“安倍经济学”将是短命的。[②] 还有意见认为：“安倍第一支箭在经济学上的理论基础是新凯恩斯主义的金融政策论；第二支箭的理论基础也是凯恩斯主义；第三支箭的新自由主义经济学的成分浓重。这三支箭依据的理论各异，安倍竟然将其糅合一处，如第二支箭是强调大政府，第三支箭则主张小政府、大市场，真是前后矛盾。总体而言，主角是第一支箭，第二支箭是配角，第三支箭干脆没有看到什么成效。”[③] 甚至有人指出，“安倍经济学”是一种障眼法，主要目的是吸引人的眼球，以突出民主党在执政时期应对经济问题的无能。[④]

然而，尽管社会各界对“安倍经济学”的评价呈两极情况，但是从安倍再度执政以来的持续高支持率，从几次国会大选自公执政联盟的一再获胜，显示了众多日本民众在主观上愿意相信“安倍经济学”，一则因为日本在野党过于弱小，二来就是“安倍经济学”承载着人们对未来的预期，对“重返强大的日本”的期许，如人们期待随着三支利箭的射出，不但能指引日本经济重走持续增长的正确轨道，更希冀自己的生活能够有所起色，实现真正的有感复苏。

---

① “安倍‘新三支箭’避谈引发阵痛的‘老大难’”，http://zh.cn.nikkei.com/politicsaeconomy/economic-policy/16305－20150925.html。

② 张季风：“‘安倍经济学’为什么失灵”，载《中国青年报》，2014年3月3日；张季风：“‘安倍经济学’的挫败与日本经济走势分析”，载《日本学刊》2015年第1期，第84—108页。

③ 服部茂幸『アベノミクスの終焉』岩波新書2014年、4頁。

④ 柿崎明二『検証　安倍イズム——胎動する新国家主義』岩波新書2015年、4、63頁。

回溯历史，1987 年开始的泡沫经济一度给日本带来经济上的幻觉和精神上的狂欢，当年日本的 GDP 按照核算正式超过苏联，成为名副其实的世界第二经济大国。人均 GDP 更是大幅领先美、德、英、法、意、加这 G7 中的其余成员国。随后的几年中，日本 GDP 增速分别实现 7.5%、7.7%、8.0% 和 6%，短短四五年间，日本经济总量便从 1987 年的 359.46 万亿日元骤增至 1991 年的 476.43 万亿日元。[①] 日本一国的 GDP 甚至与德、英、法三国 GDP 的总和相当，占世界总量超过 17%。日美经济总量相比，前者占到后者的 69.5%。与此同时，日经指数也一度突破 4 万点大关。此外，当时人们津津乐道的还有日本不时地在美国买这买那，东京的地价可以买下整个美国，日本 GDP 或许在跨入 21 世纪时就能超越美国，成为世界第一，等等。哈佛大学教授傅高义（Ezra Feivel Vogel）在《日本第一：对美国的启示》书中所预言的种种图景似乎很快便要成为现实。

然而，自 1991 年泡沫经济崩溃后，日本经济虽然直到 1997 年才达到数值上的最高峰（按日元数值计算），但其经济不可避免地在低迷中长期彳亍徘徊，似乎失去了方向感。经过了“迷失的 20 年”，即使在安倍自豪地宣称“安倍经济学”已经取得很大成效的 2015 年，日本的 GDP 也不过与 1995 年（按日元数值计算）时相仿。且与美国相比，仅为后者的 1/4 强。在经济持续低迷的过程中，日本人均收入已较历史最高点的 1990 年代中期下降 2 成左右，而国债总额却激增至 GDP 的 240% 左右。此外，2015 年日本人均 GDP 为 32481 美元，仅略高于欧盟平均水平的 32006 美元，排名世界第 24 位。[②] 以至于其在 G7 中的排序也从曾经的遥遥领先，一路下滑到与意大利一起忝陪末座。时至今日，不但傅高义笔下《日本第一：对美国的启示》的种种赞

---

① http：//www.edatasea.com/Content/ap/ID/1.

② Data mostly refers to IMF staff estimates for the year 2015，made in October 2015，World Economic Outlook Database-October 2015，International Monetary Fund.

誉和期许对日本而言是陈义过高，其书中呈现出的那种蓬勃积极、达观天下的氛围早已在日本国内销声匿迹，取而代之的是悲观失望、颓废保守的气息笼罩整个日本列岛。越来越多的日本人认为日本不但是今不如昔，且对未来更加迷茫，鲜有人认为未来会越来越好。

几乎与经济陷入低迷不振如影随形的就是政局的持续动荡。整个20世纪90年代日本政局动荡不安，政权更替频繁，“10年9相”，呈现出乱烘烘你方唱罢我登场的局面。进入21世纪后，从安倍首次组阁到再作冯妇的这一期间，再度出现“6年7相”的现象。此外，2011年3月11日爆发的震级达到9级的“东日本大地震”及随之引发的福岛核电站核泄漏事件，再次动摇了日本的经济基础，并进一步阻碍了日本摆脱经济萧条的步伐。可以说，面对日本经济看不到未来成为日本国民普遍持有的悲观态度的情况，安倍得以卷土重来，与他高举“安倍经济学”这面大旗，切入国民对日本经济前途一片黯淡的心里要害，明确地将经济复苏作为首要课题可谓息息相关。

正是出于对这一背景的考量，安倍指出TPP是“安倍经济学”增长战略的核心。其逻辑是推行“安倍经济学”是为了提振日本经济，而TPP便是发挥这种作用的重要支柱，因此尽管面对国内很多反对意见，尤其是自民党长期的后援团体——“农协”的强烈反对，安倍还是义无反顾地用“保护日本的国家利益，保护美丽的日本，创造强大的日本，并让后代得以传承”这样的大义名分，坚持日本加入TPP，甚至不惜“撕毁了与受宠爱的农民之间的社会契约”。[①]

那么，从经济角度而言，TPP究竟能给日本带来哪些利好呢？安倍内阁总结出如下五点：（1）提高日本产品的国际竞争

① David Pilling，“China and the post-tsunami spirit have revived Japan”，May 8，2013，http：//www.ft.com/cms/s/0/717274d0 - b687 - 11e2 - 93ba - 00144feabdc0.html.

力，扩大出口，振兴日本经济，减轻政府财政压力；（2）推动农业的结构性改革，提高农产品的国际竞争力；（3）借 TPP 的平台，事实上启动日美自由贸易协定谈判，并与美国共同主导未来亚太自由贸易的新秩序；（4）通过 TPP 增加日本在其他 FTA 谈判，如中日韩 FTA、RCEP 谈判中的主导性；（5）面对韩国等新兴经济体，加入 TPP 有利于日本产品在与韩国的国际竞争中继续保持优势地位。

上述五点经济利好概括起来是三个方面：第一是日美共同主导未来亚太自由贸易的新秩序；第二是 TPP 对提振日本经济的贡献度；第三是 TPP 有利于日本在中日韩 FTA、RCEP 谈判中发挥主导作用。

对于第一点，日本加入 TPP 对美国而言诚然具有战略意义，但这种战略意义更多是手段性意义，即日本发挥的是美国意图获得亚洲市场主导权这一目标的关键第三方工具角色。[①] 换言之，美国是 TPP 的绝对主导，尽管日本是美国的重要盟友，其宣布参与 TPP 谈判从很大程度上说也是配合美国“亚太再平衡”的战略布局，但日本希冀在 TPP 的谈判过程中，在一系列贸易规则的建章立制问题上发挥“领导作用”[②] 却只能是安倍首相的一厢情愿。实际上，从 TPP 谈判的过程也可以看出，无论是日美双边的谈判，还是多边谈判，其基本模式是美国先定下基轴，包括日本在内的其他 11 国只是从本国国情出发，对美国提出微调上述基轴的要求而已。而即使如此，TPP 谈判却一再延宕，甚至到了 2015 年 9 月底开始的最后一次谈判，也是在会期一延再延的情况下才达成基本协议。进一步地，美国民主、共和两党的热门总统候选人希拉里和特朗普更是因不满美稍作让步而不约而同地表

① 『保護政策は正しい！TPPはアメリカの策略だ！』宝島社 2012 年、89—90 頁。

② “US and Japan deal paves way for trade talks”, *FINANCIAL TIMES*, April 12, 2013, http://www.ft.com/cms/s/0/c546f69c-a365-11e2-8f9c-00144feabdc0.html.

态反对 TPP 达成的协议。因此，诚如日本国内的 TPP 反对派所指出的那样，TPP 的本质不是什么 21 世纪的自由贸易新制度，而是让全体参与国“美国化”的一种手段。①

至于第二点，安倍内阁曾先后在 2013 年宣布参与谈判时和 2015 年谈判达成基本协议之后公布了两组估算数据。

前一组数据显示，加入 TPP 将导致日本的出口增加 2.6 万亿日元（占 GDP 比重的 0.55%），海外对日投资增加 0.5 万亿日元（占 GDP 比重的 0.09%），消费增加 3.0 万亿日元（占 GDP 比重的 0.61%）。另一方面，因进口关税的废除，导致包括大量农产品在内的进口也将增加 2.9 万亿日元（占 GDP 比重的 0.60%，其中农产品进口增加 2.6 万亿日元）。两下综合后，TPP 对日本经济的贡献为 3.2 万亿日元，占 GDP 比重的 0.66%。②

后一组数据按安倍内阁的说法是按照协议内容进行重新测算的，而 2013 年时则按照整个产品关税全免的标准进行测算，因此实际上 TPP 对农业的冲击变小了很多。其次，这次测算时除考虑关税下降、实质收入增加两个因素外，还加上了削减非关税壁垒所带来的外贸扩大，因外贸扩大所带来的生产增加及因生产增加导致薪资上涨这三个促进经济增长的积极因素。③ 其结果显示，TPP 对日本经济的贡献为 13.6 万亿日元，占 GDP 的 2.59%（如果算上日本此前与 TPP 的其他成员国签署 EPA 所带来的经济效应，这个数字将增至 20.1 万亿日元，约占日本 GDP 的 3.84%）。日本政府是以 2014 财年的 GDP 为基准（524.7 万亿日元），估算了 TPP 生效 10—20 年后，撤销或削减关税、简化贸易手续对 GDP 带来的变化。结果是，日本的出口以及国内企

---

① 原中勝征、TPP 阻止国民会議編著『私たちはなぜTPPに反対するのか』祥伝社 2014 年、4 頁。

② 内閣官房「関税撤廃した場合の経済効果に関する政府統一見解」、http://www.cas.go.jp/jp/tpp/pdf/2013/3/130315_touitsushisan.pdf。

③「TPP 協定の経済効果分析について」、http://www.cas.go.jp/jp/tpp/kouka/pdf/151224/151224_tpp_keizaikoukabunnseki01.pdf。

业投资增加分别拉动GDP增加约3万亿日元。反过来，廉价农产品的进口增加又会将GDP拉低3.2万亿日元。民间消费变得活跃，带动GDP增加8.3万亿日元。与此同时，就业岗位也会增加79.5万个。测算还显示，企业出口时向对方国家支付的关税最终减少4996亿日元，而进口国家所得到的关税收入则减少2070亿日元。此次测算认为，部分农产品的关税得以维持，贸易成本也会降低。如果再算上进出口扩大提升生产效率、工资上涨带来劳动力增多等因素，TPP的效应可能将达到上次估算的4倍以上。[①] 对此，日本政府还乐观地表示，由于很难量化，测算时未考虑投资自由化等产生的效应，而时任TPP担当大臣的甘利明则表示“金额相当可观”。[②]

然而，该测算的结果甫一公布便遭到各种质疑，如测算的前提是否正确，TPP对农林水产业的影响是否被低估了，安倍内阁提出的农业对策效果是否被高估了。此外，还有意见批评内阁对谈判的过程秘而不宣，最后为了在国会审议中顺利过关，便在估算中预设得过于乐观，如同厨师做一道料理，对前来咨询的顾客既不介绍原材料是什么，也不解释各种食材佐料的搭配和制作过程，只是最后端上来推荐说如何爽口美味、有益身心，敬请品尝等等，是典型的“报喜不报忧”。[③] 实际上，正是因为安倍内阁在处理有关TPP信息公开的问题上引发在野党的严重不满，[④] 结

---

① 「TPP協定の経済効果分析」、http://www.cas.go.jp/jp/tpp/kouka/pdf/151224/151224_tpp_keizaikoukabunnseki02.pdf。

② 「TPP効果　10兆円超　政府試算　前回の3倍以上に」、『読売新聞』2015年12月23日。

③ 「TPP甘い試算　対策効果を過大に評価」、『日本農業新聞』2015年12月25日。

④ 安倍内阁对外公开的TPP谈判相关文件大半被涂黑，引发了在野党的强烈不满。但自民党国会对策委员长佐藤勉却强调：“因各国间有协定，要公开文件是极其困难的。如果有疑义，希望在国会审议中质询。”但在众议院TPP特别委员会上，安倍晋三首相、TPP担当大臣石原伸晃和西川公也众议院TPP特别委员会委员长等人一味强调TPP对日本经济的积极意义，却对在野党要求公开谈判内容的质询顾左右而言他，引发了在野党的强烈不满。

果导致在2016年4月8日召开的众议院TPP特别委员会上民进党[①]和共产党宣布中途退场，以示抗议。[②] 最后值得关注的是，该测算还显示，如果依旧按照2013年的测算标准，则TPP对日本经济的贡献度相比2013年的3.2万亿日元大幅缩小至1.8万亿日元，仅占GDP的0.34%。[③]

如前所述，日本国内反对加入TPP的一派早就提出安倍内阁在测算时不但各项指标明显偏小，且未核算农业相关产业的损失。这里主要指日本精耕细作式的农业劳作所涵盖的多方面功能。实际上根据农林水产省2007年2月的测算结果，如果日本完全开放农产品市场，农林水产业生产额会减少4.5万亿日元（其中农业损失为4.1万亿日元，林业损失500亿日元，水产品也将减少0.42万亿日元）。农业多方面功能丧失的损失达3.7万亿日元，造成350万人失业；农林水产相关产业的损失为3.9万亿日元。[④] 据此，"要求退出TPP谈判大学教员之会"曾在2013年5月22日也进行过测算，其结果显示农业及其相关产业受损额约为10.54万亿日元，农林水产业及关联产业合计将有190万人失业。[⑤] 肇因于此，安倍内阁公布的TPP对日本经济的贡献率与反对派测算的结果可谓大相径庭。进一步地，曾任农林水产省国际交涉官、负责过TPP谈判的作山巧指出，日本政府实际上曾测算过中日FTA和RCEP对日本经济的贡献度，结果显示

---

① 为加强在野党对执政党的监督作用，日本民主党和维新党决定合并成新的政党。但在方式上，首先维新党宣布解散，其次原维新党所属众参两院的国会议员全部加入民主党，最后是民主党于2016年3月27日宣布改名为民进党。

② 「TPP特別委　紛糾　審議正常化は不透明」、『日本農業新聞』2016年4月9日。

③ 「TPP協定の経済効果分析」、http://www.cas.go.jp/jp/tpp/kouka/pdf/151224/151224_tpp_keizaikoukabunnseki02.pdf。

④ 『保護政策は正しい！TPPはアメリカの策略だ！』宝島社2012年、44、47—48頁；田代洋一『安倍政権とTPP—その政治と経済—』筑波書房ブックレット2013年、58—61頁。

⑤ 山田正彦『TPP秘密交渉の正体』竹書房新書2014年、50頁；田代洋一『TPP＝アベノミクス農政—批判と対抗—』筑波書房ブックレット2013年、23頁。

前者为3.3万亿日元，后者更高达5.0万亿日元，两者均高于TPP。①

相比TPP，为何中日韩FTA和RCEP对日本经济的正面意义更大？其理由至为简单明了，即后两者对日本而言相互依存度更强，相互补充的效果也更加凸显。尤以中日两国为例，两国的经济结构互助程度很高，加之两国的经济规模之大，除美国之外，其他国家很难望其项背，这导致一旦有中日两国均参与的FTA达成协议，所带来的经济效应也相当可观。仅以日本对华出口而言，一方面日本的制造业商品进入中国市场将更加便利，另一方面中国国内中等收入以上阶层对日本农产品的强大需求不但可以有效解决所谓的大米减反政策，对有效推进日本农产品的六次产业化和在推动日本先进农业技术的出口等方面也是大有裨益。实际上，中国国内对日本大米，尤其是高档大米（如越光大米）的需求量很大，日本有学者指出，中国年消费大米1.5亿吨左右，即使其中只有1%从日本进口，绝对量就高达150万吨，占日本全国大米总产量的2成左右。②

再看看RCEP提出的背景。RCEP固然是由东盟提出，但实际上却是在中日两国共同提案的基础上提出的。中国的原案是EAFTA，日本的原案是CEPEA，两者尽管定位都是未来东亚的区域FTA，但相比之下前者的范围仅涵盖东盟加中日韩三国，内容是以减免关税为中心，而后者的范围为东盟加中、日、韩、澳、新印六国，内容除了减免关税外，还以改善经商环境为目标，涵盖服务、投资自由化，以及保护知识产权、制定政府采购、竞争政策、环境和劳动等规则的制定。经过整合后的RCEP虽然自由化率仍比不上TPP，但也以货物贸易、服务贸易、投资

① 作山巧『日本のTPP交渉参加の真実ーその政策過程の解明ー』文真堂2015年、187頁。

② 進藤栄一『アジア力の世紀—どう生き抜くのか』岩波新書2013年、98—101頁。

三个领域的自由化为优先，以发展成东亚地区经济整合为一般原则。其正面效果高于TPP，且对日本国内结构的冲击小于TPP是显而易见的。①

日本国内关于TPP对日本经济贡献度的测算为何差异如此巨大？抛开不同派别出于意见相左或有意或无意夹带其主观偏向不算，各种测算首先均是一种静态的数据测算，其所遵循的标准也是按照某一静态假设进行的，而TPP和RCEP均是处于变动不居的动态。如TPP除了贸易自由化外，还涉及投资自由化、人员的自由流动等广泛内容，加上各种经济规则未来所带来的经济效果等，而这些因素根本无法纳入测算，因此要想测算精准实际上相当困难。反过来说，也就给不同派别留下口实，赞成者可以认为政府测算偏小，而反对者则可针锋相对，指出测算过于乐观。②

但需要强调的是，一是TPP目前尚处于各国议会的审核过程中，且这个过程并非一帆风顺；二是美国废除关税的最长缓冲期长达30年；三是安倍内阁的测算结果也是以TPP生效10—20年后为时间段所得出的。换言之，无论按照什么标准，从看得见的利好而言，TPP给日本带来的各种经济成效实际上都是一个中期，甚至长期才能显现的，且成效远没有安倍内阁所自夸的那样大。而至于贸易规则等一系列看不见的利好所带来的经济成效，一是10—30年的实践跨度过长；二是这个中长期时间段是一个动态过程，期间会发生什么，改变什么，根本是现阶段难以预测的，因此仅凭一份静态的估算数据就得出“金额相当可观”的乐观预估，只能说明安倍内阁的主观意愿是积极乐观的，实在很难证明其体现了多大的客观性。最后再从TPP与“安倍经济学”的关系来看，所谓的“TPP是‘安倍经济学’增长战略的核

① 馬田啓一「TPPとアジア太平洋の新通商秩序——経済連携の潮流をどう読むべきか」、『世界経済評論』Vol. 57、No. 5、2013、29—32頁。

② 浦田秀次郎『世界と日本にとってのTPP』日本経済新聞出版社2013年、173—174頁参照。

心”，也似乎给人一种远水难解近渴的感觉。

关于第三点借TPP让日本在中日韩FTA、RCEP谈判中发挥主导作用问题，不同于TPP由美国发挥绝对主导权，无论是中日韩FTA，还是RCEP根本不存在单一主导国，即使在TPP签署协议后，日本至多是根据TPP协议对中日韩FTA和RCEP协议的部分内容提出新的看法，但各国是否接受是一回事，如何接受又是另一回事，不可能出现日本提出什么意见其他国家便都接受的现象。因此，TPP签署协议至多可以影响中日韩FTA和RCEP的谈判过程，而说日本能够借此发挥主导作用根本是陈义过高。

平实而论，若单纯从经济角度而言，相比TPP，中日韩FTA和RCEP的经济利好似乎更大，且对日本社会的冲击也小于前者。换言之，若仅从经济视角考虑的话，安倍内阁重新执政后的重心应该聚焦于改善对华关系上。诚如日本著名经济学者野口悠纪雄所指出的那样，没有中国的TPP是个封闭的贸易圈，也不利于日本促进经济结构改革。①

现阶段，中国已超越美国成为日本最大的贸易伙伴，其比重占到日本对外经贸总额的20%左右，这对日本贸易总额及贸易平衡的影响举足轻重。而在日本提出观光立国政策之后，中国访日观光客数量增加迅猛，2015年访日外国游客人数达到1973.7万人次，同比增长47.1%，连续三年刷新历史最高纪录。而外国游客的消费总额为3.4771万亿日元，同比增长71.5%。其经济规模堪比半导体等电子零部件的3.6万亿日元、汽车零部件的3.4万亿日元的出口额，显然已成为日本经济的一大支柱。其中，中国大陆的访日游客达499.38万人次，占总数的25.3%，但消费额却高达1.4174万亿日元，占总额的40.8%，远远超过排名第二、三的国家和地区（韩国游客总数排名第二，为400.21万人次，占总数的20.3%，但消费额为3008亿日元，

---

① “日本或将TPP与中日韩FTA并行”，http：//finance.ifeng.com/news/hqcj/20130319/7789658.shtml。

占8.7%，排名第三。台湾地区游客总数排名第三，为367.71万人次，占18.6%，但消费额超过韩国排名第二，为5207亿日元，占15.0%）。[①] 以至于“爆买”一词竟然成为日本2015年度的流行语。一叶知秋，中国已成为支撑日本经济发展的重要引擎，这一点在日本已成为共识。因此从经济相互依存的视角看，积极改善对华关系对提振日本经济至关重要，甚至可以说日本经济能否重回持续增长轨道，从中长期来看，与其对华外交成功与否息息相关。[②]

然而，自安倍于2012年12月重登相位以后，虽然2014年11月中日举行首脑会谈以来的两国关系有一定的缓和迹象，但各种摩擦频仍。即以安倍本人为例，他处处针对中国，如在突破日本的军事禁区过程中总是以“抹黑”中国的方式来增强日本行为的正当性，在重修《日美防卫合作指针》、与周边相关国家加强安全合作时，也以中国为主要针对目标，还利用各种国际场合对华展开舆论攻势，不但到处渲染中国是日本安全的主要威胁，甚至将东亚地区的战略环境恶化亦归罪于来自中国的“挑衅”。再加上日本媒体全方位附和安倍，对华报道也基本上呈现出一边倒的负面倾向，结果导致“中国威胁论”在日本国内大行其道，进一步使得日本民众对华好感度持续下跌，不断创下最差纪录。据日本内阁府于2016年3月11日公布的外交舆论调查显示，受访日本人对中国“不抱亲近感”和“较无亲近感”的人数比例总计为83.2%，创下1978年开始这项调查以来的最差纪录。[③]

对于安倍为何能够再度执政，早有学者指出是因为日本民众

---

① http：//www.jnto.go.jp/jpn/reference/tourism_data/2003_2016_tourists.pdf；http：//www.nippon.com/hk/features/h00132/。

② 鈴木美勝「安倍再チャレンジ外交の位相」、『外交』Vol.18、March 2013、20—21頁。

③ 「日本と諸外国との関係」、http：//survey.gov-online.go.jp/h27/h27－gaiko/2－1.html。

乐于支持任何一个承诺改善经济并自始至终履行诺言的领导人。因此，对安倍的支持率不应被视为是对经济计划以外其他任何东西的赞同。[①] 然而，安倍的所作所为却与提振日本经济的政策宣示大相径庭。从这一角度而言，面对日本国内围绕TPP问题出现“赞否两论”的巨大争议局面，安倍提出“TPP是‘安倍经济学’增长战略的核心”，不过是利用民众对提振日本经济的美好憧憬，而隐晦了TPP背后涵盖的政治意涵，是降低国内巨大争议的一种围魏救赵手法。

如前所述，这种政治意涵主要指巩固日美同盟、充实日美同盟内涵的重要手段和积极配合美国牵制中国在东亚发挥影响力的战略布局，成为加大对华制衡力度的重要工具这两个方面。对此，安倍本人曾毫不隐晦地表示说，加入TPP将在日本的国家安全保障和维持亚太地区的稳定上起到积极作用。显而易见，他并不掩饰日本有意配合美国将TPP打造成一个制衡中国的工具。[②] 而安倍内阁的内阁官房参与、TMI综合法律事务所顾问和明治学院大学法学系客座教授本田悦朗更明言，加入TPP首先应从安全保障层面来思考。为对抗来自中国、朝鲜的威胁，日本应加入以日美同盟为中心的环太平洋民主阵营。从这一角度而言，日本除了加入TPP外，别无他途。因此，即使TPP会对日本既有的一些文化、生活习惯造成攻击，但日本要坚持到最后一刻。[③]

此外，日本著名的国际关系学者白石隆也强调说：“TPP谈判达成基本共识，在发达国家经济仍然占到全球一半以上规模的背景下，日美掌握住整合亚洲通商秩序主导权一事具有重大意义。由于以中国为首的新兴国家的崛起，世界经济发生了巨大的

---

① Tobias Harris, “Japan's Own Worst Enemy?” http://www.foreignpolicy.com/articles/2013/05/23/japan_s_own_worst_enemy_shinzo_abe.

② “日本或将TPP与中日韩FTA并行”，http://finance.ifeng.com/news/hqcj/20130319/7789658.shtml。

③ 本田悦朗「アベノミクスの核心—『レジームチェンジ』で始まった日本経済復活シナリオ」、『外交』Vol. 18、March 2013、42—43頁。

结构性变化。美国虽然提出‘重返亚洲’，但是靠单打独斗难以维持与该地区盟国及伙伴国家的合作。日本必须与美国和其他伙伴国家携手，在维持地区实力均衡方面承担自身的职责。此外在通商等跨国规则的制定上也必须进行合作。……在安保层面，TPP将在新安保法制通过的同时深化日本与美国的伙伴关系。至于中国因素，其实是双方为构建新秩序展开标准之争。维持从太平洋到印度洋这一广大区域的力量均衡事关重大。在统一制订了世界或者地区规则之后才能被作为一个大国来尊重，这一点必须让中国知道。日本通过新安保法制和TPP双管齐下维持地区力量均衡，这是亚洲大多数国家所愿意看到的。”①

综上所述，从经济角度而言，TPP、中日韩FTA和RCEP都对提振日本经济发挥着不同程度的贡献，但作为美国“亚太再平衡”战略的重要支柱，作为强化日美同盟的重要手段，作为安倍内阁加强军事力量和构筑对华制衡的重要一环等政治属性，TPP的确扮演着中日韩FTA和RCEP都不具备的角色。概言之，TPP对日本而言，实质上是在中美综合国力的角逐中，日本如何在其中发挥影响力的问题。② 安倍内阁宣布加入TPP的着力点第一是政治，第二才是经济。从这一意义而言，安倍说“TPP是‘安倍经济学’增长战略的核心”实质上是倒果为因。

## 第二节　安倍内阁对华外交布局剖析

安倍内阁的TPP战略是以日美两国为主在亚太地区建立新的经济秩序，在安保和经济两个方面加强日美军事同盟及经济合作，进而对中国进行有效牵制。显而易见，安倍内阁的对华外交

---

① 「TPPの底流」、『朝日新聞』2015年10月7日。

② 馬田啓一「TPPとアジア太平洋の新通商秩序——経済連携の潮流をどう読むべきか」、『世界経済評論』Vol. 57、No. 5、2013、29頁。

中有明显“制衡”中国的倾向。追根溯源，其中既映衬出日本对中国崛起尚处于内心的调适期，同时也是其推进日本“大国化”路线过程中的政策需要，还在一定程度上与美国“亚太再平衡”的战略意图及周边相关国家对华奉行“对冲”（hedging）[①] 方针的心理相迎合。

首先，在近代以来的中日交往过程中，日本对华一直存在较强的蔑视感和优越感。时至今日，尽管日本经济长期低迷不振，遭遇了“迷失的二十年”，而中国的经济总量在维持多年高速增长后已达到它的2.25倍左右，但两国力量对比尚未达到能扭转日本对华传统心理的“临界点”。非但如此，中国的崛起反而导致日本国内对华嫉妒、警惕和恐惧的思潮迅速抬头，其对华反应也呈现出心理上的反感和行动上的抵抗同时并存的特征。结合近年来日本国内弥漫着社会总体保守化和政治右倾化的氛围，中日之间的历史隔阂和现实疑虑非但没有随着时间的推移而消弭，反而愈积愈深。

其次，从地缘政治学的角度而言，日本自认是“海洋国家”，而中国属于“大陆国家”。因此，日本国内很多意见倾向于将中国视为日本国家安全的最大假想敌。这种想法可追溯至福

---

① “对冲”的本意是“树篱”、“障碍物”，后引申出“妨碍”、“包围”的意思。国际关系学界在使用“对冲”的概念时提出一国在面临和别国利益与冲突并存的情况下，将同时采取“制衡”与“合作”两种模式，在防范目标国带来潜在安全威胁的同时，又能避免双边关系陷入激烈对抗而导致利益受损。两面下注是“对冲”的最基本模式，即一方面通过提高本国的内部制衡力，并加强和第三国或国际组织的安全合作，借以制约目标国，而另一方面则设法和造成潜在威胁的国家交往。研究者们认为兼具“制衡”与“合作”两种面向的策略选项，使“对冲”的多元策略与行为类型可以交互运用，这种在操作上的动态性可以给国家提供维持和目标国之间动态稳定关系的机会，即让国家在制订外交战略时拥有更具弹性的选择空间，并视与他国的实际互动状况，动态地调整各种因应作为。这样既能避免仅采用“制衡”策略导致国家间关系的恶化，也不会因为过度相互依存，导致本国利益受损或危及自身的安全和自主，从而起到发挥互为保险的效果。参见 Patricia A. Weitsman, *Dangerous Alliances: Proponents of Peace, Weapons of War*, Stanford, CA: Stanford University Press, 2004, pp. 29 – 30; Nick Bisley, *Building Asia's Security*, International Institute for Strategic Studies, London, 2009, p. 94。

泽谕吉提出的“脱亚入欧”论，其后又有梅棹忠夫提出所谓的“文明生态史观”（又称为“梅棹史观”）。他主张亚欧大陆是由两端湿润地带和中间的干燥地带组成的。前者是西欧和日本，建立了富裕和平的“第一地带”，后者由俄罗斯、经过中亚就是印度、中国组成的的“第二地带”，因为传统封建制度顽固，市民社会迟迟不能建立，并成为“暴力和破坏的源泉”，是侵犯周边地带的“恶魔巢穴”。[①] 梅棹的观点是把亚洲分成两个，并认为不可能走向统和。进一步地，他渲染说中国是充斥“暴力和破坏”、经常侵犯“第一地带”的“恶魔巢穴”，因此作为日本的应对之策应该与同为“第一地带”的核心国家——美国强化同盟关系，以维持及强化和平与繁荣。这种世界观自战后以来一直如此，并成为日美同盟基轴论的原型。[②]

基于此，进入21世纪后，日本国内又出现了批判东亚共同体的“新脱亚论”，其打着“新海洋国家论”的旗帜，竭力将21世纪东亚地区的不稳定源头归咎于中国，并举例说20世纪初的日本正是由于与另一个海洋国家——英国建立同盟关系，才能享受繁荣和稳定。因此在21世纪初，日本也唯有与东西相邻两洋的美国结成“海洋国家同盟”，才能继续享受这种繁荣和稳定。[③] 换言之，这种观点强调唯有以强化日美同盟为日本外交基轴才是现阶段日本应遵循的外交战略。[④]

再从安倍内阁的国家发展构想来说，2006年他首次组阁时打出了“摆脱战后体制”的旗帜，2012年再度组阁时又提出“正常国家化”和“重振日本”的口号。[⑤] 他认为战后日本一直

---

① 梅棹忠夫『改版　文明の生態史観』中公文庫1998年、124頁。

② 進藤栄一『アジア力の世紀—どう生き抜くのか』岩波新書2013年、19頁。

③ 渡辺利夫『新脱亜論』文春新書2008年参照。

④ 進藤栄一『アジア力の世紀—どう生き抜くのか』岩波新書2013年、19—20頁。

⑤ 安倍晋三「新しい国へ」、『文藝春秋』2013年新年特別号、133頁。

以来的“以和平的国际协调的经济国家为中心的立场”，使得国家实力结构中缺失了军事部分，导致日本长期处于“非正常”的窘境。因此，安倍意图在促进国家实力结构均衡发展的过程中，大幅跃升军事成分和权重，最终突破经济大国的单一特征，提高日本对国际事务的影响力和干预力，成为具有综合外交能力的全球性政治大国。其目标是要修宪强兵，但在日本没有清算历史且修宪势必招致国内及国际社会质疑乃至反对的情况下，安倍必须为此创造增强正当性的条件。显然，在此过程中竭力炒作“中国威胁论”也就顺理成章地为其突破政治及军事上的种种禁区而找到了一个冠冕堂皇的理由。

最后，奥巴马政府提出的“亚太再平衡”战略向来被视为美国面对中国崛起的应对之策，其特征是联合美国在亚太的盟友和准盟友，实现“辐轴格局”（hub-spoke structure）中同盟体系的结构拓展，建立拥有共同价值观或共同利益的“范式均势”①体系，并在经贸等领域推动新秩序的建章立制工作，以强化对华的制度约束。② 美国认为加强与盟友的关系既是该战略的支柱之一，又是维持亚太地区安全的基础，而鉴于日本强大的综合国力，格外希冀其发挥“次轴心”的战略支点作用，积极承担维护地区安全的责任。③ 因此，所谓“亚太再平衡”战略进入新阶段，无外乎是美国希望其亚洲盟友，尤其是日本投入更多精力来协助美国。换言之，现阶段美国欢迎安倍修宪强兵的做法。

而从安倍在国会施政方针演说中高调表达要全面配合美国亚

---

① 湯川拓「国際社会における規範としての勢力均衡とその存立基礎」、『国際政治』2014 年 3 月号、126—135 頁。

② The White House, “Weekly Address: Writing the Rules for a Global Economy,” October 10, 2015, http://www.whitehouse.gov/the-press-office/2015/10/10/weekly-address-writing-rules-global-economy.

③ Christopher Layne, “America's Offshore Balancing Strategy in East Asia,” *DIPLOMACY*, Vol. 23, Jan 2014, pp. 24 - 25.

太战略布局的意愿①这一点来看，日本认为应乘此良机，以“在美国承担主要作用的地区及全球安全框架下日本不能成为薄弱的一环”② 为借口，加快推进修宪强兵的步伐。安倍的逻辑是，一旦国际社会出现破坏和平的力量时，国际社会应该结成安全保障联盟，共同发挥“锁”的功能，以确保地区的和平与稳定。而“锁”的中心就是日美同盟，日本的大国地位应在以日美同盟为基轴，积极地为地区乃至世界的和平与稳定的贡献过程中彰显出来。③

那么这个“锁”要锁住谁呢？显然，就是指中国。实际上，在2015年8月14日发表的“安倍谈话”中，他已清楚表达了牵制中国的意图，如一方面将中国视为“国际秩序挑战者”，并予以不断敲打，另一方面强调日本要“坚定不移地坚持自由、民主、人权这些基本价值，与共享该价值的国家携手并进”，大力宣扬所谓的自由、民主、人权等政治价值观点，并以此与美澳印等国构筑针对中国的“价值观同盟”。④ 基于此，安倍将中国在东海、南海的维权行为牵强附会为“企图以实力改变现状的挑衅行为”，以为其积极炒作“中国威胁论”深文周纳，更向壁虚造地将中国渲染为威胁日本及地区安全的最大假想敌。

基于此，安倍不可能在对华外交时仿效前首相鸠山由纪夫的做法，提出在中日和解的基础上推动“东亚共同体”的建设。但日本国内一些叫嚣遏制中国，甚至不惜建构“对华包围圈”，与中国展开军备竞赛的激进意见⑤也非安倍的选项。首先，日本

---

① 「第百八十三回国会における安倍内閣総理大臣施政方針演説」、http://www.kantei.go.jp/jp/96_abe/statement2/20130228siseuhousin.html。

② 安倍晋三『日本の決意』新潮社2014年、26頁。

③ 「世界経済フォーラム年次会議冒頭演説～新しい日本から、新しいビジョン～」、http://www.kantei.go.jp/jp/96_abe/statement/2014/0122speech.html。

④ 「内閣総理大臣談話」、http://www.kantei.go.jp/jp/topics/2015/150814danwa.pdf。

⑤ 村井友秀「中国は敵が弱ければ戦う国—『強制外交』の一形態・小戦争の可能性」、『外交』2015年1月号、77—81頁。

根本无法承受与中国摊牌所带来的损失。其次，有违美国及周边相关国家对华外交的战略意图。最后，与中日之间相互依存日益紧密的时代特征背道而驰。如中国13.7亿人口的庞大市场诱惑和持续增长的消费能力已成为推动日本经济增长的重要引擎，仅“爆买”一词能成为2015年度日本社会流行语便可见一斑，更不要说两国在环境保护、社会福利、人文交流等领域也存在广阔的合作空间。因此，尽管日本国内有88.8%的人对华抱有负面印象，但同时也有74.9%的人认为发展中日关系是至关重要的。①

概言之，面对中国的崛起，中日在安全领域摩擦不断的同时是相互依存的日益加深，甚至达到了“打断骨头连着筋”的程度。对此，安倍不但将中日关系定位为“21世纪日本外交和安保政策方面的最大课题”，② 并强调说：“中国的和平崛起无论对日本还是对世界而言都是重大机遇。日本政府会在战略互惠关系的原则下，进一步推进对华关系的改善。日中两国均是维持地区和平与繁荣的重大责任方，从大局出发发展稳定友好的双边关系符合国际社会的期待”。③

综上所述，基于中日间安全互信缺失和相互依存紧密并存的复杂性，安倍不会也不可能依靠冷战式的遏制或对抗政策，其在安全领域的种种针对中国的做法是以“防范”为主，核心是在亚太地区建立以日美同盟为轴心的多边安全秩序框架，并通过“以包围促谈判”的方式约束中国的行为，最终形成涵盖中美日的稳定均势格局。④ 安倍曾指出：“将来如果中国也加入TPP的

---

① 「第11回日中共同世論調査（2015年）」、http：//www. genron-npo. net/pdf/2015forum. pdf。

② 安倍晋三「新しい国へ」、『文藝春秋』2013年新年特別号、133頁。

③ 「第百九十回国会における安倍内閣総理大臣施政方針演説」、http：//www. kantei. go. jp/jp/97_ abe/statement2/20160122siseihousin. html。

④ 細谷雄一『国際秩序—18世紀ヨーロッパから21世紀アジアへ』中央公論新社2013年、330、333頁；五百旗頭真編『戦後日本外交史』（第3版補訂版）有斐閣2014年、249頁。

话，对我国的安全保障和对亚太区域的稳定而言，在战略上具有非常大的意义。"① 其背后隐藏的意涵就是要将中国纳入到以日美为主导建立的制度框架内加以约束。与此同时，为推动两国的经济合作，安倍需要维持一个稳定的双边关系。因而他强调改善中日关系的重要性，并为了沟通渠道的通畅，主张两国间应恢复或新设多层次多领域的对话机制也就是题中应有之意了。对此，他将其对华政策归纳为"政经分离"。②

"政经分离"是战后日本对华外交的重要政策之一。"政"指中日关系中的台湾、历史认识及东海等敏感问题，"经"则是宽泛地指两国关系中经贸、人文等领域的交流。在邦交正常化前，其特征是"官民分离，民间贸易"，自 1990 年代中期以来则逐渐演变为"安全上要防范，经济上要赚钱"。

追溯战后中日关系的发展历程可以看出，"政经分离"并非安倍首创，其不但行之已久，且相沿成习。它最初是由日本民间团体——"中日贸易协会"提出的一种设想。新中国成立伊始，日本因受美国压力既不承认新中国，又对华实施禁运，"中日贸易协会"遂希望日本能在美国容忍的范围内，将对华经贸往来纯粹交由商界人士推进。③ 1952 年 10 月 28 日，吉田茂在国会答辩时首次提及了这一概念，称："日本政府将把政经关系区别开来处理，谋求在无邦交情况下推进与中国大陆的贸易关系。"④ 1963 年，日本政府正式将之作为对华的施政方针。⑤ 至此，"政经分离"已成为日本对华外交的重要政策之一。而安倍不但在

① "美日高官都说期待中国加入 TPP，这是真心话吗?"，http：//www. jiemian. com/article/398665. html。

② 安倍晋三『新しい国へ美しい国へ完全版』文藝春秋 2013 年、156—157 頁。

③ 古川万太郎『日中戦後関係史』原書房 1988 年、23—24 頁。

④ 冯昭奎等：《战后日本外交 1945 ~ 1995》，北京：中国社会科学出版社 1996 年版，第 317 页。

⑤『外交青書』、昭和三十八年版（第 7 号）、http：//www. mofa. go. jp/mofaj/gaiko/bluebook/1963/s38 - 5 - 1. htm。

《迈向美丽的国家》一书中明言对华外交应坚持“政经分离”方针，更在2013年出版的《迈向美丽新国家（完整版）》一书中再度强调这一点。[①]

根本而言，为“政经分离”政策的出台和形成惯性提供理论支撑的是战后中日关系中一直存在的深层次结构性战略矛盾，即日本在安保方面对中国的战略疑虑和在经贸方面推进相互依存关系的这种在政经领域对华定位的大相径庭。可以说，正是由于这一结构性矛盾的长期存在，不但导致日本惯性地将“政经分离”视为对华外交的最佳选择，还使得其特征虽在两国关系的不同发展阶段有所位移，但实质却基本相似，即日本不从两国关系整体发展的大局出发去解决双边关系中的一些结构性、敏感性问题，在不正视甚至视其为防范、遏制中国砝码的同时，还一厢情愿地希望中方能顺从日本的意图，只在经贸等领域深化双边合作与相互依存。

现阶段，中日关系正处于深层次结构性战略矛盾全面爆发的阶段。一方面，中日已互为主要的经济合作伙伴，相互依存度已超越日美关系。另一方面，日本却将中国视为其安全领域的主要威胁和大国化目标的主要障碍，甚至点名将日本周边的战略环境恶化归罪于中国对日本的“挑衅”，将中日两国的竞争关系假想成东亚地区的霸权争夺战。[②] 基于此，安倍的对华策略正如他在《迈向新的国家》一文中所指出的那样：“日中经贸关系紧密，‘剪不断，理还乱’，双方必须有共识，不使这种关系破裂。所谓战略互惠关系，指的正是这一点。”[③] 可见，其真实意图是将

---

① 安倍晋三『美しい国へ』文藝春秋2006年、152—153頁；安倍晋三『新しい国へ美しい国へ完全版』文藝春秋2013年、156頁。

② Daniel Sneider, “Japan's Daunting Challenge”, *THE NATIONAL INTEREST*, Mar/Apr 2013, pp. 37 - 46; Michael Green, “Japan Is Back”, *FOREIGN AFFAIRS REPORT*, No. 3, 2013, pp. 15 - 21; http://blogs.wsj.com/japanrealtime/2013/10/28/japans-abe-keeps-up-heat-on-china/; 川上高司「集団的自衛権と日米同盟の壁—安保条約改定という不可欠な難題—」、『外交』Vol. 21、2013年、122頁。

③ 安倍晋三「新しい国へ」、『文藝春秋』2013年新年特別号、131頁。

中日战略互惠关系降格至单纯的经贸往来。因此，安倍对华“政经分离”政策的特征体现为：一是对中日战略互惠关系的“政经分离”，即将综合性的战略互惠关系降格为策略性的经贸、人文等领域的交流。一方面强调中日应就推进经济合作展开对话，另一方面在历史认识和领土主权等大是大非问题上全面挑战中国的底线。二是面对东亚地区普遍存在的“安全美国”、“经济中国”的二元分离现象，日本也积极参与其中，并意图通过强化日美同盟，积极拉拢周边国家等对冲方式，在迫使中国遵守所谓“国际规范”的基础上，放弃在上述问题上的原则立场，只在经贸等领域深化双边合作与相互依存的关系。

概言之，安倍内阁的对华外交存在“安全上要防范，经济上要赚钱”的双重面向的目标设定，即在有效防范中国对日本造成安全威胁的同时，又能避免因双边关系陷入激烈对抗而导致日本自身利益受损。因此，安倍认为单向度的“制衡”或“合作”方针均无法满足其对华外交的上述目标设定，而有必要采用兼具“制衡”与“合作”两种面向的“对冲”布局。

“对冲”的制衡模式通常由三个部分组成：内部制衡（Internal Balancing）、外部制衡（External Balancing）和制度制衡（Institutional Balancing）。

内部制衡，意指国家通过非针对性或有限度的军力建设与部署，在避免引发正面敌对的情况下，防范目标国造成的各种安全威胁。其特征有三：首先以保障自身安全为最高原则，其次主张防御性，最后强调不针对特定国家，因而不似传统的遏制政策与军备竞赛那样具有明显的对抗性。[①] 安倍内阁的内部制衡主要体现为修改现行制度以突破军事禁区和增加国防预算这两个方面。

---

① William C. Wohlforth, Stuart J. Kaufman, & Richard Little, “Introduction: Balance and Hierarchy in International Systems,” in William C. Wohlforth, Stuart J. Kaufman, & Richard Little, eds., *The Balance of Power in World History*, New York: Palgrave Macmillan, 2007, pp. 9 – 11.

首先，他制定了决定未来十年日本外交和安保基本方针的“国家安全保障战略”、新《防卫计划大纲》及《中期防卫力量整备计划》的所谓安保领域的“三支利箭”，并创立了日本版“国家安全保障会议”（NSC）。而上述举措明确将中国列为主要威胁和作战对象。进一步地，安倍还用“防卫装备转移三原则”取代“武器出口三原则”，以落实军需相关产业强化战略，积极推动武器出口和共同研发。最后就是在“不仅是发生针对日本的武力攻击的情况，而且包括发生针对与日本关系密切的国家的武力攻击，日本的存在受到威胁，存在国民生命、自由及追求幸福的权利从根本上被颠覆这一明显危险的情况；在为了抵御武力攻击、捍卫日本存在和保卫国民方面没有其他适当手段的情况；最小限度地行使实力”等所谓“新三要件”的情况下行使集体自卫权，[①] 并强行在国会通过了旨在扩大自卫队海外活动的《和平安全法制完善法案》《国际和平支援法案》等新安保法制相关法案。

自安倍再度组阁以来，连续四年增加国防预算，2016 财年更达到历史最高点（按日元计算标准）的 5.05 万亿日元。日本为加强防御，制定了反介入/区域拒止（Anti-access and Area Denial，A2AD）战略，以对华实现“海上和空中优势”。因此，新增预算中很大部分用于购买军事装备，意在加强包括钓鱼岛在内的西南诸岛的防卫力量，包括 17 架具有更高攻击性能的 SH—60K 直升机、一架 E—2D 预警机和 4 架 V—22 “鱼鹰” 倾转旋翼运输机以及轮式装甲车、6 架 F—35A 隐形战斗机、一艘“宙斯盾”舰以加强导弹防御，及“全球鹰”无人侦察机的相关配套设施等。此外，新预算还突出了机动性，包括运输能力以及确保空中优势和制海权，意图使自卫队在发生危机时更容易从本土部署到西南诸岛。为此，防卫省准备在该地区部署更多部队和雷

---

① 「『平和安全法制』の概要」、http://www.cas.go.jp/jp/gaiyou/jimu/pdf/gaiyou-heiwaanzenhousei.pdf。

达，并组建一支类似于美国海军陆战队的两栖部队。[①] 具体而言，部署在石垣岛的自卫队将达到500—600人，继2015年在与那国岛部署150人的沿岸监视部队后，防卫省还将于2018年前在宫古岛部署700—800人，在奄美大岛部署550人的警备及导弹部队。与此同时，防卫省还准备在石垣岛、宫古岛、奄美大岛上配备射程较远的地对空、地对舰导弹，希冀进一步提高针对试图靠近该地区的别国军机和舰艇的遏制力。且一旦出现紧急情况，上述部队、导弹系统和雷达站将第一时间得到本土海上部门、潜艇、F—35战斗机、两栖战机、航空母舰以及总部设在横须贺的美国第七舰队的战力支援。[②]

外部制衡，意指国家借由发展和其他国家的军事与外交合作关系，并在特定议题上相互支援，协助本国因应外部安全威胁，以便对目标国进行制约，发挥“阻绝”（denial）的作用。其目标是维护本国安全而非改变国际权力分配现状，更无意组建冷战式的军事或外交同盟对抗目标国。[③] 安倍内阁外部制衡的特征主要体现为以强化日美同盟为战略基轴，全面迎合美国“亚太再平衡”的战略需求，以加大与周边相关国家的安全合作为战略侧翼，组建牵制中国的多边“菱形包围圈”，并以南海问题为战略依托，谋求深度插足南海，提高对华的威慑功效。

具体而言，安倍意图借强化日美同盟之机拉美入局牵制中国。现阶段的重心是顺应美国“亚太再平衡”战略进入新阶段，将新《日美防卫合作指针》的宗旨确立为扩大自卫队与美军的“无缝合作”，以提高同盟的实效性。为此，新指针反映了日本政府关于解禁集体自卫权的新见解，如自卫队将被允许为进行警

---

① 「我が国の防衛と予算（案）—平成28年度予算の概要—」、http：//www.mod.go.jp/j/yosan/2016/yosan.pdf。

② 「石垣島に500人規模の陸自配備へ 南西諸島の防衛強化」、『朝日新聞』2015年11月27日。

③ Stephen M. Walt, *Taming American Power: The Global Response to U.S. Primacy*, New York: W. W. Norton, 2005, pp. 128－129、132－133.

戒监视活动的美军舰艇提供“装备防卫”等。而在两国共同为国际社会作贡献的“全球合作”领域，新指针则写入了对平息国际纷争的多国部队等进行后方支援、在纷争结束后进行人道支援以及保卫海上交通线安全等内容。[①] 据此，美国防部负责亚太安全事务的助理部长施大伟（David B. Shear）于 2015 年 11 月 13 日表态支持日本参加南海巡航，安倍内阁回应未来有可能实施警戒监视活动，而日本海上自卫队自卫舰队司令官重冈康弘则称“随时待命”助美巡航南海。[②]

与此同时，为强化与各国进行“海洋安保合作”，早在安倍第二次组阁伊始便提出囊括日本、印度、澳大利亚和美国夏威夷在内的“安全保障钻石构想”（或称“民主安全菱形包围圈”），以在牵制中国方面强化合作。[③] 现阶段，安倍又针对南海抛出了一个范围略小、参与国有所变化的“小菱形包围圈”，包括日本、菲律宾、越南和印度尼西亚。这两个内外套嵌、紧箍南海的“双菱形包围圈”，凸显了安倍政府急欲介入南海的野心，也表明日本企图通过拉帮结伙，达成扼控中国的战略意愿。以此为背景，日本一方面频频与上述国家在南海地区举行联合军事演习，展现出一副抱团搅局南海、牵制中国的势头，另一方面在“能力构建援助”名义下，日本以向越南、菲律宾等国提供二手巡逻船的方式帮助对方提升军力，借此强化双边的军事合作。如为强化越南海警的海岸监视能力，安倍内阁自 2014 年起就决定为其改装 6 艘巡逻船。截至 2015 年底，日本已向越南提供了 4 艘，并决定在 2015 年和 2016 年共向菲律宾海岸警卫队提供 10 艘巡

---

① 「自衛隊・米軍、進む一体運用」、『朝日新闻』2015 年 3 月 18 日。

② “Japan ready to patrol South China Sea, navy official says,” *Stars and Stripes*, November 25, 2015, http://atimes.com/2015/11/japan-ready-to-patrol-south-china-sea-navy-official-says/.

③ 「首相提唱『ダイヤモンド安保』　中国の海洋進出けん制　かえって刺激、逆効果?」、『東京新聞』2013 年 1 月 16 日。

逻船。① 此外，日本还频繁派出 P—3C 侦察机，提高在南海区域的存在感。

进一步地，日本海上自卫队的驱逐舰“有明”号、“濑户雾”号于 2016 年 4 月 3 日和 12 日分别停靠越南金兰湾国际港和菲律宾北部苏比克湾港。4 月 26 日，日本“准航母”——“伊势”号直升机护卫舰再度停靠在苏比克湾。此行目的是为了与菲方进行海上安全演习，以深化日本海上自卫队与菲律宾海军的合作和联系。日本在区域争议升温之际频频出入南海，无论是一连串的靠港行为，还是积极寻求与越菲等国深化防卫合作，其牵制中国、提高自身在南海地区存在感的意图昭然若揭。

制度制衡，意指国家在面临他国的潜在威胁与挑战时，常通过区域性或国际性多边机制与平台，或利用制度性的规范，或借助制度性多边平台争取其他国家的支持，以达到制约目标国的目的。② 其背后的逻辑认为，目标国的某些行动或军力发展不但对周边国家的安全带来威胁，更为重要的是违反了通行的国际秩序，因而对国际社会的共同利益构成了挑战。因此尽管与内外制衡相比，它们的目标均在于制约目标国，但前者侧重因应实在威胁，后者强调的是维护共同利益。

安倍非常注重借助国际场合积极制造舆论，不遗余力地借东海和南海的局势向中国发难，意图在将中国诋毁为区域安全威胁者的同时将日本装扮成国际法和国际规则的“守护者”。如正是在日本的推动下，七国外长会议曾于 2015 年 4 月 15 日通过了一份由日本主导的《关于海洋安全的声明》，声明“强烈反对任何试图通过威胁、强迫或武力手段伸张领土或海洋主张的做法”，并呼吁加快制定全面的“南海行为准则”，还表示要专门召开有

① “美日首次在南海举行联合军演，‘日本武力介入’已有理论准备”，载《国际先驱导报》2015 年 11 月 12 日。

② Rosita Dellios, “Global Governance: New Organizational Concepts in a Culturally Diverse System,” *Journal of Global Business Administration*, Vol. 2, No. 2, October 2010, pp. 96 – 107.

关海洋安全问题的七国高级别会议。[①] 2016 年 4 月，作为七国集团（G7）的轮值主席，日本再度撺掇 G7 外长会议搅局南海，并在会后发表的《海洋安全声明》中不点名地批评中国说："强烈反对单方面改变现状、加剧紧张态势的恐吓、威胁、挑衅行动；要求所有国家克制大规模填海造岛、构筑据点作军事目的的行为，按国际法行动并有效履行《南海各方行为宣言》。"[②] 自 2014 年以来，安倍已屡次借 G7 这一国际场合就东海和南海的局势向中国发难了。

无独有偶，即使在中国也参加的二十国集团（G20）和 APEC 峰会上，安倍也总是执意将南海议题塞入其中，不惜搅局。如他于 2015 年 11 月 14 日出席土耳其 G20 峰会时就表示，将会就南海问题寻求与各国的协调，阻止中国单方面改变南海现状的行动，并强调说："我们必须在守护航行自由与遵循国际法原则的基础上，与国际社会一道发出自己的声音。"[③]

如前所述，安倍认为战后一直以来的"以和平的国际协调的经济国家为中心的立场"的国家定位限制了日本的"军事正常化"。因此，他主张在促进国家实力结构均衡发展的过程中，注重将军事手段作为实现"正常国家化"和"重振日本"目标的重要政策支柱，使日本在这一历程中的军事成分和权重大幅跃升，最终突破经济大国的单一特征，提高日本对国际事务的影响力和干预力，成为具有综合外交能力的全球性政治大国。那么在这样的定位中，中国在其中又被置于一个怎样的位置呢？

"摆脱战后体制"是安倍首度组阁时提出的施政目标，也是自民党的结党理念之一，意在使日本成为一个真正意义上的主权

---

① 「海洋安全保障に関するG7 外相宣言」、http：//www. mofa. go. jp/mofaj/files/000076374. pdf。

② 「海洋安全保障に関するG7 外相宣言」、http：//www. mofa. go. jp/mofaj/files/000147443. pdf。

③ 「日豪首脳会談」、http：//www. mofa. go. jp/mofaj/a _ o/ocn/au/page3 _ 001467. html。

独立国家。所谓“战后体制”，通常指战后日本在美国主导下所确立的政治、经济以及安全保障等相关制度约束，核心就是“吉田主义”所奉行的“日美同盟 + 和平宪法”。由于日美同盟中“美主日从”的结构非对称性，非但使得日本在同盟框架中地位不平等，更导致其安保、外交等领域追随美国而缺乏自主性。① 因此，尽管“吉田主义”奠定了战后日本国家发展的战略基础，但却因未能使日本实现真正意义上的“独立”而一直备受诟病。自民党等政治力量批判说：“对个人而言，不必认真考虑生死存亡时国民的责任及国家应如何采取行动，只在衣食住行等日常生活上花费精力或许是幸福的，但对一个共同体来说却是不健全的。”②

从逻辑上看，日本要摆脱“半独立”地位首当其冲的牵制力量是美国。但实际上，受国力所限日本根本无力向美国“叫板”，中国崛起更使其无意如此。于是，在日美同盟框架下最大限度地实现自我发展，成为日本的基本思路之一。这就要求日本应尽量在同盟框架体系内大幅增强自身的“战略自主性”，以强化日美同盟。然而，日本国内一直有声音批判日本外交追随美国而缺乏自主性。如果这一点不改善的话，日美同盟关系越强化，其国内的反美声音将越强。换言之，日本谋求实现“正常国家化”的目标面临理论上要摆脱日美同盟，现实中要强化日美同盟的逻辑悖论。作为应对，日本的化解之道是通过两重置换实现的。

第一，通过对日美同盟的结构意涵进行重构的方式，将日美地位的非对称性置换成角色的主次性。在日本的要求下，日美对“日美安保条约”和“日美防卫合作指针”进行了多次修订，力

---

① Kent E. Calder, “Securing Security through Prosperity: The San Francisco System in Comparative Perspective,” *The Pacific Review*, Vol. 17, Jan 2004, pp. 135 – 157.

② 五百旗頭真編『戦後日本外交史』（第3版補訂版）有斐閣 2014 年、141 頁。

求将原本是双边层面的安保框架建构成美国领导的战后国际安保秩序的重要一环。此举从结构上将原来双边层面中的“美主日从”关系置换为世界范围内的“盟主”与“盟友”的“美主日辅”关系。虽然日美间主次角色依旧，但从“美主日从”到“美主日辅”的转化凸显的却是日美关系从“依附型”到“合谋型”的转换。① 这样，日本用角色的主次性模糊了地位的非对称性，从而大大淡化了其在日美同盟框架中的不平等性。

第二，将“摆脱战后体制”的对象从摆脱日美同盟置换成修宪。日本通过对日美同盟的结构意涵重构，使得其在日美同盟框架中的不平等性被大大淡化的同时，刻意凸显了日美责任的非均衡性问题。即日本在日美同盟框架中仍旧主要扮演“搭便车”角色，不能进一步发挥在同盟框架中的战略作用，积极履行作为“盟友”对同盟的应尽义务，以强化日美同盟。

这里指的主要是把日美同盟中的“单务性”转变为“双务性”，即将一直以来的只有美国单方面保护日本安全的义务转变为日美都有保护对方安全的义务。安倍认为，只要这个问题不解决，日本的“军事正常化”就无从谈起，也就遑论实现“正常国家化”了。为此，解禁集体自卫权也就成了题中应有之义。

“集体自卫权”源自《联合国宪章》第51条的相关规定，意指联合国任何会员国受武力攻击时，为维持或恢复国际和平及安全，在安理会决定实行“联盟安全保障”（如经安理会授权派遣联合国军）情况下，其他会员国可援引集体自卫权，对发起武力攻击的第三国实施反击的权利。对日本而言，集体自卫权指当美国及其他与日本关系密切的国家在遭受攻击时，日本可以将其视为对本国的攻击而予以反击的权利。而在安倍积极推动解禁集体自卫权的同时，美国也乐意赋予日本更重要的全球安全角

---

① 信强：“‘次轴心’：日本在美国亚太安全布局中的角色转换”，载《世界经济与政治》，2014年第4期，第39页；张瑶华：“安倍2.0时代的日本外交”，载《国际问题研究》，2013年第3期，第74页。

色，欢迎安倍为加强日美同盟而解禁集体自卫权。因为随着美国“亚太再平衡”战略的推出和升级，美国越来越认同加强与盟友的关系既是该战略的支柱之一，又是维持亚太地区安全的基础，因此亟需实现“辐轴格局”中同盟体系的结构拓展，而鉴于日本强大的综合国力，格外需要其发挥“副轴心”的战略支点作用。这样现阶段日美的基本共识是日本应更加积极地在同盟框架内发挥作用，因此日本有必要解禁集体自卫权，保持与美国共同维持秩序的立场。①

然而，解禁集体自卫权超出了宪法规定的“自卫所需最低限度”范围，因此必须要修宪或修改宪法解释才行。这样一来，日本“正常国家化”又与修宪问题挂上了钩。正如石破茂所指出的那样：“只要现行宪法还在的话，日本就不可能成为真正的主权独立国家。当然现行宪法中属于独立国家性质的东西必须要维护，改变的是对军事方面的某些规定和非常事态条款。”② 显然，这主要是指第九条中“日本国民衷心谋求基于正义和秩序的国际和平，永远放弃以国权发动的战争、武力威胁行使作为解决国际争端的手段”，“为达到前项目的，不保持陆海空军及其他战争力量，不承认国家的交战权”等条款。众所周知，现阶段安倍通过修改宪法解释解禁了集体自卫权，并相应地出台了新的日美防卫合作指针，还在国会强行通过新安保法案。他下一步目标就是修改和平宪法，但鉴于修宪门槛较高，最终能否实现尚不能过早下定论。然而仅就现阶段的进展看，战后日本的安全保障政策和国家发展模式已经在安倍的主导下发生了重大转变，从根本上背离了日本长期坚持的和平发展道路，其改动幅度之大可谓战后以来仅见。

回溯历史，战后日本在吉田茂的引导下，在对战争的惨痛经

---

① 五百旗頭真編『戦後日本外交史』（第3版補訂版）有斐閣2014年、308頁。

② 石破茂「新しい自民党をつくる」、『文藝春秋』2013年2月号、192頁。

历进行反省的基础上走上了和平发展道路。也因为如此，日本才能在战争的废墟中仅用了20年的时间便崛起为世界经济大国。可以说，坚持和平发展道路对日本而言善莫大焉，且得到了包括中国在内的国际社会的一致称许，如温家宝就曾高度评价说："日本战后选择和平发展道路……中国人民支持日本人民继续沿着这条和平发展道路走下去。"① 而安倍内阁要颠覆的恰是战后日本长期坚持的和平发展道路，其言之凿凿的"正常国家化"和"重振日本"，实质上就是要将日本从"和平国家"引导到"战争国家"的歧路上来。因此，人们有理由对日本今后是否偏离战后和平发展轨道抱有疑虑和警惕。

而为降低国内外对其上述举动的质疑，安倍特意用"积极和平主义"（more Proactive Contribution to Peace）的旗号来掩饰自己的真实意图。如作为纪念战后70周年的"安倍谈话"在涉及对日本未来国家走向的希望部分中，就落到了"积极和平主义"上，强调"我们将高举积极和平主义的旗帜，为世界的和平与繁荣作出更多贡献"。② 寥寥数语虽从数量上看在篇幅3000多字的谈话中显得微不足道，其实却颇具内涵和象征意义，甚至可以说是"安倍谈话"的核心之所在。因为"安倍谈话"是以"面向未来"为志向，他就是要借此使日本明确"告别战后"，"堂堂正正"地踏上"正常国家化"之路。③

所谓"积极和平主义"，意指日本要从战后一直以来仅是"热爱和平"、"支持和平"的"消极和平主义"国家转变成积极为世界的和平与稳定有所贡献的"缔造和平"力量。④ 其理论

---

① 温家宝："为了友谊与合作——在日本国国会的演讲"，http：//news. xinhuanet. com/world/2007 -04/12/content_ 5968135. htm。

② 「内閣総理大臣談話」、http：//www. kantei. go. jp/jp/topics/2015/150814danwa. pdf。

③ 黄大慧："从'村山谈话'到'安倍谈话'：日本在历史认识上'失去的二十年'"，载《现代国际关系》，2015年第8期，第13页。

④ 伊藤憲一『新・戦争論　積極的平和主義への提言』新潮社2007年、176頁。

源头产生于冷战结束伊始，时值国际格局步入新旧交替的过渡期，日本也开始强调要在国际政治舞台上施展抱负，实现由日美欧三极共管的世界。基于此，“积极和平主义”认为战后日本所走的和平发展道路是消极的“一国和平主义”，既不能适应冷战后国际格局的变化，更成为日本积极发挥国际影响力的掣肘。要改变这种不合时宜性，日本必须作为国际政治和经济的主力，发挥与经济实力相称的作用。

2013 年 9 月，安倍访美时首次提出了“积极和平主义”，强调说：“在美国承担主要作用的地区及全球安全框架下，日本不能成为薄弱的一环。……赋予我的历史使命就是促使日本成为自豪的积极和平主义的旗手。”① 同年 12 月，他又进一步将其定位为国家安全保障战略的基本理念，并以之为指导方针与行动目标制定了新《防卫计划大纲》及《中期防卫力量整备计划》。2015 年 2 月 12 日，他在国会指出已将该年定位为“在积极和平主义旗帜下获得世界信赖”的一年。② 为此，日本不但在新修订的日美防卫合作指针中引入了这一理念，还要在新的首相谈话中再度强调这一点，表示这将引导日本沿未来之路前进，即“成为能为亚太地区和世界和平、发展、繁荣作贡献的国家”。③

安倍认为从纵向维度看，“积极和平主义”相对传统的和平主义体现了理念传承性，而从横向维度看又展现出与时俱进性的一面。对于前者，他指出：“战后以来，我国一直坚持和平主义发展道路，在遵守联合国宪章的同时与联合国为首的国际组织保持合作，积极参与其维护世界和平的各项活动。国际社会对于我

---

① 安倍晋三『日本の決意』新潮社 2014 年、26—27 頁。

② 「第百八十九回国会衆議院会議録第五号」、http://kokkai.ndl.go.jp/SENTAKU/syugiin/189/0001/18902120001005.pdf。

③ 「国連創設 70 周年記念シンポジウムにおける安倍内閣総理大臣スピーチ」、http://www.kantei.go.jp/jp/97_abe/statement/2015/0316speech.html；「日米防衛協力のための指針」、http://www.mod.go.jp/j/approach/anpo/shishin/pdf/shishin_20150427j.pdf。

国坚持走和平主义发展道路给予了高度评价和尊重。”[1] 因此，“作为战后我国一直坚持的和平主义发展道路，今后也不会发生改变”。[2] 至于后者，安倍认为新的传统与非传统安全导致国际安全形势尤其是日本周边的安全形势已今非昔比，更使得国际社会中任何一个国家都无法仅凭自身的力量来维护本国的和平与稳定，而传统的和平主义早已无法独善其身，更遑论对地区及世界的和平有所贡献了。“积极和平主义”则打破了“一国和平主义”的认识窠臼，强调一旦国际社会出现破坏和平的力量时，国际社会应该结成安全保障联盟，共同发挥“锁”的功能，以确保地区的和平与稳定。

在安倍看来，“锁”的中心就是日美同盟，日本绝不能成为这一锁链中的薄弱环节，[3] 而应基于国际协调的立场，以日美同盟为基轴，积极地为地区乃至世界的和平与稳定作贡献，“这就是新时代的日本应该高举的旗帜——积极和平主义”。[4] 那么“锁”的主要对象是谁呢？答案显而易见，就是指中国。实际上，“安倍谈话”已清楚表达了牵制中国的意图，如一方面将中国视为“国际秩序挑战者”，并予以不断敲打，另一方面强调日本“坚定不移地坚持自由、民主主义、人权这些基本价值，与共享该价值的国家携手并进”，大力宣扬所谓的自由、民主主义、人权等政治价值观点，并以此与美澳印等国构筑针对中国的“价值观同盟”（或称“民主安全菱形包围圈”）。[5] 进一步地，

---

① 「国家安全保障戦略について」、http：//www. mod. go. jp/j/approach/agenda/guideline/pdf/security_ strategy. pdf。

② 「第百八十六回国会における安倍内閣総理大臣施政方針演説」、http：//www. kantei. go. jp/jp/96_ abe/statement2/20140124siseihousin. html。

③ 「平成25年度自衛隊記念日観閲式　安倍内閣総理大臣訓示」、http：//www. kantei. go. jp/jp/96_ abe/statement2/2013/1027Kunji. html。

④ 「世界経済フォーラム年次会議冒頭演説～新しい日本から、新しいビジョン～」、http：//www. kantei. go. jp/jp/96_ abe/statement/2014/0122speech. html。

⑤ 「内閣総理大臣談話」、http：//www. kantei. go. jp/jp/topics/2015/150814danwa. pdf。

安倍又针对南海抛出了一个范围略小、参与国有所变化的“小菱形包围圈”，包括日本、菲律宾、越南和印度尼西亚。这两个内外套嵌、紧箍南海的“双菱形包围圈”，凸显了安倍政府急欲介入南海的野心，也表明日本企图通过拉帮结伙，达成扼控中国的战略意愿。

对于安倍内阁在历史问题上不断刺激与挑衅中国，中国本已充满疑虑，对其解禁集体自卫权、强推新安保法、谋求“正常国家化”和“重振日本”的种种做法更是忧心忡忡。然而，中国的不满和疑虑却轻而易举地被安倍用作在国内渲染“中国威胁论”的素材。更有甚者，他还将中国在东海、南海的维权行为牵强附会为“企图以实力改变现状的挑衅行为”，以为其积极炒作“中国威胁论”深文周纳，更向壁虚造地将中国渲染为威胁日本及周边安全的最大假想敌。因此，在安倍内阁实现“正常国家化”的过程中，其打出“积极和平主义”的旗号，以自我“漂白”的同时，就是对中国的刻意抹黑和极力“妖魔化”，并使得两者互为表里。由此，中国不但成了安倍在解禁集体自卫权、强推新安保法案过程中增强正当性的重要抓手，更被渲染成安倍的“积极和平主义”的主要针对目标。

如前所述，“对冲”除了制衡模式外，还有合作模式。其主要包括经济务实主义（Economic Pragmatism）和约束性交往（Binding Engagement）。前者意指国家致力发展与目标国的合作关系，借以谋取经济利益，并且避免经贸交流受到双方潜在威胁及歧见的影响；后者强调的是国家透过多面向的对话交流，让双方的互动与合作更具可预测性，尤其在双方出现摩擦与纷争时，除可确保沟通管道的通畅外，亦可提供影响目标国政策形成过程的对话管道。①

① Cheng-Chwee Kuik, “The Essence of Hedging: Malaysia and Singapore's Response to a Rising China,” *Contemporary Southeast Asia*, Vol. 30, No. 2, August 2008, pp. 159 –185.

在经济务实主义方面，尽管中日关系受近年来政治关系恶化、中国的劳动力成本上升及经济进入新常态等因素影响，两国经贸总量和日本对华投资呈现双降趋势，但经贸往来也出现很多新的增长点，如中国游客在日本的“爆买”现象等，因此可以说其在中日关系中的压舱石地位并未改变。对此，安倍本人也是给予充分认可的，说“日中经贸关系紧密，‘剪不断，理还乱’，双方必须有共识，不使这种关系破裂”。① 进一步地，当外界有声音因人民币汇率和中国股市的波动幅度很大而质疑中国经济的走向时，安倍却发言力挺，指出中国经济基本还在以稳健的步调增长，并非所谓的“陷入了危机”。②

在约束性交往方面，最显著的特征是两国之间多层次、多领域的各种对话机制的逐步恢复。实际上，在中日首脑会谈实现的同时，双方也认识到通过多渠道增进沟通的重要性，因此很多对话机制的恢复实际上恰是两国首脑会谈中达成共识的一部分。如2014 年 11 月，安倍和习近平会晤时一致同意缓和两国在海上的紧张关系。到 2015 年 1 月时两国便恢复了因“购岛”事件而中断的“海上联络机制”，并就机制更名为“海空联络机制”达成一致。该机制旨在加强联系沟通，管控危机，避免误解误判，以防不测事件。现阶段，双方已就出现紧急情况时用英语进行沟通，和在两国海上力量和空中力量负责人之间建立热线等涉及机制的相关事宜达成大部分共识。③ 2015 年 11 月初，安倍和李克强总理在韩国举行首脑会谈时，双方除了就力争重启因“钓鱼岛撞船事件”而中断的有关油气田共同开发的相关磋商等问题达成一致外，还就打击走私及非法捕鱼、海上搜救，以及环境领域的合作等展开讨论。以此为背景，双方旋即于 12 月 7 日在厦

① 安倍晋三「新しい国へ」、『文藝春秋』2013 年新年特别号、131 頁。

② 「安倍首相『不安定化する世界、G7が針路』——日経・FT 共同インタビュー」、『日本経済新聞』2016 年 1 月 18 日。

③ “国防部：中日就海空联络机制已达成大部分共识”，http://military.people.com.cn/n1/2015/1231/c1011-28001397.html。

门举行了围绕海洋问题展开对话的“海洋事务高级别磋商”。①

无独有偶，在双方政府间各种对话机制逐步恢复的过程中，政府以外的各种交流机制也得到了恢复，其中最为引人关注的便是“中日执政党交流机制”。该机制开启于2006年2月，以推动两国在一些相互关心的重大政策方面实现彼此谅解为宗旨。2015年3月底，自民、公明两党干事长谷垣祯一、井上义久率团访华，与中方就重启中日执政党交流机制达成一致。经过半年多的周密筹备，两党干事长于12月2—5日率团访华，与中方在北京共同召开“中日执政党交流机制”第五次会议。会议以“加强政策沟通、扩大互利合作”为主题，积极思考中日合作“新模式”，以为两国关系“新发展”增添动力。会议通过了《关于推动中日关系改善的四点倡议》，强调要真正将中日“互为合作伙伴，互不构成威胁”、“相互支持对方和平发展”的政策认知落到实处，共同为世界和地区和平、稳定与繁荣做出更大贡献。②

## 本章小结

安倍内阁的TPP战略是以日美两国为主在亚太地区建立新的经济秩序，在安保和经济两个方面加强日美军事同盟及经济合作，进而对中国进行有效牵制。因此，日本通过加入TPP在安全上为与中国保持距离，支持美国的“亚太再平衡”战略，配合美国牵制中国在东亚发挥影响力的战略布局，加大对华制衡力度的战略意图是不言自明的。从这一意义而言，安倍内阁宣布加入

---

① 「日中首脳会談・外相会談」、http：//www. mofa. go. jp/mofaj/a_ o/c_ m1/cn/page4_ 001498. html；「日中高級事務レベル海洋協議第4回会議（結果）」、http：//www. mofa. go. jp/mofaj/press/release/press4_ 002758. html。

② “政治引领把握关系大局，交流合作共谋双赢前景”，http：//cpc. people. com. cn/n1/2016/0112/c191094 -28042464. html。

TPP的着力点第一是政治，第二才是经济，因此安倍说“TPP是‘安倍经济学’增长战略的核心”实质上只不过是利用民众对提振日本经济的美好憧憬，而隐晦TPP背后涵盖的政治意涵，以降低国内巨大争议的一种围魏救赵手法。

安倍念兹在兹的政治理念是让日本“摆脱战后体制”，并实现“正常国家化”。他意图使日本在这一历程中的军事成分和权重大幅跃升，最终突破经济大国的单一特征，提高日本对国际事务的影响力和干预力，成为具有综合外交能力的全球性政治大国。但显然，安倍的这一意图既与日本战后一直奉行的和平发展道路背道而驰，也会引起日本国内及国际社会的种种疑虑。而在中国的迅速崛起和美国提出“亚太再平衡”战略的背景下，一方面美国需要日本在军事方面更加积极作为，另一方面也给日本积极炒作“中国威胁论”提供了口实。如安倍为增强日本突破军事禁区的正当性，不惜抹黑中国，刻意将之渲染成“积极和平主义”的对象，并在国内、国际两个层面不断强化对华制衡。

然而，在中日间安全互信缺失的同时，又呈现出经济领域的相互依存日趋紧密。这种双边关系的复杂性导致了安倍内阁对华外交一方面要防范所谓的“中国威胁”，另一方面又要避免两国关系陷入激烈对抗而导致日本利益受损。为此，安倍内阁对华外交大体上遵循“政经分离”的方针，存在“安全上要防范，经济上要赚钱”的双重面向的目标设定。具体而言，他在对华外交中采用了兼具“制衡”与“合作”两种面向的“对冲”模式。“制衡”主要体现为内外制衡加制度制衡，即一方面对内增强日本国防力量建设，对外强化日美同盟，并加强与周边相关国家的安全合作，另一方面借助国际场合对华展开舆论攻势。“合作”主要包括经济务实主义和约束性交往，意指日本应在重视对华经贸合作的同时，借助多渠道对话机制来增进沟通。因此，无论是“制衡”还是“合作”，实质上不过是从不同面向出发，围绕着如何维护日本国家利益这一个宗旨服务的。

# 结 语

现阶段，全球经济一体化和区域整合正进入到一个新的框架重构阶段，以综合性高水平自由贸易协定自诩的 TPP 和 TTIP 及 TISA 并称为“21 世纪美国新贸易战略”的三大支柱。显然，这是美国寻求创造跨太平洋、跨大西洋贸易与投资新机遇的重大举措。其目的显而易见，由这些引领、确立的新标准与新规则为新一轮全球贸易谈判提供新的指导性框架，以此巩固美欧（一定程度上也包括日本）在全球产业链和国际贸易分工体系中的既有优势地位，为它们在全球规则制定方面继续发挥统治性的作用奠定基础，即美欧借此以吸引或迫使其他经济体接受其规则和标准，并最终实现重塑世界贸易体系、重建国际经济新秩序的核心目标。更为重要的是，在此过程中美国还可继续维护其在全球治理中的核心地位和发挥领导者作用，继续主导和引领全球贸易、投资规则的制定。其对外贸易战略的核心正在于此。

不言而喻，这将直接影响到未来中国在区域和全球治理中的定位，对中国在国际经贸格局中的上升势头也会有明显的抑制作用。美欧占中国对外贸易总额的 26.6%。其所代表的“自由市场经济 + 集团化”的理念、国有企业、政府采购、所有制和市场透明度等内容，均与中国密切相关。具体而言，由 TPP 所引发的东亚地区秩序和亚太区域合作格局的变化势必会对中国的东亚一体化战略和从东盟为中心的渐进性一体化原则形成严峻挑战。同时，以 TTIP 和 TISA 为代表的欧美贸易投资协定正在成为影响中国未来发展的新的重大外部因素。[①]

对此，中国又展现出怎样的应对态度呢？总体而言，中国是持开放和积极的立场。以 TISA 为例，目前已有 50 个国家和地区参与其中，其年贸易额超过 4 万亿美元，覆盖了大约 75% 的全球服务市场。而中国虽然是全球第三大服务贸易大国，但在全球所占比重仅为 4% 左右，且相对很有竞争力的货物贸易、服务贸易向来是中国的软肋，甚至不如印度、印尼等发展中国家。更为重要的是，中国服务贸易的逆差很大，教育、医疗、金融等领域都是逆差，严重缺乏国际竞争力。尽管如此，中国并未选择退缩和视而不见的鸵鸟战术，而是于谈判开始半年后的 2013 年 9 月 30 日便正式宣布参与谈判（但一直未得到批准），意图借此形成外压的倒逼机制，推动包括金融、产业结构升级在内的国内改革。可以说，这是彰显中国深化改革、坚定改革决心的重要标志。

再以 TPP 为例，中国与其 12 个成员国之间的双边贸易占中国对外贸易总额的 33.55%，先不去分析 TPP 中各种贸易新规则对中国外贸的影响如何，仅贸易转移效应、原产地规则效应、投资竞争效应及规则竞争与溢出效应等所引发的负面影响便不容小觑。有数据显示，其负面影响可能导致中国出口降低 1.2%，国民收入减少 0.3%。[②] 美国彼得森国际经济研究所一项利用可以计算的一般均衡模型（CGE）分析 TPP 动态影像的研究表明，TPP 对中国农业部门会产生较大冲击，如糖类、肉类和水稻的生产降幅将分别为 1.48%、1.32% 和 0.29%，其他受冲击较大的部门依次为皮革（1.12%）、电子产品（0.54%）、服装（0.29%）和矿产品（0.16%）等。[③] 因此

① 王金波："从 TPP、TTIP 看国际规则的最新发展趋势及其对中国的影响"，载《国际战略研究报告》，2013 年第 20 期，第 1、6 页。

② Jeffrey J. Schott, Barbara Kotschwar, and Julia Muir, "Understanding the Trans-Pacific Partnership", *Peterson Institute for International Economics*, Washington, DC, January 2013, p. 55.

③ Petri, Peter A., Michael G. Plummer and Fan Zhai, *The Trans-Pacific Partnership and Asia-Pacific Integration: A Quantitative Assessment* (*Policy Analysis in International Economics* 98), Washington: Peterson Institute for International Economics, 2012, pp. 1–149.

在美国主导 TPP 谈判初期，作为 TPP 谈判中“不在场的参与者”，中国的应对态度更多是警惕和疑虑。中国学者张建平归纳出当时国内对待 TPP 的 7 种言论，即阴谋论、悲观论、等待论、搅局论、抗衡论、规制论、排他论，[①] 观察的视角似乎将 TPP 仅仅视为美国限制中国在亚洲影响力日益上升的手段之一。[②] 但以 2013 年 5 月 30 日为转折点，中国开始转变方向，已不把自己放在 TPP 的对立面，态度也从消极质疑到积极应对。

当时商务部发言人沈丹阳就若干经贸热点问题接受媒体联合采访时指出：“中方主张各方在开展自贸区建设时要秉持开放、包容、透明的原则，尤其对发展水平不同的经济体，要体现灵活性，使各经济体在一体化路径上有更多的选择。中方一直重视并跟踪 TPP 谈判的进展情况，也不断听取国内各部门和产业界对 TPP 的相关看法。我们将在认真研究的基础上，根据平等互利的原则，分析加入 TPP 的利弊和可能性，并希望与 TPP 成员相互交流谈判的信息和资料。”[③] 到了 2014 年 4 月 10 日，李克强总理在博鳌亚洲论坛 2014 年年会开幕式上的演讲中公开表示：“中国对‘跨太平洋战略经济伙伴关系协定’（TPP）持开放态度，只要有利于世界贸易的发展，有利于公平开放的贸易环境，中方乐见其成。”[④] 同年 11 月，中国在主办 APEC 领导人非正式会议期间的声明中进一步指出，TPP 和 RCEP 都是亚太地区推动亚太自贸区建设的路径选项，所以中国对任何持开放、包容、透

---

① 张建平：“中国与 TPP 的距离有多远?”，载《国际经济评论》，2016 年第 2 期，第 73—74 页。

② 实际上中国早在 2011 年 APEC 夏威夷峰会期间便表示出对参与 TPP 谈判的兴趣，并作出试探性的姿态，却得到了美方的冷眼相待。从某种程度上而言，美方的这种态度也加深了中国对 TPP 的疑虑。参见宋泓：“中国加入 TPP：需要多长时间?”，载《国际经济评论》，2016 年第 2 期，第 68 页。

③ “商务部新闻发言人沈丹阳就若干经贸热点问题接受媒体联合采访”，http：//www. mofcom. gov. cn/article/ae/ag/201305/20130500146218. shtml。

④ “共同开创亚洲发展新未来——在博鳌亚洲论坛 2014 年年会开幕式上的演讲”，http：//politics. people. com. cn/n/2014/0411/c1024 - 24876627. html。

明的地区自贸协定安排是持开放态度的，并呼吁为了全面系统推进亚太自贸区的进程，需要落实TPP及RCEP等亚太区域内自贸协定谈判间加强交流的机制。①

2015年10月，当TPP达成基本协议后，商务部部长高虎城对媒体表示："中方一贯认为并多次强调，亚太地区已经完成的和正在进行谈判的包括TPP在内的自贸协定，均是为促进亚太地区贸易投资自由化和便利化、推进区域一体化、推动经济发展的重要路径，是为促进世界经济可持续发展做出的贡献。中方对符合世界贸易组织规则、有助于促进亚太区域经济一体化的制度建设均持开放态度。中方希望TPP与本地区其他自由贸易安排相互促进，共同为亚太地区的贸易投资和经济发展做出贡献。……中方愿与美方在多边贸易体制框架下，就全球贸易规则制订加强合作，积极推进区域和世界经济发展，不断增进人民福祉。"②

当TPP文本全文于2015年11月5日正式公布后，商务部所属的国际贸易合作研究院立即组织全国各地的专家学者对长达600页左右的TPP正文和3900页左右的TPP附件进行翻译。③ 与此同时，作为国内一流、世界知名的国际贸易研究团队，中国社科院世界经济与政治研究所国际贸易研究室，在前期研究的基础上撰写了大量关于TPP的评论，提交了多篇内部报告供决策部门参考，并组织力量进行多次集体研读和讨论，出版了《〈跨太平洋伙伴关系协定〉文本解读》一书。④ 2016年2月4日，TPP协议正式签署后，中国

---

① "沈丹阳：需落实TPP与RCEP加强交流的机制"，http：//www. chinanews. com/cj/2014/11－18/6788902. shtml。

② "高虎城回应TPP热点：中美应共同促进亚太和全球经济发展"，http：//world. people. com. cn/n/2015/1009/c1002－27675316. html。

③ 商务部国际贸易经济合作研究院："《跨太平洋伙伴关系协定》（TPP）中译文"，http：//www. caitec. org. cn/article/gzdt/xshd/201512/1453. html；商务部国际贸易经济合作研究院："《跨太平洋伙伴关系协定》（TPP）附件中译文"，http：//www. caitec. org. cn/article/gzdt/xshd/201601/1547. html。

④ 中国社会科学院世界经济与政治研究所国际贸易研究室：《〈跨太平洋伙伴关系协定〉文本解读》，北京：中国社会科学出版社，2016年版。

更是自信地指出："不认为 TPP 是针对中国，也不认为 TPP 和 RCEP 是对立的，而恰恰认为是并行不悖的。……所以，中国对任何持开放、包容、透明的地区自贸协定安排是持开放态度的。"①

与此同时，学界也发生了 180 度的态度逆转，甚至出现了中国应立即加入 TPP 谈判的所谓"立入论"。但更多的意见是强调中国在寻求加入 TPP 谈判的过程中要清楚认识自身条件和 TPP 规则之间的差异和距离，以理性、认真的态度对待 TPP，而在应对方面，则主张中国必须化压力为动力，加速全面深化改革，以适应未来更高标准的国际经济和贸易规则。② 总体而言，随着中国对 TPP 认识的逐步深入，中国正在逐步形成对 TPP 相对客观和现实的认识，而恰是这一点促使了中国对 TPP 的态度发生转变。

从现实制度主义的视角而言，TPP 的特征需要从三个维度进行审视：首先，作为一种国际制度的 FTA 是国际贸易体系中的区域性公共产品，各参与国都能从贸易自由化中获益；其次，美国主导下的 TPP 的确被"夹带私货"，将成为主导国"私有化"的权力工具，如强化安全联盟和重建国际规则等等；最后，以 FTA 为核心的国际制度竞争正在成为大国竞争的重要内容，国际制度竞争既是主导国权力的竞争，也是主导国供给国际公共产品的能力竞争。③ 换言之，

① "商务部：不认为 TPP 是针对中国 与 RCEP 并行不悖"，http：//www. chinanews. com/cj/2016/02 -23/7769210. shtml。

② 沈铭辉："跨太平洋伙伴关系协议（TPP）的成本收益分析：中国的视角"，载《当代亚太》，2012 年第 1 期，第 5—34 页；彭支伟、张伯伟："TPP 和亚太自由贸易区的经济效应及中国的对策"，载《国际贸易问题》，2013 年第 4 期，第 83—95 页；王金波："从 TPP、TTIP 看国际规则的最新发展趋势及其对中国的影响"，载《国际战略研究报告》，2013 年第 20 期，第 1—9 页；徐明棋："以积极态度迎接 TPP 新规则挑战"，载《社会科学报》2015 年 10 月 22 日；盛斌、高疆："透视 TPP：理念、特征、影响与中国应对"，载《国际经济评论》，2016 年第 1 期，第 20—36 页；余淼杰、张睿："以我为主，为我所用：中国应积极主动寻求加入 TPP"，载《国际经济评论》，2016 年第 2 期，第 39—56 页；宋泓："中国加入 TPP：需要多长时间？"，载《国际经济评论》，2016 年第 2 期，第 57—70 页；张建平："中国与 TPP 的距离有多远？"，载《国际经济评论》，2016 年第 2 期，第 71—86 页。

③ 李巍、张玉环："美国自贸区战略的逻辑——一种现实制度主义的解释"，载《世界经济与政治》，2015 年第 8 期，第 127—154 页。

TPP作为一种国际制度，其涵盖的一些国际经贸新规则从根本上说是全球价值链的形成和世界经济多元化推动的结果。但这种国际经贸新规则大多又是“非中性的”，即同样的规则对不同国家和地区往往意味着不同成本和收益。同样地，未来国际经贸规则的发展也将影响世界经济格局的变化和力量对比。[①] 正是因为上述特征，决定了中国应对TPP的方向、道路及方式。

中国学者张宇燕指出，从来没有一个时代的国际经济贸易，像现在这样联系紧密；也从来没有一个时代的国际经贸治理像现在这样复杂多样。传统的国际分工模式主要是产业间和产业内分工，在这两种分工模式下，生产都在一个经济体内完成。但是自1990年代以来，得益于包括运输和通讯等在内的科学技术进步，贸易成本大幅下降，产品内分工开始盛行。这种分工模式的特点是生产的链条分布在不同的经济体，因此也被称为“全球价值链”。[②] 很显然，由于产品生产多次跨越国境，全球价值链分工不仅加倍扩大了国际贸易总量，还导致跨国公司加强全球范围内的生产布局，从而造就跨国投资的增加。在这种背景下，全球经

---

① 张宇燕：“发展中国家如何实现长期增长”，载《人民日报》2015年7月12日。

② 弗朗西斯·福山研究认为，在19世纪和20世纪初，受惠于科学技术的进步，在给工业化国家带来巨大效益的同时，精英之外的广大民众也获益匪浅。这一段时期的重大技术革新，在一系列工业中——煤炭、钢铁、化工、制造和建设——为低技术工作创造了大量就业机会。但信息和通信的最新技术进展，却有非常不同的社会效果。自动化消灭大量低技术的装配线工作，每过一年，智能机器就更上一层楼，夺走更多以前是中产阶级的工作。即使美国等发达国家提出“再工业化”，但在去工业化初期丢失的中产阶级工作，也不太可能再有了。因为已经无法将全球化和技术分开：如果没有高速的宽带通信和运输成本的下降，就不可能把客户服务和后台业务，从美国和欧洲搬至印度和菲律宾，也不可能在深圳生产苹果智能手机。由于人的天赋和性格的自然差异，不平等始终存在，但今天的科技世界会把这些差异加倍放大。换言之，现代科技造成的现象是“赢家通吃”（winner-take-all）社会。任何领域的顶尖成员，如企业总裁、医生、学者、音乐家、演艺明星和运动员，可获得不成比例和愈益增长的高收入。过去，由于通讯和运输的高昂成本，这一类技术和服务的市场都是地方性的，以致专业等级中二三流人士也有大量工作机会，因为广大受众得不到顶尖服务。但在今天，任何人都可在高清屏幕上观看纽约大都会歌剧院或英国皇家巴黎舞团的现场转播，因为他们宁可看电视，也不愿去出席本地三流或四流剧团的实地演出。参见［美］弗朗西斯·福山：《政治秩序与政治衰败：从工业革命到民主全球化》，毛俊杰译，桂林：广西师范大学出版社，2015年版，第406—407页。

济治理也变得更为复杂，不仅要协调边境规则，还要协调涉及生产的边境后规则。① 显而易见，全球价值链正在改变国际贸易和投资格局，塑造国际竞争新优势，这为发展中国家提供了新的发展机遇，也带来了新的风险与挑战。如它要求传统的以边界措施和市场准入问题为核心的贸易政策，向以边界内措施和规制融合为核心的第二代贸易政策转变，以实现公平竞争，消除深层经济扭曲和塑造良好的商业和法治环境。② 从这一角度而言，长期来看，TPP 的目标和绝大多数条款与中国构建开放型经济新体制的目标和议程并不相悖，它为中国构建市场化、国际化与法治化的现代化营商环境和政府规制提供了有益的标尺和参考。③ 诚如高虎城部长所指出的那样："半个多世纪来，多边贸易体制和区域贸易自由化相生相伴、交替演进，共同推动了全球化进程。中国是多边贸易体制的积极参与者、维护者和贡献者，主张以 WTO 代表的多边贸易体制是全球贸易规则的主渠道，区域贸易自由化是其有益补充，两者相互促进、共同发展。中方对相关国家在贸易投资相关领域规则制订方面的积极探索持开放态度。"④ 因此，从方向上而言，中国对 TPP 采取积极开放态度的根本原因正在于此。⑤

然而，诚如国内很多学者指出的那样，现阶段乃至今后十多

---

① 张宇燕："'跨太平洋伙伴关系协定'文本解读·总序"，载中国社会科学院世界经济与政治研究所国际贸易研究室：《〈跨太平洋伙伴关系协定〉文本解读》，北京：中国社会科学出版社，2016 年版，第 1 页。

② 盛斌、陈帅："全球价值链如何改变了贸易政策：对产业升级的影响和启示"，载《国际经济评论》，2015 年第 1 期，第 85—97 页。

③ 盛斌、高疆："透视 TPP：理念、特征、影响与中国应对"，载《国际经济评论》，2016 年第 1 期，第 20—36 页。

④ "高虎城回应 TPP 热点：中美应共同促进亚太和全球经济发展"，http://world.people.com.cn/n/2015/1009/c1002-27675316.html。

⑤ 也有学者指出，随着 TPP 协议的签署，现阶段世界上最大规模的巨型 FTA 已经事实存在，倘若中国对之持反对态度，不啻等同将自己置身于 12 个经济体的对立面，这不利于整个亚太经济一体化进程，因此中国应该尊重 TPP 的轨道。参见张建平："中国与 TPP 的距离有多远？"，载《国际经济评论》，2016 年第 2 期，第 75 页。

年的时间内，中国与TPP的各项要求仍存在很大距离，如除货物贸易自由化水平、服务贸易市场准入和投资规则的巨大开放水平差异外，标准与认证、环境保护、知识产权、劳工标准、政府采购等边界后问题对中国的现实管理体制和机制也构成了严峻挑战。具体来讲，中国可能将面对以下几个方面的挑战：（1）服务贸易全方位开放带来的风险；（2）限制国有企业行为带来的不利影响；（3）引入环境和劳工标准带来的风险；（4）政府和企业面临适应新规则的问题。[①]

基于此，即使现阶段美国认可中国参与TPP谈判，但中国是否就能立即加入呢？对此，中国学者宋泓研究后指出："即便是中国认为应该加入TPP，且越早越好，甚或现在就决定加入，那么至少也要经过10年甚或更长的时间才有可能加入。中国没有捷径可走！"[②] 因此，从道路上而言，中国不应直面TPP，鉴于中国的经济规模、地缘优势和在全球产业链中的位置，实际上已具备了制度选择能力。换言之，中国最为关注的不是加入、不加入或何时加入TPP的问题，而是如何以TPP为外压，将新规则体系的高标准和自身的改革进程相结合，倒逼新一轮改革开放，推进国内的开放进程，并结合新一轮国际贸易谈判和区域贸易协定发展趋势，在世界经济规则重构的过程中提出既基于现实能力，还要着眼于未来制高点的战略与行动方案，增强中国在国际经济治理中的倡议能力。诚如中国学者潘晓明所指出的那样：中国应以发展促改革，为适应新的规则体系做好准备，这既是中国经济与世界深度融合过程中面临的挑战，也是中国成为世界经济

---

① 张建平："中国与TPP的距离有多远?"，载《国际经济评论》，2016年第2期，第71—86页；潘晓明："TPP高标准国际贸易规则对中国的挑战及应对策略"，载《国际展望》，2015年第5期，第105—107页。

② 宋泓："中国加入TPP：需要多长时间?"，载《国际经济评论》，2016年第2期，第70页

领导者进程中的重要机遇。[①]

如前所述，未来国际经贸规则的发展也将影响世界经济格局的变化和力量对比。而在美国的战略中，TPP不仅将重新定义亚太区域一体化进程，还要在建章立制过程中完全将中国排除在外，且在此过程中产生相应的地缘政治效应。换言之，美国意图借TPP完全掌控未来亚太区域一体化的主导权和战略主动权。美国所凭借的主要是其高居榜首的综合国力和在全球价值链中所处的顶端位置，而这两项又使得美国在规则制定权方面拥有无与伦比的优势，再通过TPP的框架来维护其已有的在全球价值链中的竞争优势，切实有效地维护自身利益。反观中国，作为世界上最大的发展中国家，虽然经济总量已经位居世界第二，对外贸易总量位居世界第一，但量大质不优，现阶段仍处于全球价值链的中下游，因此中国对应策略的重中之重是如何在不被孤立于国际经贸新规则之外的同时，又能避免陷入战略被动。

方向决定道路，道路决定方式，从几年来中国进行的一系列实践看，新一轮的改革开放正有条不紊地有序推进，面对现阶段中国与TPP的巨大差距，中国的一步步应对方式宛如一道道闸门，正逐步缩小中国与TPP之间的水位落差。总体而言，中国的一系列实践可归纳为三点：以FTA及BIT等的谈判为实践，促进中国深度参与国际经济新规则的制定，发挥国内大小自贸区网络叠加效应，在“一带一路”倡议下加快新型国际区域合作平台的建设。

中国认为多边贸易体制和区域贸易自由化相生相伴、交替演进，共同推动了全球化进程。而作为经济全球化的受益者，中国是多边贸易体制的积极参与者、维护者和贡献者，主张以WTO为代表的多边贸易体制是全球贸易规则的主渠道，区域贸易自由

① 潘晓明：“TPP高标准国际贸易规则对中国的挑战及应对策略”，载《国际展望》，2015年第5期，第96—111页。

化是其有益补充，两者相互促进、共同发展。① 尤其是党的十八届三中全会上将“形成面向全球的高标准自由贸易区网络”确定为重大举措。目前，中国已与包括东盟、智利、瑞士、新西兰、韩国、澳大利亚等22个国家和地区达成了14个自贸协定，并完成了中国—东盟FTA升级——《中华人民共和国与东南亚国家联盟关于修订〈中国—东盟全面经济合作框架协议〉及项下部分协议的议定书》（简称《议定书》）的谈判，还在与有关国家共同推进RCEP、中日韩FTA等谈判，逐步打造覆盖全球的高水平自贸区网络。

在已签署的自贸协定中，中韩和中澳的FTA协定标志着中国的FTA战略实现了历史性的突破，正式步入发展壮大的新阶段。这不仅局限于“量”的积累，更看重“质”的提高，以发达经济体为重要的目标伙伴国，以更高水平的开放、更多FTA的涵盖范围为发展目标，为中国参与全球贸易投资规则重建提供了良好的平台。如中韩FTA协定首次确定了服务贸易的负面清单模式谈判和基于准入前国民待遇和负面清单模式的投资谈判，为今后中国对外区域贸易协定的谈判奠定了基调，与国际“高标准”FTA的规则实现接轨。

此外，中韩和中澳的FTA协定中包含了独立的“贸易便利化”章节，承诺监管政策的一致性、透明性和海关合作以及相关的风险管理。如中韩FTA协定中规定在中韩FTA联合委员会下成立海关委员会，由海关程序与贸易便利化分委会和原产地规则分委会组成，确认双方有关便利化的贸易改进完善领域；承诺在保持适当的海关监管与选择的情况下，在货物实际到达前可预先以电子单据的形式提交信息并进行处理，以便货物达到后尽快放行；对快件采用单独和快速的海关程序；大力支持无纸化贸易环境，应用低成本、高效率的信息技术支持海关操作。又如两协

① “高虎城回应TPP热点：中美应共同促进亚太和全球经济发展”，http://world.people.com.cn/n/2015/1009/c1002-27675316.html。

定还首次涉及了高标准的“21 世纪贸易议题”新规则，知识产权、竞争政策等议题均独立成章，充分体现了中国对新形势下国际经贸新规则的关注和积极参与的态度。①

以此为背景，中国与东盟十国于 2015 年 11 月 22 日正式签署《议定书》。这是中国在现有自贸区基础上完成的第一个升级协议，涵盖货物贸易、服务贸易、投资、经济技术合作等领域，是对原有协定的丰富、完善、补充和提升，体现了双方深化和拓展经贸合作关系的共同愿望和现实需求。《议定书》内涵丰富，包括序言及货物贸易、服务贸易、投资、经济技术合作、未来工作计划和最后条款等章节，还包括原产地规则、原产地规则操作程序、第三批服务贸易具体承诺减让表等附件。②

在正在谈判的 FTA 中，RCEP 是颇有代表性的。一旦签署协议，它将成为世界上涵盖人口最多、成员构成最多元、经济发展水平差异最大、发展最具活力的 FTA。与 TPP 注重标准和规则的制定有所不同，RCEP 的合作离不开东亚有效的国际生产分工体系。因此，重构和完善东亚地区生产网络才是 RCEP 的真正价值所在，地区统一市场的构建或许更应成为 RCEP 的最终目标。东亚国家可以借助 RCEP 的贸易自由化和投资便利化措施，按竞争优势和区位条件重新调整其在亚太地区的产业布局与生产网络，以巩固这一地区的产业优势。RCEP 将会建立更符合大多数东亚国家经济发展水平的合作安排。③

除 RCEP、中日韩 FTA 外，中国还关注在更大的范围内——FTAAP 实现自由贸易，这既有从经济层面探求更大促进效应的考量，也是继续推进中国区域贸易投资伙伴关系战略的重要一

① 张琳：“国际经贸新规则：中国自贸区的实践与探索”，载《世界经济与政治论坛》，2015 年第 5 期，第 147—149 页。

② “高虎城解读中国—东盟自贸区升级《议定书》”，http://news.xinhuanet.com/fortune/2015 - 11/23/c_ 1117229965.htm。

③ 王金波：“从 TPP、TTIP 看国际规则的最新发展趋势及其对中国的影响”，载《国际战略研究报告》，2013 年第 20 期，第 3 页。

环。为此，在2014年11月的北京APEC期间，习近平就表示，区域经济一体化是亚太地区长期保持强劲增长的原动力，因此我们决定启动亚太自由贸易区进程。他指出："这是我们朝着实现亚太自由贸易区方向迈出的历史性一步，标志着亚太自由贸易区进程的正式启动，体现了亚太经合组织成员推动区域经济一体化的信心和决心。这是一个载入史册的决定，将把亚太区域经济一体化提升到新的更高水平，也将使太平洋两岸处于不同发展阶段的经济体广泛受益，为亚太经济增长和各成员发展注入新活力"，并强调说："我们决定实施全球价值链、供应链的领域合作倡议。加大能力建设投入，帮助各成员尤其是发展中成员更好地融入区域经济一体化发展，实现共同发展。"①

在这次会议上，各方就《APEC推动实现亚太自贸区路线图》达成了共识，决定启动并全面系统地推进亚太自贸区进程。这标志着亚太自贸区经过10年"孵化"，终于"破壳而出"，开启了实质性进程，由长期愿景转变为路线图指引下的切实行动。而为推动全面系统地推进FTAAP的进程，中国建议：第一，尽快组建专家组，开展亚太自贸区全面战略研究，深入评估亚太自贸区的经济影响、发展路径和实现方式；第二，落实自贸区信息交流机制，增强自贸区之间（如TPP、RCEP）的互动，提升透明度；第三，开展亚太自贸区谈判能力建设，特别是新议题谈判的能力建设；第四，要推进下一代贸易投资议题、贸易便利化、服务、投资等领域的合作，积极探索规则协调。②

另外需要强调的是，中国还在积极推进与美国以及欧盟正在进行的双边投资协定的谈判，并争取早日达成协议。作为国际投资领域中标准最高的范本，美国2012BIT（Model Bilateral Invest-

---

① "习近平出席APEC领导人非正式会议记者会并讲话"，http：//www.chinanews.com/gn/2014/11-11/6766963.shtml。

② "沈丹阳：需落实TPP与RCEP加强交流的机制"，http：//www.chinanews.com/cj/2014/11-18/6788902.shtml。

ment Treaty，双边投资条约范本，简称2012BIT，2012年4月20日经过持续三年的审查程序，公布修订后的文本）不仅涵盖了国际投资协定中所有传统议题（如投资待遇的最低标准、最惠国待遇、征收、转移、代位、损失补偿、投资争端解决等），还纳入了准入前国民待遇、国有企业、劳工、环境、业绩要求等新条款，并以“负面清单”的形式提出对不符措施的保留。显然，BIT的很多内容与TPP规则类似或相关，因此与美欧的投资协定谈判一定程度上就是在为应对TPP做准备，如果达成双边投资协定，意味着搭建了加入TPP的一个阶梯，也意味着我们向“21世纪高标准贸易投资规则”迈进了一大步。[①]

中国的上述做法暗含了里外两个层面的意涵：首先通过积极参与当前国际经贸新规则的调整与变动，加入规则体系之中，改变当前中国被置身事外的局面；其次在谈判过程中，中国可利用国际谈判的平台，提出自身的相关利益诉求，并学习规则、运用规则，最终实现参与规则制定，为我国的发展争取有利的外部环境和制度安排，有效化解“规则压力”。[②]

如前所述，面对TPP带来的一系列负面冲击，中国的应对归根结底就是通过加快改革开放，加快构建开放型经济新体制，从全球市场当中获得增长点，以对冲和平衡TPP给中国带来的负面影响。因此，除了通过各种双边、多边的FTA及BIT谈判来推动中国深度参与国际经济新规则的制定之外，还要求中国的发展思路应从过去强调“对外开放”向“双向开放”过渡，在为国家带来新的贸易创造和投资创造的同时，体现国际贸易和投资规则与国际对接的相容性，及对国内、国际两个大局的统筹兼顾。它主要指国家发展内生机制的建设，如加快国内改革的步伐，加

① 徐明棋：“以积极态度迎接TPP新规则挑战”，载《社会科学报》2015年10月22日。

② 张琳：“国际经贸新规则：中国自贸区的实践与探索”，载《世界经济与政治论坛》，2015年第5期，第140－158页。

大产业结构调整的力度，不为短期的调整阵痛所困扰，构建起具有国际竞争力的产业基础。众所周知，无论外部环境如何变化，在国际贸易以及其他国际经济交往中保持竞争力是关键的制胜点。无论规则如何调整修改，经济活动的流量和方向取决于比较优势的多寡。如此一来，对外开放与国内改革就得以充分结合，只有以开放促改革，将外部压力转变为发展动力的目标才能够有效实现。从这一角度而言，加快在国内实施自由贸易区战略作为国家总体对外战略的重要环节和中国新一轮对外开放的重要内容，可谓是应时应势，恰如《国务院关于加快实施自由贸易区战略的若干意见》所指出的那样："加快实施自由贸易区战略是我国适应经济全球化新趋势的客观要求，是全面深化改革、构建开放型经济新体制的必然选择。"①

这里提及的自由贸易区，意指"一国的部分领土，在这部分领土内运入的任何货物就进口税及其他税而言，都被视为在关境之外，免于实施惯常的海关监管制度"。② 对于中国而言，设立自由贸易区是"在新形势下推进改革开放的重大举措，是对加快政府职能转变、积极探索管理模式创新、促进贸易和投资便利化，为全面深化改革和扩大开放探索新途径、积累新经验"。③而自党的十八大提出加快实施自由贸易区战略以来，十八届三中、五中全会又进一步要求以周边为基础加快实施自由贸易区战略，并形成面向全球的高标准自由贸易区网络。其目标主要包括：

首先，加快实施更加主动的自由贸易区战略，通过自由贸易

---

① "国务院关于加快实施自由贸易区战略的若干意见"，http：//www. gov. cn/zhengce/content/2015 - 12/17/content_ 10424. htm。

② World Customs Organization，Text of the Revised Kyoto Convention，http：//www. wcoomd. org/en/topics/facilitation/instrument-and-tools/conventions/pf_ revised_ kyoto_ conv/kyoto_ new. aspx.

③ "中国（上海）自由贸易试验区总体方案"，http：//www. gov. cn/zwgk/2013 - 09/27/content_ 2496147. htm。

区扩大开放，提高开放水平和质量，深度参与国际规则制定，拓展开放型经济新空间，形成全方位开放新格局，开创高水平开放新局面，促进全面深化改革，更好地服务国内发展。其次，全方位参与自由贸易区等各种区域贸易安排合作，重点加快与周边、“一带一路”沿线以及产能合作重点国家、地区和区域经济集团商建自由贸易区。最后，加快正在进行的自由贸易区谈判进程，在条件具备的情况下逐步提升已有自由贸易区的自由化水平，积极推动与我国周边大部分国家和地区建立自由贸易区，使我国与自由贸易伙伴的贸易额占我国对外贸易总额的比重达到或超过多数发达国家和新兴经济体水平；中长期内形成包括邻近国家和地区、涵盖“一带一路”沿线国家以及辐射五大洲重要国家的全球自由贸易区网络，使我国大部分对外贸易、双向投资实现自由化和便利化。①

进一步地，设立自贸区和国家全面深化改革的大局之间也有三个方面值得关注：第一，自贸区是国家的试验田，不是地方的自留地。作为国家战略的试验田，所有试验内容都是国家进一步扩大开放和深化改革所需要探索的，也是按照新的国际贸易投资规则和国际通行规则进行管理。第二，自贸区的关键是成为制度创新的高地，决不能成为优惠政策的洼地。只有成为创新的高地，才符合国家发展战略。其核心任务是制度创新，即为国家全面深化改革率先探索突破口和新路子，形成一批创新型的制度。最后，自贸区的制度成果都必须符合可复制可推广的要求，是苗圃，而不是盆景。因此，自贸区建设是否成功，就是要看形成了多少服务于国家战略的、在全国可复制可推广的制度成果，这是重要的衡量标准。在自贸区建设管理的过程中，所有创新制度要奉行先行先试的方针，成熟一项便推进一项，步骤是先进行总结和评估，待认为推广条件成熟后，再按一定的报批程序，分批分

---

① “国务院关于加快实施自由贸易区战略的若干意见”，http：//www. gov. cn/zhengce/content/2015 -12/17/content_ 10424. htm。

期地在全国复制推广。[①]

这里提及的制度创新主要包括四个方面：以负面清单为核心的投资管理制度、以贸易便利化为重点的贸易监管制度、以资本项目可兑换和金融服务业开放为目标的金融创新制度和以政府职能转变为导向的事中事后监管制度。其中，重中之重是负面清单制度。它引申出一系列制度创新和制度创新的体系，因而是龙头性的制度。由于负面清单，把企业搞活了；由于负面清单，政府的管制进一步放松了；由于负面清单，政府审批制度必须进行颠覆性的改革；由于负面清单，必须建立事中事后监管制度等等。[②]

中国（上海）自由贸易试验区总体方案设计的重要参与者之一的王新奎曾指出：自贸区的关键词是“以开放促改革”，“经济全球化新的发展趋势推动了全球贸易和投资规则的重构。这种重构主要表现在规则谈判的平台由以往的多边关系平台向伙伴关系平台转移，规则谈判的重心从贸易规则向投资规则、货物贸易向服务贸易、实体贸易向数字贸易、关税壁垒向监管壁垒、边境措施向境内措施、自由贸易向公平贸易、经济标准向价值标准等新议题转移。现在面对全球贸易、投资规则重构这样一个巨大的变化。我们并非简单地接受既定规则，我们要参与规则制定，所以对外开放的思路要发生重大变化。开放的前提是参与，参与的前提是适应，适应的前提是改革。其（自贸区）功能就是一个开放倒逼改革的压力测试平台，目标是营造一个国际化、市场化、法制化、公平统一高效的营商环境。核心是通过改革使政府管理经济、管理贸易、管理投资的行为国际化。”[③]

2013 年 7 月 3 日，国务院正式批准将上海洋山保税港区、

① “当好‘试验田’不种‘自留地’”，载《文汇报》2014 年 9 月 29 日。

② “自贸区推进‘四大制度创新’”，载《文汇报》2014 年 9 月 27 日。

③ “开放促改革释放溢出效应——专访市政府参事室主任王新奎”，载《文汇报》2014 年 9 月 29 日。

浦东机场综合保税区、外高桥保税区和外高桥保税物流园区等四个海关特殊监管区域共计28.78平方千米的区域设立为中国（上海）自由贸易试验区（俗称“上海自贸区”，同年9月29日正式挂牌）以来，不但上海自贸区的范围已拓展至洋山保税港区、上海浦东机场综合保税区、金桥出口加工区、张江高科技园区和陆家嘴金融贸易区等区域，面积扩大到120.72平方千米，作为上海自贸区的复制和推广，国务院又正式批准成立中国（广东）自由贸易试验区、中国（天津）自由贸易试验区和中国（福建）自由贸易试验区。与此同时，自2013年9月上海自贸区诞生第一版负面清单以来，已有三个版本更新迭代，内容也从最初的190条减少至目前的122条，适用范围更是扩展到了上述四个自贸区。经过三年的发展，负面清单已成为政府治理和社会生活中的一个流行概念，并一步步从自贸区内的试点推向全国。2015年10月，《国务院关于实行市场准入负面清单制度的意见》中明确列出负面清单制度规划的时间表，指出自2015年12月1日至2017年12月31日，在全国部分地区试行市场准入负面清单制度；从2018年起，正式实行全国统一的市场准入负面清单制度。[①] 可以说，伴随着负面清单一步步从试点推向全国，它将逐步演化为“权力清单”，成为行政体制改革的一大推动力。

综上所述，上海等自由贸易试验区是中国主动适应经济发展新趋势和国际经贸规则新变化、以开放促改革促发展的试验田。可把对外自由贸易区谈判中具有共性的难点、焦点问题，在上海等自由贸易试验区内先行先试，通过在局部地区进行压力测试，积累防控和化解风险的经验，探索最佳开放模式，为对外谈判提供实践依据。而加快实施自由贸易区战略和积极推广“1+3+N”自贸试验区进程，并尽快形成“1+3+N”的自贸区格局，最终将制度创新推向全国。这种大小自贸区网络的叠加效应将为

① “国务院关于实行市场准入负面清单制度的意见”，http：//www.gov.cn/zhengce/content/2015－10/19/content_ 10247.htm。

中国带来新的贸易创造和投资创造，平衡TPP的损失。[①]

在《国务院关于加快实施自由贸易区战略的若干意见》中明确提出要将优化自由贸易区建设与“一带一路”倡议紧密联接，指出要“结合周边自由贸易区建设和推进国际产能合作，积极同‘一带一路’沿线国家商建自由贸易区，形成‘一带一路’大市场，将‘一带一路’打造成畅通之路、商贸之路、开放之路”。[②]

众所周知，习近平主席于2013年9月和10月在出访中亚和东南亚国家期间，先后提出共建“丝绸之路经济带”和“21世纪海上丝绸之路”[③] 的重大倡议是一个两面一体、双翼齐飞的战略构想。从范围上看，“一带一路”贯穿亚欧非大陆，形成巨大的“哑铃”状全方位经济合作地域。一头是充满活力的东亚经济圈，另一头是经济发达的欧洲经济圈，中间广大腹地国家经济发展潜力巨大。从内容上看，“一带一路”是通过建立两个大的全球性贸易路径使沿线国家深化其与中国的生产、贸易、金融等领域的联系。概言之，“一带一路”就是要进一步统筹中国大周边东西两个战略方向的平衡，进而统筹海陆两个战略方向的平衡，力争形成东西联动、海陆互补的有利战略态势。

“一带一路”的合作领域是全方位合作，涵盖“五通”，而其中投资贸易合作是“一带一路”建设的重点内容。现阶段，宜着力研究解决投资贸易便利化问题，消除投资和贸易壁垒，构建区域内和各国良好的营商环境，积极同沿线国家和地区共同商建自由贸易区，激发释放合作潜力，做大做好合作“蛋糕”。加强供应链安全与便利化合作，推进跨境监管程序协调，推动检验

---

① 张建平：“中国与TPP的距离有多远?”，载《国际经济评论》，2016年第2期，第85页。

② “国务院关于加快实施自由贸易区战略的若干意见”，http：//www.gov.cn/zhengce/content/2015－12/17/content_ 10424.htm。

③ “共同建设‘丝绸之路经济带’”，载《习近平谈治国理政》，北京：外文出版社，2014年版，第287—291页；“共同建设二十一世纪‘海上丝绸之路’”，载《习近平谈治国理政》，北京：外文出版社2014年版，第292—295页。

检疫证书国际互联网核查，开展“经认证的经营者”（AEO）互认。降低非关税壁垒，共同提高技术性贸易措施透明度，提高贸易自由化便利化水平。拓宽贸易领域，优化贸易结构，挖掘贸易新增长点，促进贸易平衡。创新贸易方式，发展跨境电子商务等新的商业业态。建立健全服务贸易促进体系，巩固和扩大传统贸易，大力发展现代服务贸易。把投资和贸易有机结合起来，以投资带动贸易发展。优化产业链分工布局，推动上下游产业链和关联产业协同发展，鼓励建立研发、生产和营销体系，提升区域产业配套能力和综合竞争力。扩大服务业相互开放，推动区域服务业加快发展。探索投资合作新模式，鼓励合作建设境外经贸合作区、跨境经济合作区等各类产业园区，促进产业集群发展。推进“一带一路”建设，中国将充分发挥国内各地区比较优势，实行更加积极主动的开放战略，加强东中西互动合作，全面提升开放型经济水平。利用长三角、珠三角、海峡西岸、环渤海等经济区开放程度高、经济实力强、辐射带动作用大的优势，加快推进各自由贸易试验区建设以扩大开放倒逼深层次改革，创新开放型经济体制机制，加大科技创新力度，形成参与和引领国际合作竞争新优势，成为“一带一路”特别是“21世纪海上丝绸之路”建设的排头兵和主力军。①

综上所述，“一带一路”是中国在全球国际区域经济一体化加速、国家经济合作日益增强的大背景之下，首次成功倡议的国际区域经济合作平台。它顺应世界多极化、经济全球化、文化多样化、社会信息化的潮流，秉持开放的区域合作精神，致力于维护全球自由贸易体系和开放型世界经济。它旨在促进经济要素有序自由流动、资源高效配置和市场深度融合，推动沿线各国实现经济政策协调，开展更大范围、更高水平、更深层次的区域合作，共同打造开放、包容、均衡、普惠的区域经济合作架构。尤

① “推动共建丝绸之路经济带和21世纪海上丝绸之路的愿景与行动”，载《人民日报》2015年3月29日。

其面对TPP带来的挑战，中国更应该加快“一带一路”的平台建设，加快转变发展方式，加速调整经济结构，拓展新的贸易和投资增长空间，探索新的国际区域合作模式和规则，灵活运用各种政策和市场工具，积极识别应对风险，增加新的贸易和投资创造。①

如前所述，TPP对安倍内阁而言有两重身份属性：一是对促进日本经济增长的积极意义；二是其安保外交战略的重要一环。但相比经济层面，TPP对安倍内阁的意义还是侧重安保外交战略这一政治层面。可以说，安倍内阁的TPP战略是以日美两国为主在亚太地区建立新的经济秩序，在安保和经济两个方面加强日美军事同盟及经济合作，进而对中国进行有效牵制。换言之，日本通过加入TPP在安全上为与中国保持距离、支持美国的“亚太再平衡”战略、配合美国牵制中国在东亚发挥影响力的战略布局服务，以加大对华制衡力度。

对此，中国外长王毅强调说：现阶段中日关系反复出现困难，根源在于日方在历史及对华认知上出了问题，即日本能不能真心接受和欢迎最大的邻国中国重新发展和崛起。就现实意义而言，中国的发展已经给日本带来了重要利益，但从心态上讲，似乎日本还没有为此做好充分的准备。中日之间目前的问题追根溯源都与此有关。② 那么，从战后中日关系发展的历史经验和两国之间深层次结构性战略矛盾全面爆发的现状来看，作为中方的应对，明确对日外交的战略目标，细致筹划战略布局就显得至关重要，而其前提是认清什么是中日关系的大局。

中日关系的大局诚如习近平所指出的那样：“就是要严格遵循中日四个政治文件的精神，确保两国关系沿着正确方向发

---

① 张建平：“中国与TPP的距离有多远?”，载《国际经济评论》，2016年第2期，第85页。

② 王毅：“中日关系的根本问题是日本能否真心接受中国发展和崛起”，http：//www.fmprc.gov.cn/web/wjbzhd/t1276590.shtml；“王毅就改善中日关系提出四点要求”，http：//www.fmprc.gov.cn/web/wjbzhd/t1360010.shtml。

展。”而这个“正确方向”指的是“努力将中日第四个政治文件中关于‘中日互为合作伙伴、互不构成威胁’的共识转化为广泛的社会共识”，在和平、发展、合作、共赢已是不可逆转的时代潮流这一大背景下，“希望日本同中国一道沿着和平发展的道路走下去，共同为国际和地区和平、稳定、繁荣作出更大贡献”。[①] 弄清楚了这一点，对日外交战略目标的设定就必须牢牢服务于这个大局。它要求既要关注中日之间存在的各种敏感且复杂的问题，又不能完全被这些问题所牵制，更不能因而影响中国坚持走和平发展道路的基本方针。这主要包括如下三个层面：

首先，应服务于现阶段国家整体大战略的规划。十八大报告将现阶段中国战略环境定位为“可以大有作为的重要战略机遇期”,[②] 对日外交的战略目标必须把握好坚持和平发展与维护国家利益的辩证统一关系，维护和用好 21 世纪第二个十年的重要战略机遇期。其次，应从地区乃至全球的视角思考对日战略。中国提出“大国是关键，周边是首要”，中日关系可定位为大国及周边关系的复合体，两国的协调与合作对朝核问题、区域经济一体化、极地海洋等问题的推进或解决，均可发挥积极作用。最后，应思考日本在中国深化经济体制改革，如各自由贸易试验区建设过程中可能发挥的积极作用，力求实现共赢。

相应地，中国还需进一步提高对日战略布局的能力，做好战略定力与政策弹力的相辅相成。即认准国家长期的发展目标，克服短期行为的浮躁与冲动，同时以超然的心态审视发展过程中的挑战与挫折，不被动地跟着对方的步子走，静下心来思考长期和重大的问题，拿出长期和有效的应对方略。[③] 具体而言：

---

① “习近平会见日本首相安倍晋三”，http：//news. xinhuanet. com/politics/2015 – 04/22/c_ 1115057889. htm。

② 胡锦涛：《坚定不移沿着中国特色社会主义道路前进 为全面建成小康社会而奋斗》，北京：人民出版社，2012 年，第 16 页。

③ 参见周方银：“大国崛起需要‘战略定力’”，载《人民日报》2013 年 1 月 14 日。

第一，坚持“两手对两手”的策略，切实考虑通过政策推动，扩大中日间的共同利益，实现共赢，但对于日本可能的经济反制应做好积极应对准备。如对日本开历史倒车、歪曲甚至美化侵略历史的错误行径构筑国际性的约束机制，但另一方面，积极推动两国在经济、金融等领域的合作及人文、体育等方面的交流，扩大中日间的共同利益，实现共赢。彼此之间真正树立起合作共赢的理念，摒弃所谓“一方离不开另一方、一方更需要另一方”的陈旧思维，在平等相待、互利互惠的基础上推进各领域务实合作。①

第二，坚持推动建立中美新型大国关系，准确把握大国的战略互动，综合评估美国对中日两国的双重平衡作用。众所周知，中日关系的本质是中美日关系，中美关系的发展决定了中日关系和日美关系的走向。② 现阶段，日本对华战略以日美同盟强化为支撑，③ 其逻辑在于认为中国即使崛起，综合国力也不可能达到“日本+美国”的地步，因此在“1+1>1”（日美综合国力相加超过中国）的背景下，美国是安倍对华实施“政经分离”政策的战略后盾与支点，中国面临“日美合作牵制中国”、“日本借美制华”的局面。但美国对日本的基本方针是“支持+控制”。一方面美国支持安倍采取对华强硬立场，借此发挥“离岸平衡手”的作用，甚至拉日本共同巡航南海；另一方面竭力避免局势失控，以免身陷其中，损害美国的战略布局。④ 如美国在钓鱼岛问题上刻意保持一贯的模糊性，即将行政管辖权与主权分离，在承认钓鱼岛适用于安保条约防御范围的同时，对主权问题不表

---

① “王毅就改善中日关系提出四点要求”，http://www.fmprc.gov.cn/web/wjbzhd/t1360010.shtml。

② 叶淑兰、刘晓凤：“‘超级第三者’：日本对中美构建新型大国关系的认知”，载《东北亚论坛》，2016年第1期，第72页。

③ 门洪华：“日本变局与中日关系的走向”，载《世界经济与政治》，2016年第1期，第72—90页。

④ John Pomfret, “The U.S. interest in an Asian island dispute”, *The Washington Post*, February 6, 2013.

明立场。在安倍参拜靖国神社问题上，美国也罕见地多次声明表示“失望”，表达了反对的立场。① 因此，综合评估美国在中日之间发挥的双重平衡作用，可以为中国对日的“反对冲”提供一定的战略回旋空间，而其核心是坚持推动建立中美新型大国关系，准确把握大国的战略互动。

诚然，中美关系缺乏一个全面的战略性合作框架。现阶段，由于中国力量的增长和大国外交的推进，中国正在更加活跃地维护和拓展国家利益，而美国为了保持传统优势地位，对来自中国的“挑战”则越来越敏感，防范之心越来越强。因此，中美双方的竞争与摩擦也呈上升之势，奥巴马政府在言辞上也越来越多地回避中美“新型大国关系”提法。但近年来中美关系发展的实践表明，两国仍在朝着这个方向共同努力。如中美在战略层面不断加强沟通，在战术层面建立两军互信机制，就是要避免冲突和对抗。尽管美方尚不能完全做到尊重中国的核心利益和重大关切，但由于中国的实力增强和维护国家利益的坚定意志，美国不得不对中国的利益表现出更多的尊重。中美合作领域的扩大和深化，也不断产生双赢和多赢的结果。中美新型大国关系的构建之路漫长而曲折，但“积土成山，风雨兴焉”。②

中美是东亚地缘政治格局的核心，两国关系的这种相互作用可以为整个地区的安全环境格局定调，因此推动建立中美新型大国关系虽然未必会使美国改变一贯立场，但至少可以在两个方面为中国的“反对冲”提供一定的战略回旋空间：首先，中美新型大国关系的建构正从消极防范向积极经营方向发展，如何实现“合作共赢”是中美共同关心的话题，而安倍对华一味用强的做法极易使美国提高对日“管控”的战略运筹；其

① “Statement on Prime Minister Abe's December 26 Visit to Yasukuni Shrine”, http://japan.usembassy.gov/e/p/tp-20131226-01.html.

② 吴心伯：“新常态下中美关系发展的特征与趋势”，载《国际问题研究》，2016年第2期，第19页。

次，中美这种互动既昭示了日本在三边关系中角色逐渐变轻的趋势，也意味着美国可能会进一步降低为其“背书”的战略意愿。

第三，坚持“亲诚惠容”的周边外交理念，切实巩固睦邻友好，深化互利合作，努力使“中国—东盟命运共同体”的理念落到实处。安倍将对周边国家外交视为遏华的重要步骤，尤其意图与东盟相关国家形成东南两翼，策应共同对华的姿态。从地缘之便、市场潜力、人口红利等因素来看，周边也是日本企业向海外转移投资的理想基地和潜在市场，尤其是在中日政治关系对经贸往来产生负面影响的情况下，安倍也有通过加强经济合作，恢复日本在该地区传统政治影响力的意图。而东盟加强对日合作，既有加强对华对冲的政治意涵，亦有增进合作的经济实惠。

对此，中国应坚持“与邻为善、以邻为伴”，坚持“睦邻、安邻、富邻”政策，突出体现“亲、诚、惠、容”的理念。即要坚持“睦邻友好，守望相助；讲平等、重感情；常见面，多走动；多做得人心、暖人心的事，使周边国家对我们更友善、更亲近、更认同、更支持，增强亲和力、感召力、影响力。要诚心诚意对待周边国家，争取更多朋友和伙伴。要本着互惠互利的原则同周边国家开展合作，编织更加紧密的共同利益网络，把双方利益融合提升到更高水平，让周边国家得益于我国发展，使我国也从周边国家共同发展中获得裨益和助力。要倡导包容的思想，强调亚太之大容得下大家共同发展，以更加开放的胸襟和更加积极的态度促进地区合作。”① 而这首先需要中国身体力行，使之成为地区国家遵循和秉持的共同理念和行为准则，唯有如此才能有效构建中国—东盟共享和平繁荣的“命运共同体”。

总体而言，政治上，双方应加强高层往来，谦逊有礼，尤其是中国应认真听取各国的意见和建议；安全上，双方应加强在传统与

---

① “坚持亲、诚、惠、容的周边外交理念”，载《习近平谈治国理政》，北京：外文出版社2014年版，第297—298页。

非传统安全领域的合作，积极拓展与各国的防务及安全交流，在充分尊重历史事实和国家法的基础上，通过对话和谈判妥善处理与相关国家在领土主权及海洋权益上的历史遗留争端；经济上，鉴于多数东盟国家与中国产业结构相近，经济同质化的竞争大大削减了中国的市场优势及单方向东盟让利的有效性，中国首先要加快自主创新和产业升级，与时俱进地深化产业合作，开辟新的利益分享空间，其次要鼓励更多的“走出去”企业，积极以本土化方式融入当地社会，并承担相应的社会责任，最后要努力打造中国—东盟自贸区升级版，积极推进 RCEP 框架的早日落实；公共外交上，进一步增加在金融合作、对外援助等领域的区域公共产品供给，切实展现中国作为负责任大国的形象。

# 附录1　2014年众议院选举农政联推选人和当选情况

| 选区 | | 候选人 | 所属党派 | 得票数 | 结果说明 |
|---|---|---|---|---|---|
| 北海道 | 4区 | 中村裕之 | 自民党（麻生派） | 77690票 | 连任成功 |
| | 6区 | 今津宽 | 自民党（额贺派） | 101748票 | 负于民主党前议员佐佐木隆津（104595票），比例选区“复活” |
| | 7区 | 伊东良孝 | 自民党（二阶派） | 72281票 | 连任成功 |
| | 8区 | 前田一男 | 自民党（町村派）* | 91351票 | 负于民主党前议员逢坂诚二（97745票）），比例选区“复活” |
| | 9区 | 堀井学 | 自民党（町村派） | 97805票 | 连任成功 |
| | 10区 | 稻津久 | 公明党 | 86722票 | 连任成功 |
| | 11区 | 中川郁子 | 自民党（二阶派） | 87118票 | 连任成功 |
| | 12区 | 武部新 | 自民党（二阶派） | 92357票 | 连任成功 |
| | 比例选区 | 渡边孝一 | 自民党［岸（田）派］ | | 当选 |

续表

| 选区 | | 候选人 | 所属党派 | 得票数 | 结果说明 |
|---|---|---|---|---|---|
| 东北地区 | 青森1区 | 津岛淳 | 自民党（额贺派） | 66041票 | 连任成功 |
| | 青森2区 | 江渡聪德 | 自民党（大岛派） | 81054票 | 连任成功 |
| | 青森3区 | 大岛理森 | 自民党（大岛派） | 59280票 | 连任成功 |
| | 青森4区 | 木村太郎 | 自民党（町村派） | 79156票 | 连任成功 |
| | 宫城1区 | 土井享 | 自民党（町村派） | 93345票 | 连任成功 |
| | 宫城2区 | 秋叶贤也 | 自民党 | 91289票 | 连任成功 |
| | 宫城4区 | 伊藤信太郎 | 自民党（大岛派） | 68773票 | 连任成功 |
| | 宫城6区 | 小野寺五典 | 自民党［岸（田）派］ | 101223票 | 连任成功 |
| | 秋田1区 | 冨樫博之 | 自民党 | 66388票 | 连任成功 |
| | 秋田2区 | 金田胜年 | 自民党（额贺派） | 82046票 | 连任成功 |
| | 山形1区 | 远藤利明 | 自民党 | 98508票 | 连任成功 |
| | 山形2区 | 铃木宪和 | 自民党 | 97915票 | 连任成功 |
| | 福岛1区 | 亀冈伟民 | 自民党（町村派） | 102929票 | 连任成功 |

续表

| 选区 | | 候选人 | 所属党派 | 得票数 | 结果说明 |
|---|---|---|---|---|---|
| 东北地区 | 福岛2区 | 根本匠 | 自民党［岸（田）派］ | 91686票 | 连任成功 |
| | 福岛3区 | 玄叶光一郎 | 民主党（现民进党） | 94462票 | 连任成功 |
| | 福岛4区 | 菅家一郎 | 自民党（町村派） | 56440票 | 负于维新党（现民进党）的小熊慎司（56856票），比例选区“复活” |
| | 福岛5区 | 吉野正芳 | 自民党（町村派） | 71101票 | 连任成功 |
| 北关东 | 茨城2区 | 额贺福志郎 | 自民党（额贺派） | 142238票 | 连任成功 |
| | 茨城3区 | 叶梨康弘 | 自民党［岸（田）派］ | 120500票 | 连任成功 |
| | 茨城4区 | 梶山弘志 | 自民党 | 95655票 | 连任成功 |
| | 茨城6区 | 丹羽雄哉 | 自民党［岸（田）派］ | 119116票 | 连任成功 |
| | 茨城7区 | 永冈桂子 | 自民党（麻生派） | 65638票 | 负于无党派的中村喜四郎（88393票），比例选区“复活” |
| | 枥木1区 | 船田元 | 自民党（额贺派） | 110030票 | 连任成功 |
| | 枥木2区 | 西川公也 | 自民党 | 62240票 | 负于民主党（现民进党）的福田昭夫（62439票），比例选区“复活” |

续表

| 选区 | | 候选人 | 所属党派 | 得票数 | 结果说明 |
|---|---|---|---|---|---|
| 北关东 | 栃木3区 | 簗和生 | 自民党（町村派） | 62814票 | 连任成功 |
| | 栃木4区 | 佐藤勉 | 自民党 | 114328票 | 连任成功 |
| | 栃木5区 | 茂木敏充 | 自民党（额贺派） | 101514票 | 连任成功 |
| | 群马1区 | 佐田玄一郎 | 自民党（额贺派） | 61927票 | 连任成功 |
| | 群马2区 | 井野俊郎 | 自民党 | 84530票 | 连任成功 |
| | 群马3区 | 笹川博义 | 自民党 | 83837票 | 连任成功 |
| | 群马4区 | 福田达夫 | 自民党（町村派） | 102153票 | 连任成功 |
| | 群马5区 | 小渊优子 | 自民党（额贺派） | 114458票 | 连任成功 |
| 南关东 | 千叶1区 | 门山宏哲 | 自民党 | 76937票 | 负于民主党（现民进党）的田嶋要（84755票），比例选区“复活” |
| | 千叶2区 | 小林鹰之 | 自民党（二阶派） | 118592票 | 连任成功 |
| | 千叶3区 | 松野博一 | 自民党（町村派） | 85277票 | 连任成功 |
| | 千叶4区 | 木村哲也 | 自民党 | 67600票 | 负于民主党（现民进党）的野田佳彦（119193票） |

续表

| 选区 | | 候选人 | 所属党派 | 得票数 | 结果说明 |
|---|---|---|---|---|---|
| 南关东 | 千叶5区 | 薗浦健太郎 | 自民党（麻生派） | 105941票 | 连任成功 |
| | 千叶6区 | 渡边博道 | 自民党（额贺派） | 77066票 | 连任成功 |
| | 千叶7区 | 斋藤健 | 自民党 | 111030票 | 连任成功 |
| | 千叶8区 | 樱田义孝 | 自民党 | 98569票 | 连任成功 |
| | 千叶9区 | 秋本真利 | 自民党 | 85092票 | 连任成功 |
| | 千叶10区 | 林干雄 | 自民党（二阶派） | 97783票 | 连任成功 |
| | 千叶11区 | 森英介 | 自民党（麻生派） | 110965票 | 连任成功 |
| | 千叶12区 | 滨田靖一 | 自民党 | 134037票 | 连任成功 |
| | 千叶13区 | 白须贺贵树 | 自民党（町村派） | 96294票 | 连任成功 |
| 东京 | 3区 | 石原宏高 | 自民党（石原派） | 115623票 | 连任成功 |
| | 5区 | 若宫健嗣 | 自民党（额贺派） | 102424票 | 连任成功 |
| | 6区 | 越智隆雄 | 自民党（町村派） | 110872票 | 连任成功 |
| | 7区 | 松本文明 | 自民党（町村派） | 83476票 | 负于民主党（现民进党）的长妻昭（104422票），比例选区“复活” |

续表

| 选区 | | 候选人 | 所属党派 | 得票数 | 结果说明 |
|---|---|---|---|---|---|
| 东京 | 8 区 | 石原伸晃 | 自民党（石原派） | 115500 票 | 连任成功 |
| | 9 区 | 菅原一秀 | 自民党 | 123368 票 | 连任成功 |
| | 10 区 | 小池百合子 | 自民党 | 93610 票 | 连任成功 |
| | 11 区 | 下村博文 | 自民党（町村派） | 129587 票 | 连任成功 |
| | 12 区 | 太田昭宏 | 公明党 | 88499 票 | 连任成功 |
| | 13 区 | 鸭下一郎 | 自民党 | 113036 票 | 连任成功 |
| | 16 区 | 大西英男 | 自民党（町村派） | 98536 票 | 连任成功 |
| | 17 区 | 平泽胜荣 | 自民党（石原派） | 122613 票 | 连任成功 |
| | 18 区 | 土屋正忠 | 自民党 | 106143 票 | 连任成功 |
| | 19 区 | 松本洋平 | 自民党（二阶派） | 95207 票 | 连任成功 |
| | 20 区 | 木原诚二 | 自民党［岸（田）派］ | 110273 票 | 连任成功 |
| | 21 区 | 小田原洁 | 自民党（町村派） | 83984 票 | 连任成功 |
| | 22 区 | 伊藤达也 | 自民党 | 116757 票 | 连任成功 |

**续表**

| 选区 | | 候选人 | 所属党派 | 得票数 | 结果说明 |
|---|---|---|---|---|---|
| 东京 | 23 区 | 小仓将信 | 自民党（二阶派） | 104709 票 | 连任成功 |
| | 24 区 | 萩生田光一 | 自民党（町村派） | 126024 票 | 连任成功 |
| | 25 区 | 井上信治 | 自民党（麻生派） | 100081 票 | 连任成功 |
| | 比例选区 | 高木阳介 | 公明党 | | 当选 |
| | 比例选区 | 高木美智代 | 公明党 | | 当选 |
| 北陆信越 | 新潟 1 区 | 石崎彻 | 自民党 | 92656 票 | 连任成功 |
| | 新潟 2 区 | 细田健一 | 自民党（町村派） | 70589 票 | 连任成功 |
| | 新潟 3 区 | 斋藤洋明 | 自民党（麻生派） | 74319 票 | 负于民主党（现民进党）的黑岩宇洋（82619 票），比例选区“复活” |
| | 新潟 4 区 | 金子惠美 | 自民党（二阶派） | 77137 票 | 连任成功 |
| | 新潟 5 区 | 长岛忠美 | 自民党（二阶派） | 81176 票 | 连任成功 |
| | 新潟 6 区 | 高鸟修一 | 自民党（町村派） | 83638 票 | 连任成功 |
| | 富山 1 区 | 田畑裕明 | 自民党（町村派） | 70085 票 | 连任成功 |

**续表**

| 选区 | | 候选人 | 所属党派 | 得票数 | 结果说明 |
| --- | --- | --- | --- | --- | --- |
| 北陆信越 | 富山2区 | 宫腰光宽 | 自民党<br>[岸（田）派] | 82898票 | 连任成功 |
| | 富山3区 | 橘庆一郎 | 自民党 | 138991票 | 连任成功 |
| | 福井1区 | 稻田朋美 | 自民党<br>（町村派） | 116855票 | 连任成功 |
| | 福井2区 | 高木毅 | 自民党<br>（町村派） | 83086票 | 连任成功 |
| 东海 | 静冈1区 | 上川阳子 | 自民党<br>[岸（田）派] | 89544票 | 连任成功 |
| | 静冈2区 | 井林辰宪 | 自民党<br>（麻生派） | 129311票 | 连任成功 |
| | 静冈3区 | 宫泽博行 | 自民党<br>（町村派） | 105347票 | 连任成功 |
| | 静冈4区 | 望月义夫 | 自民党<br>[岸（田）派] | 92416票 | 连任成功 |
| | 静冈5区 | 吉川赳 | 自民党<br>[岸（田）派] | 84574票 | 负于民主党（现民进党）的细野豪志（143012票） |
| | 静冈6区 | 胜俣孝明 | 自民党 | 102714票 | 负于民主党（现民进党）的渡边周（114161票），比例选区“复活” |
| | 静冈7区 | 城内实 | 自民党 | 132698票 | 连任成功 |
| | 静冈8区 | 盐谷立 | 自民党<br>（町村派） | 98485票 | 连任成功 |

续表

| 选区 | | 候选人 | 所属党派 | 得票数 | 结果说明 |
|---|---|---|---|---|---|
| 近畿 | 滋贺1区 | 大冈敏孝 | 自民党（二阶派） | 78567票 | 连任成功 |
| | 滋贺2区 | 上野贤一郎 | 自民党（石原派） | 65102票 | 连任成功 |
| | 滋贺3区 | 武村展英 | 自民党 | 70789票 | 连任成功 |
| | 滋贺4区 | 武藤贵也 | 自民党（麻生派） | 60460票 | 连任成功 |
| | 大阪1区 | 大西宏幸 | 自民党［岸（田）派］ | 71648票 | 负于维新党（现大阪维新会）的井上英孝（75016票），比例选区“复活” |
| | 大阪2区 | 左藤章 | 自民党［岸（田）派］ | 78326票 | 连任成功 |
| | 大阪3区 | 佐藤茂树 | 公明党 | 84943票 | 连任成功 |
| | 大阪4区 | 中山泰秀 | 自民党（町村派） | 82538票 | 连任成功 |
| | 大阪5区 | 国重彻 | 公明党 | 92681票 | 连任成功 |
| | 大阪6区 | 伊佐进一 | 公明党 | 94308票 | 连任成功 |
| | 大阪7区 | 渡嘉敷奈绪美 | 自民党（额贺派） | 81113票 | 连任成功 |
| | 大阪8区 | 大塚高司 | 自民党（额贺派） | 67055票 | 连任成功 |
| | 大阪9区 | 原田宪治 | 自民党（额贺派） | 95667票 | 连任成功 |

续表

| 选区 | | 候选人 | 所属党派 | 得票数 | 结果说明 |
|---|---|---|---|---|---|
| 近畿 | 大阪10区 | 大隈和英 | 自民党（麻生派） | 53160票 | 负于民主党（现民进党）的辻本清美（61725票），比例选区“复活” |
| | 大阪11区 | 佐藤由加利 | 自民党（大岛派） | 73931票 | 连任成功 |
| | 大阪12区 | 北川知克 | 自民党（大岛派） | 68817票 | 连任成功 |
| | 大阪13区 | 宗清皇一 | 自民党（町村派） | 91931票 | 连任成功 |
| | 大阪14区 | 长尾敬 | 自民党 | 76555票 | 负于维新党（现大阪维新会）的谷畑孝（78332票），比例选区“复活” |
| | 大阪15区 | 竹本直一 | 自民党［岸（田）派］ | 86297票 | 连任成功 |
| | 大阪16区 | 北侧一雄 | 公明党 | 66673票 | 连任成功 |
| | 大阪17区 | 冈下昌平 | 自民党（二阶派） | 63219票 | 负于维新党（现大阪维新会）的马场伸幸（70196票），比例选区“复活” |
| | 大阪18区 | 神谷昇 | 自民党（二阶派） | 82460票 | 负于维新党（现大阪维新会）的远藤敬（88638票），比例选区“复活” |

续表

| 选区 | | 候选人 | 所属党派 | 得票数 | 结果说明 |
| --- | --- | --- | --- | --- | --- |
| 近畿 | 大阪18区 | 谷川富 | 自民党 | 51223票 | 负于维新党（现大阪维新会）的丸山穗高（56119票），比例选区“复活” |
| | 兵库3区 | 关芳弘 | 自民党（町村派） | 63022票 | 连任成功 |
| | 兵库5区 | 谷公一 | 自民党（二阶派） | 110439票 | 连任成功 |
| | 兵库6区 | 大串正树 | 自民党 | 116288票 | 连任成功 |
| | 兵库7区 | 山田贤司 | 自民党（麻生派） | 89813票 | 连任成功 |
| | 兵库8区 | 中野洋昌 | 公明党 | 94687票 | 连任成功 |
| | 兵库10区 | 渡海纪三朗 | 自民党 | 89792票 | 连任成功 |
| | 兵库11区 | 头师畅秀 | 自民党 | 74562票 | 负于民主党（现民进党）的松本刚明（90182票） |
| | 奈良1区 | 小林茂树 | 自民党 | 67473票 | 负于民主党（现民进党）的马渊澄夫（79265票） |
| | 奈良2区 | 高市早苗 | 自民党 | 96218票 | 连任成功 |
| | 奈良3区 | 奥野信亮 | 自民党（町村派） | 79334票 | 连任成功 |
| | 奈良4区 | 田野瀬太道 | 自民党（石原派） | 86442票 | 连任成功 |

续表

| 选区 | | 候选人 | 所属党派 | 得票数 | 结果说明 |
|---|---|---|---|---|---|
| 近畿 | 和歌山1区 | 门博文 | 自民党（二阶派） | 59937票 | 负于民主党（现民进党）的岸本周平（67740票），比例选区“复活” |
| 近畿 | 和歌山2区 | 石田真敏 | 自民党 | 71167票 | 连任成功 |
| 近畿 | 和歌山3区 | 二阶俊博 | 自民党（二阶派） | 108257票 | 连任成功 |
| 中国·四国 | 鸟取1区 | 石破茂 | 自民党 | 93105票 | 连任成功 |
| 中国·四国 | 鸟取2区 | 赤泽亮正 | 自民党 | 76579票 | 连任成功 |
| 中国·四国 | 岛根1区 | 细田博之 | 自民党（町村派） | 100376票 | 连任成功 |
| 中国·四国 | 岛根2区 | 竹下亘 | 自民党（额贺派） | 123584票 | 连任成功 |
| 中国·四国 | 冈山1区 | 逄泽一郎 | 自民党 | 90059票 | 连任成功 |
| 中国·四国 | 冈山2区 | 山下贵司 | 自民党 | 71436票 | 连任成功 |
| 中国·四国 | 冈山3区 | 阿部俊子 | 自民党 | 57647票 | 负于次世代党（现自民党）的平沼赳夫（73852票），比例选区“复活” |
| 中国·四国 | 冈山4区 | 桥本岳 | 自民党（额贺派） | 91189票 | 连任成功 |
| 中国·四国 | 冈山5区 | 加藤胜信 | 自民党（额贺派） | 105969票 | 连任成功 |

续表

| 选区 | | 候选人 | 所属党派 | 得票数 | 结果说明 |
|---|---|---|---|---|---|
| 中国·四国 | 广岛1区 | 岸田文雄 | 自民党［岸（田）派］ | 96236票 | 连任成功 |
| | 广岛2区 | 平口洋 | 自民党（额贺派） | 102719票 | 连任成功 |
| | 广岛3区 | 河井克行 | 自民党 | 85311票 | 连任成功 |
| | 广岛4区 | 中川俊直 | 自民党 | 89748票 | 连任成功 |
| | 广岛5区 | 寺田稔 | 自民党［岸（田）派］ | 95526票 | 连任成功 |
| | 广岛6区 | 小岛敏文 | 自民党［岸（田）派］ | 65494票 | 负于无党派的亀井静香（89756票），比例选区“复活” |
| | 广岛7区 | 小林史明 | 自民党［岸（田）派］ | 101809票 | 连任成功 |
| | 山口1区 | 高村正彦 | 自民党 | 120084票 | 连任成功 |
| | 山口2区 | 岸信夫 | 自民党（町村派） | 96799票 | 连任成功 |
| | 山口3区 | 河村建夫 | 自民党（二阶派） | 93248票 | 连任成功 |
| | 山口4区 | 安倍晋三 | 自民党 | 100829票 | 连任成功 |
| | 德岛1区 | 后藤田正纯 | 自民党 | 92166票 | 连任成功 |
| | 德岛2区 | 山口俊一 | 自民党（麻生派） | 85979票 | 连任成功 |

续表

| 选区 | | 候选人 | 所属党派 | 得票数 | 结果说明 |
| --- | --- | --- | --- | --- | --- |
| 中国·四国 | 香川1区 | 平井卓也 | 自民党 | 74115票 | 连任成功 |
| | 香川2区 | 濑户隆一 | 自民党（麻生派） | 57318票 | 负于民主党（现民进党）的玉木雄一郎（78797票)），比例选区“复活” |
| | 香川3区 | 大野敬太郎 | 自民党 | 76281票 | 连任成功 |
| | 爱媛1区 | 盐崎恭久 | 自民党 | 99900票 | 连任成功 |
| | 爱媛2区 | 村上诚一郎 | 自民党 | 57168票 | 连任成功 |
| | 爱媛3区 | 白石彻 | 自民党（麻生派） | 64929票 | 连任成功 |
| | 爱媛4区 | 山本公一 | 自民党 | 66954票 | 连任成功 |
| | 高知1区 | 中谷元 | 自民党 | 78279票 | 连任成功 |
| | 高知2区 | 山本有二 | 自民党 | 83764票 | 连任成功 |
| 九州·冲绳及其他比例选区 | 福冈2区 | 鬼木诚 | 自民党（石原派） | 102241票 | 连任成功 |
| | 福冈3区 | 古贺笃 | 自民党［岸（田）派］ | 114093票 | 连任成功 |
| | 福冈4区 | 宫内秀树 | 自民党 | 91222票 | 连任成功 |

续表

| 选区 | | 候选人 | 所属党派 | 得票数 | 结果说明 |
|---|---|---|---|---|---|
| 九州·冲绳及其他比例选区 | 福冈5区 | 原田义昭 | 自民党（麻生派） | 113736票 | 连任成功 |
| | 福冈6区 | 鸠山邦夫 | 自民党 | 116413票 | 连任成功 |
| | 福冈7区 | 藤丸敏 | 自民党［岸（田）派］ | 95796票 | 连任成功 |
| | 福冈8区 | 麻生太郎 | 自民党（麻生派） | 126684票 | 连任成功 |
| | 福冈9区 | 三原朝彦 | 自民党（额贺派） | 87892票 | 连任成功 |
| | 福冈10区 | 山本幸三 | 自民党［岸（田）派］ | 81567票 | 连任成功 |
| | 福冈11区 | 武田良太 | 自民党 | 85488票 | 连任成功 |
| | 佐贺1区 | 岩田和亲 | 自民党［岸（田）派］ | 83421票 | 负于民主党（现民进党）的原口一博（85903票），比例选区“复活” |
| | 佐贺2区 | 古川康 | 自民党 | 114074票 | 连任成功 |
| | 熊本1区 | 木原稔 | 自民党（额贺派） | 87111票 | 连任成功 |
| | 熊本2区 | 野田毅 | 自民党（石原派） | 92873票 | 连任成功 |
| | 熊本3区 | 坂本哲志 | 自民党（石原派） | 100824票 | 连任成功 |

续表

| 选区 | | 候选人 | 所属党派 | 得票数 | 结果说明 |
| --- | --- | --- | --- | --- | --- |
| 九州·冲绳及其他比例选区 | 熊本4区 | 园田博之 | 次世代党（现自民党） | 101581票 | 连任成功 |
| | 熊本5区 | 金子恭之 | 自民党 | 87874票 | 连任成功 |
| | 大分1区 | 穴见阳一 | 自民党（町村派） | 88507票 | 负于民主党（现民进党）的吉良州司（94893票），比例选区“复活” |
| | 大分2区 | 卫藤征士郎 | 自民党（町村派） | 86363票 | 连任成功 |
| | 大分3区 | 岩屋毅 | 自民党（麻生派） | 106257票 | 连任成功 |
| | 宫崎1区 | 武井俊辅 | 自民党［岸（田）派］ | 89171票 | 连任成功 |
| | 宫崎2区 | 江藤拓 | 自民党 | 111850票 | 连任成功 |
| | 宫崎3区 | 古川祯久 | 自民党 | 108051票 | 连任成功 |
| | 鹿儿岛1区 | 保冈兴治 | 自民党（石原派） | 67376票 | 连任成功 |
| | 鹿儿岛2区 | 金子万寿夫 | 自民党（石原派） | 91670票 | 连任成功 |
| | 鹿儿岛3区 | 宫路拓马 | 自民党 | 56741票 | 负于无党派的野间健（79003票），比例选区“复活” |
| | 鹿儿岛4区 | 小里泰弘 | 自民党 | 93501票 | 连任成功 |

续表

| 选区 | | 候选人 | 所属党派 | 得票数 | 结果说明 |
|---|---|---|---|---|---|
| 九州·冲绳及其他比例选区 | 鹿儿岛5区 | 森山裕 | 自民党（石原派） | 94977票 | 连任成功 |
| | 冲绳1区 | 国场幸之助 | 自民党［岸（田）派］ | 53241票 | 负于共产党的赤岭政贤（57935票），比例选区“复活” |
| | 冲绳2区 | 宫崎政久 | 自民党（额贺派） | 52156票 | 负于社民党的照屋宽德（85781票），比例选区“复活” |
| | 冲绳3区 | 比嘉奈津美 | 自民党（额贺派） | 59491票 | 负于生活党的玉城DENII（89110票），比例选区“复活” |
| | 冲绳4区 | 西铭恒三郎 | 自民党（额贺派） | 65838票 | 负于无党派的仲里利信（71227票），比例选区“复活” |
| | 比例选区（东北） | 高桥千鹤子 | 共产党 | | 当选 |
| | 比例选区（东北） | 井上义久 | 公明党 | | 当选 |
| | 比例选区（北关东） | 石井启一 | 公明党 | | 当选 |
| | 比例选区（北陆信越） | 山本拓 | 自民党（二阶派） | | 当选 |
| | 比例选区（中国） | 池田道孝 | 自民党（额贺派） | | 当选 |
| | 比例选区（中国） | 齐藤铁夫 | 公明党 | | 当选 |
| | 比例选区（四国） | 石田祝稔 | 公明党 | | 当选 |
| | 比例选区（四国） | 福井照 | 自民党［岸（田）派］ | | 当选 |

续表

| 选区 | | 候选人 | 所属党派 | 得票数 | 结果说明 |
|---|---|---|---|---|---|
| 九州·冲绳及其他比例选区 | 比例选区（四国） | 福山守 | 自民党 | | 当选 |
| | 比例选区（九州） | 今村雅弘 | 自民党 | | 当选 |
| | 比例选区（九州） | 林田彪 | 自民党 | | 落选 |

*2014年12月25日，“町村派”会长町村信孝因出任众议院议长而脱离自民党，该派遂由代理会长细田博之继任会长一职，与此同时“町村派”亦更名为“细田派”。2015年4月21日，町村信孝因身体欠佳而辞去众议院议长一职，同年6月1日病逝。

资料来源：「全国農政連が1次推薦決定」、『日本農業新聞』2014年12月2日；「全国農政連が2次推薦決める」、『日本農業新聞』2014年12月3日；「推薦候補を追加衆院選で全国農政連」、『日本農業新聞』2014年12月4日；「推薦候補を追加　全国農政連」、『日本農業新聞』2014年12月5日；「推薦候補を追加 全国農政連」、『日本農業新聞』2014年12月6日。

# 附录2　安倍关于日本参与TPP谈判的发言[①]

（2013年3月15日）

【安倍总理开场发言】

今天，我决定参加“跨太平洋伙伴关系协议”（TPP）的谈判。并向参加谈判的国家通知此意。

关于这个国内舆论交锋的问题，我本人也听取了大量各种各样的意见。最终在充分斟酌这些意见的基础上，作出了今天的决断。下面将向各位国民说明为什么我做出了参加TPP的决定。

现在，占地球表面三分之一的世界最大海洋的太平洋，将因为TPP而变成一个巨大经济圈的内海。环绕太平洋的11个国家参加了TPP谈判。TPP的目的在于使太平洋成为一个物资、服务、投资等自由往来的海洋。一个占世界经济总量约三分之一的大经济圈将要诞生。

在日本尚被占领下的1949年，面对一片焦土，战后首个通商白皮书曾经这样呼吁到：“没有通商的振兴，就不可能指望经济自立。”本着这一决心，我国选择了一条以自由贸易体制为基础奔向繁荣的道路。1955年，我国在亚洲率先加入了促进世界自由贸易的关税及贸易总协定（GATT）。扩大出口，使日本经济在20年里实现了高达20倍的惊人增长，于1968年成为继美

① 资料来源：http：//www.kantei.go.jp/jp/96_ abe/statement/2013/0315kaiken.html；http：//www.kantei.go.jp/cn/96_ abe/statement/201303/15kaiken.html。

国之后的世界第二大经济大国。

现在，日本发展面临着巨大的障碍。少子化、高龄化、长期通货紧缩，我国的内向倾向也不知不觉地突出起来。在这期间，世界上很多国家为了加入海外的经济增长，充满活力地向开放型经济转变。美国与欧洲已经开始着手进行相互间经济合作协定的谈判。韩国也与美国和欧盟（EU）签订了自由贸易协定等，亚洲的新兴国家也在陆续向开放型经济转变。如果只有日本变得内向起来，就没有增长的可能性。企业也不会向这样的日本投资了，日本也召集不到优秀的人才了。

TPP是一个对亚太地区的“未来繁荣”做出承诺的框架。至于撤销关税后的经济效果，今后不是由各个省厅，而是作为由政府统一开展工作的一个基础进行了估算。即使在以撤销所有关税为前提的情况下，预计在整体上对我国经济有正面效果。

这种估算预计农林水产品的产量将会减少。不过这是在立即撤销所有关税、并且不以国内对策为前提的极为单纯的假设下计算的结果。实际上，会通过今后的谈判，对我国的敏感性品目给予特殊照顾，会尽一切努力使不良影响降低到最小限度，这是理所当然的。

我们设想到也许会有未包括在这次估算中的正面效果。与占世界经济总量三分之一的经济圈连接所带来的投资活化等效果，也有必要进一步斟酌。

具体情况，将由担任TPP综合协调工作的甘利大臣随后进行说明。

TPP的意义不只是给我国带来经济效果。日本将与同盟国美国一起构建新的经济圈。而且，共享自由、民主、基本人权、法治等普遍价值的国家都会加入。我坚信，与这些国家一起制定出一套亚太地区的新规则，不仅符合日本的国家利益，而且也必将给全世界带来繁荣。

并且可以肯定的是，在共同的经济秩序下，深化与这些国家在经济上的相互依赖关系，对于我国的安全保障，以及亚太地区的稳定也将大有裨益。

日本与美国这两个经济大国参与制定的新经济秩序，不仅仅是TPP当中的规则。对于在这之后的“东亚区域全面经济伙伴关系框架协议”（RCEP）和更大的构想的“亚太自由贸易区”（FTAAP），也应当成为制定规则的原案。

现在是最后的机会了。错过这个机会，就意味着日本会被排除在世界规则制定者之外。“TPP拉开了亚洲太平洋世纪的序幕”，后世的历史学家一定会这样评价。日本必须在“亚洲太平洋世纪”的中心占据一席之地。我相信，参加TPP谈判正是一项国家的百年大计。

令人遗憾的是，TPP谈判自启动以来已经过去了两年。如果有已经达成共识的规则，后来参加的日本将难以推翻，这是无可争辩的事实。剩下的时间决不会太长，正因为如此，我才认为日本必须早日参加谈判。

日本是世界第三大经济大国。我坚信，一旦参加谈判，日本一定能够作为一名重要选手，带头制定新的规则。

另一方面，有人对TPP怀有各种各样的担心，这是理所当然的。正因为如此，在此前的众议院选举中，我们自由民主党才明确表示：“只要以无禁区撤销关税为前提，就反对参加TPP谈判。”而且还提出了维护全民保险制度等5项判断标准。我们一定会遵守对国民的承诺。因此，我前些天与奥巴马总统直接会谈，确认了TPP不以无禁区撤销关税为前提。对于另外5项判断标准，我也决心在谈判中坚定地维护下去。

我们将发挥谈判能力，守护我国应该守护的东西，争取我国应该争取的东西，追求符合国家利益的最佳途径。

什么是最重要的国家利益呢？日本拥有引以为自豪的国民性、令人叹为观止的优美田园风景。日本拥有早起挥汗耕田、分享水资源、并祈祷丰收的传统。有虽然以自助自立为基本，但若有人不幸病倒，村民们都会互相帮助的农村文化。并有从中诞生的享誉世界的以全民保险制度为基础的社会保障制度。我要坚决捍卫这样的国民性。

目前，我国主要农业从业人员的平均年龄为66岁，20年里提高了10岁之多。令人遗憾的是，如今的农业面貌称不上对年轻人有吸引力，弃耕地在这20年里增加了约2倍。现在的规模几乎相当于整个埼玉县，如果就这样放置不管，就不能保护农村、保护美丽的故乡。即便是在尚未参加TPP的现在，这些也都是已经发生在眼前的现实，必须恢复能够让青年们对未来抱有希望的、强有力的、富裕的农业、农村。

日本拥有在四季变换的过程中精心培育的农产品。在物质日益富裕的世界，美味而又安全的日本农产品的人气度一定会提高。

大分县出产的香甜的日田梨，尽管价格是台湾当地同类产品的5倍之高，但却仍被出口到那里。在北海道，也有充分发挥雪国特点的大米在5年里出口量增加到8倍的事例。我们要通过进攻型农业政策提高农林水产业的竞争力，推进扩大出口，使其成为增长产业。为此，TPP与其说是一场危机，倒不如说是一大良机。

另一方面，进一步充实针对丘陵和山区等条件不利地区的措施，也是理所当然的。还必须考虑东日本大地震后的复兴工作。

农户们深切担心参加TPP后日本的农业就会崩溃，以前我听到过很多迫切的意见。我会牢记大家顾虑和担心的问题去参加谈判。我承诺要尽一切努力守护日本的“农业”，守护日本的“食粮”。

也有人指出参加TPP是否会丧失关税自主权？但是，TPP是由所有参加国根据谈判结果降低关税的，并非只是日本单方面降低关税。我还听到了其他各种担心的意见，我们也会通过谈判，切实应对此类意见。为了让各位国民了解这一情况，我承诺将根据今后的进展情况，细致周到地提供信息。

在此基础上，我们真正应当担心的，是过度担心就会一事无成，是踌躇不前的心情本身。为了给我们的子孙后代留下一个能够对未来抱有希望的“强有力的日本”，我们要共同前进。

今天，我所决定的只是参加谈判，只是站在 TPP 门口而已，攸关国家利益的谈判还在后面。我承诺将坚决捍卫日本的主权，通过谈判，根据国家利益寻求实现最佳途径。

以上是我的开场发言。

**【答疑】**

（内阁广报官）

那么，现在进入提问环节。被指名的记者，请首先说出您所属的单位和您的姓名，然后再开始提问。

现在，高桥记者，请提问。

（记者）

总理，我是共同通信的高桥。请多关照。

总理刚才表明要参加 TPP 谈判，并表达了维护国家利益的坚定决心，但是具体而言，针对大米、小麦、牛肉、猪肉、乳制品、砂糖这 5 个重要品目和全民保险制度，昨天自民党也提出要求，希望将这些作为禁区最优先保障。首先请问总理是否也有彻底捍卫该禁区的决心？如果无法捍卫，也有脱离谈判的可能性，总理是否持这种立场？

还有一个问题是关于详细的政府统一估算结果，虽然随后甘利大臣会介绍，但是在农业方面，据说其产值将减少 3 万亿日元之多。对于这一点，预计农业团体会强烈反对，对于这将给夏天的参议院选举带来的影响，总理是如何看待的？而且，也请总理谈一谈对农业支援措施的探讨情况。

（安倍总理）

首先是是否脱离 TPP 误判的问题，我们会维护国家利益，以此为中心进行谈判，也正因为如此才参加了谈判。因此，此时此地提出是否脱离TPP误判，反而违背了国家利益，我认为并不妥当。昨天，我也收到了自由民主党提交的关于应该守护的项目的决议。我们要牢记这一点，以坚韧的谈判能力拿出结果。

就参议院选举而言，无论是否有选举，我认为只有这个时期了，于是今天决定参加谈判。

再者，我们与农村、农户有着长期的信赖关系。我希望通过这种信赖关系进行充分的说明，以保持信赖、赢得信赖。

至于对农业的严重打击，甘利大臣随后将对估算进行说明。这估算是在关税完全为零、完全没有应对和对策前提下的数字，这种情况本来就是绝对不会出现的，我想澄清这一点。正如我开头所说的那样，毋宁说化危机为机遇才是眼下必须做的事情。

同时因为农业具备多方面功能，所以我们必须记住这些多方面功能，运用各种政策守护应该守护的东西。

在对策方面，我今天也决定了参加谈判。今后将在切实进行谈判的同时，对于保护强有力的农业、进攻型的农业，以及守护多方面功能的各项对策、功能表，我们将进行充分讨论。

（内阁广报官）

接下来有请下一位。古田记者，请提问。

（记者）

我是东京新闻、中日新闻的古田。总理，请多关照。

总理刚才承诺要向国民细致周到地提供有关谈判过程的信息，那么今后的谈判过程以及参加谈判的相关信息打算如何公布？以何种方式公布？是举行记者招待会还是由政府发布定期报告？请谈一谈您的看法。还有，刚才总理谈到，已经决定参加并开始谈判的国家有11个，这些国家已经达成共识的规则是不能推翻的。总理表示承认这是无可争辩的事实。据我所知，加拿大、墨西哥在决定参加谈判之际，除了不能推翻既已达成的共识，还被要求接受一些诸如只有最初决定参加的9个国家才拥有停止谈判的权利之类的条件。

对于此类不利的条件，总理是否认为为了重视参加误判不得不接受呢？今后提出此类条件时，政府将如何应对呢？请谈一谈您的看法。

（安倍总理）

首先，关于提供TPP的相关信息。此前访美时，首脑会谈后发表了日美联合声明，在国内外记者招待会上也进行说明等等，我们始终在尽量进行说明。

此外，还在执政党与在野党的相关会议等中，就安倍政权对TPP的基本观点和谈判的进展情况随时作出说明。因为是谈判，鉴于与对方国家的关系，有的内容无法公布，但若开始参加谈判，获得信息就会比现在容易得多。能够公布的内容，将根据进展情况，充分地向各位国民提供。

就谈判而言，对于此前已经参加的国家决定了的规则，后来参加的国家很难推翻，这一点我们十分清楚。不过，迄今为止对于关税等问题几乎尚未讨论，不要说今后也有很多要决定的规则。如果说现在不参加谈判，实际上就是放弃了TPP本身。也就是说，因为完全不能参加谈判，日本也就完全不能参加规则制定，参加这种TPP谈判，会落到更加不符合国家利益的境地，而且，我们还会放弃将以TPP决定的规则为核心建立起RCEP、FTAAP之类的新体制。我们必须认识到：现在到了关键的时候了。

而且，报道所称的寄给墨西哥和加拿大的书面证据，我国并未收到。因此，我无法回答这种假定的问题，但是我希望尽可能早日正式参加谈判，以坚韧的谈判能力维护国家利益，毕竟日本拥有位居世界第三的经济实力。其存在感不容小觑，因此我们希望充分发挥这种力量。

（内阁广报官）

接下来有请下一位。

关口记者，请提问。

（记者）

我是道琼斯通讯社的关口。

有关参加TPP谈判的争论，给人的印象是为了保护日本农业，如何处理农产品关税为争论的最大焦点，撤销关税之后，消费者受益的优先顺序是否在这个问题之后？大企业纷纷宣布收益增加，但是对于难以反映市场繁荣的中小企业、零细企业和依靠养老金生活的人们而言，总理提出的物价上升目标等，也会使其生活处境艰难。

对于希望便宜的外国大米和畜产品进来的消费者与农业保护之间的隔阂，总理是如何看待的？请说明一下。

（安倍总理）

首先，撤销诸多关税后，物价会下降。消费者能够从中受益。而且，相应地，由于购买力增加，将有助于提高GDP。我们也进行了这种计算，也就是说，我们已经计入消费者得到的利益了。

再者，农业拥有多方面功能。储存水源、守护地区、保护环境，以及吸收二氧化碳（$CO_2$）。城市居民也因此而受益。也就是说，如果我们考虑多方面功能，农业就是一个产业。在那里绝对不会出现不再需要农业劳动者之类的情况，因为其重要性、多方面功能，以及确实与日本文化相通，所以我认为切实保护农业是理所当然的。

其次是关于目前我们正在推行的经济财政金融政策的问题，因为如果我们不采取现在的政策，国民的收入就会逐年减少，并且进一步会落到收入不断减少的境地。因为养老金是随物价浮动的，如果陷入通货紧缩，养老金收入就会减少。如果股价下跌，养老金的运作亏损就会层出不穷。例如为了用于灾区而出售的JT股份，其出售收益也会减少。

也就是说，希望大家想到：如果不采取现行的政策，受到的负面影响将会大得多。针对由于过度的日元升值而从根本上失去工作的状况，我们现在为之而改变的是，通过使日本经济得到增长，搞活经济，增加工作岗位，增加就业，提高工资，现在已经进入这种局面，因此我想重要的是进一步让更多的人从中受益，并将这种局面扩大下去。

（内阁广报官）

快到预定时间了，再只提一个问题。

接下来，佐佐木记者，请提问。

（记者）

我是时事通信的佐佐木。

在总理此次表明参加 TPP 谈判之际，此前政府一直在与美国进行事前协商。特别是对接受分阶段撤销针对美国汽车的关税等，我想可能有了一定的进展，但是“事前”协商的事前一词也许可以去掉，难道这一协商已经结束了吗？我想并没有这回事，但是考虑到所谓的“90 天规则”，为了参加预计将于入夏以后开始的谈判会议，对于汽车、保险等其他残留课题，将以何种姿态参与规则制定，请总理具体谈一谈。

（安倍总理）

首先，在前些天的日美首脑会谈中，已就继续进行日美间的协商达成了一致，目前正在进行协商。为了尽快让美国同意我国参加 TPP 谈判，今后要进一步开展工作。

（内阁广报官）

那么，总理记者招待会到此结束。

谢谢大家！

# 附录3　安倍关于TPP达成基本协议的发言[①]

（2015年10月6日）

【开场发言】

崭新的“亚太世纪”即将拉开帷幕。

日本和美国引领共享自由、民主、人权、法治等价值观的国家，在亚太地区构筑自由与繁荣的大海。“跨太平洋伙伴关系协议”（TPP），昨天基本达成了一致。

这将形成未曾有过的巨大经济圈，人口规模高达8亿，占世界经济近4成。而且，日本将参与这个经济圈的中心建设。TPP正是“国家百年大计”。TPP会使我们的生活更加丰富多彩。

这是因为贸易领域的国界消失后，不但可以低价获得各类丰富的世界产品，而且像被骗购盗版、假冒产品的现象也会逐渐消失。去海外旅行时的电话费支出也有可能越来越少，网络世界的个人信息也能得到应有的保护。

TPP的优势不仅仅停留在消除关税上，“便宜又劣质”的现象不会再有市场。TPP还将雄心勃勃地致力于服务乃至知识产权等广泛领域，共享正确评价高品质的公正规则，创建可持续发展的经济圈。

TPP会为我们带来机遇。其中的主角，就是拥有闪耀光芒的中小微企业，以及充满个性、拥有家乡特产的各个地方。

---

① 资料来源：http：//www. kantei. go. jp/jp/97_abe/statement/2015/1006kaiken. html；http：//www. kantei. go. jp/cn/97_abe/statement/201510/1213654_10275. html。

镜框的关税将由近10%降至零。这对福井县的鲭江品牌来说，是进一步拓展世界市场的绝好机遇。

日本茶的关税也将由20%降至零。静冈、鹿儿岛被誉为世界著名的茶叶产地的机会也将指日可待。

有些国家将陶瓷关税从30%多降至零。岐阜的美浓烧、佐贺的有田烧、伊万里烧，日本引以为豪的传统陶瓷，定会令海外人士着迷。

我希望拥有热情的各地方人士以及年轻人，在TPP这一世界舞台大显身手。

形成保护投资的新规则，使勇敢果断地进入显著增长的海外市场成为可能。

如果是对TPP成员国的投资，该国政府提出希望进行技术转移等的不当要求，今后也将完全消失。这是通过坚韧不拔的谈判，我国主张在TPP协议中得到反映的成果。

该攻则攻，该守则守。在TPP谈判时，我反复强调这一点。

今后也将继续坚持向世界引以为豪的我国的全民保险制度。坚决遵守确保食品安全安心的标准。在实施正当规制时，我国的主权绝不会受到丝毫损害。因此，在处理投资家与国家之间的纠纷时，即国家争端解决机制（ISDS）加入对其进行确认的规定。

我想明确告诉诸位的是，自由民主党切实遵守了在参加TPP谈判前向广大国民做出的承诺。

其中，绝不认可无禁区撤销关税禁区，这是参加谈判的大前提。

尤其是大米、小麦、甘蔗、甜菜、牛肉猪肉、以及乳制品，涉及这些长年支撑日本农业的重要品目的谈判一直坚持到最后一刻。

结果，这些取消关税的例外品目得以切实确保，而且允许在发生此类农产品进口的骤增时紧急启动新设限制进口的新保障措施。

我认为正是日本积极引领了谈判，才在艰苦的谈判中获得了符合国家利益的最好结果。

我深知即便如此，仍有许多人会对在加入 TPP 后他们是否还能继续从事农业而感到十分不安。

美丽的田园风光、传统风情的故乡、互帮互助的农村文化，这些日本值得自豪的国家特色今后也将继续坚守。我的这一决心今后也绝不会动摇。

我将身先士卒地致力于这项工作，设置包括所有大臣在内的“TPP 综合对策总部”，由政府全权负责，全力以赴采取综合性对策。甘利大臣回国后，我将听取他的汇报并做出具体指示。

关于将设定新进口配额的大米，也考虑采取控制市场大米流通总量不再增加等必要措施，为消除农户们的不安情绪，使生产者能安心投入再生产而采取万全的对策。

农业正是国家的基础。然而战后，原有 1600 多万人的农业人口现在仅剩 200 万人。这 70 年锐减至八分之一，平均年龄超过 66 岁。

TPP 不是危机，而应是机遇，要将其转换成一个改变农业现状的契机，使满腔热情的年轻人在地平线上开创出一片新天地。

TPP 的谈判结果使许多国家实现了农作物零关税。

北海道的甜瓜、大分的梨，日本拥有许多其他地方所没有的汁多甜度高的水果。新潟的“越光”、宫城的“一见钟情”、青森的“津轻浪漫”，在这些日本引以自豪的美味大米面前，世界市场这个巨大的机遇将会不断拓展。

最近在美国，雪花“和牛”受到对流行极其敏锐的纽约人的青睐。

然而，存在一个巨大的壁垒，其关税高达 26%，价格十分昂贵。

这个壁垒将由 TPP 解除。只要出口业绩不超过目前的 40 倍，就能保持零关税。而且，计划将来取消所有限制。我坚信，这将成为美国人进一步了解日本美味和牛、更多食用和牛的巨大契机。

我们政府会去发现TPP所带来的机遇，并全力支持挑战世界市场的每一个人。

近20年，日本经济始终苦于通货紧缩。

即便努力也得不到回报，收入无所增加。内向思维蔓延到日本的每一个角落，我们一直害怕新的挑战，这不就是其带来的结果吗？

少子老龄化、经济全球化、新兴国家的崛起，国内外的经济形势不断变化。

我们不应再惧怕改革，而应鼓起勇气发起挑战，通过创新迈向开放的世界。

TPP还仅是一个开端。前方还有“东亚区域全面经济伙伴关系”（RCEP）、“亚太自由贸易协定”（FTAAP），我们将与亚洲各国共建更大的经济圈。与欧洲的经济合作协定（EPA）谈判也要为实现年内达成一致的目标而加速前进，日本决心今后也将继续发挥引领作用。

70年前，日本失去了一切。

然而，由于在亚洲最早加入了关税及贸易总协定（GATT），推动了贸易自由化；勇于挑战汽车、电子等新兴产业，进入世界市场的竞争行列。由此，仅用了20年左右的时间，日本就成为仅次于美国的世界第二经济大国。

前人们无比艰辛的努力换来了我们今日的繁荣，活在当下的我们也肩负重大使命，要竭尽全力，使日本得以进一步发展，并将其交与我们的子孙后代。

为完成这一使命，我将于广大国民一同，从今天开始迈出新的一步，并衷心希望广大国民对日本加入TPP给予理解与支持。

我的发言到此结束。

【答疑】

（内阁广报官）

接下来接受提问。

首先，请干事社的记者提问，请先报所属媒体名称和姓名，然后提问，请。

（记者）

我是干事社北海道新闻的小林。

总理您曾在两年前向国民承诺，为追求符合国家利益的最佳道路而决定参加TPP谈判。对于本次协议达成的内容，经济界欢声一片，但正如您刚才提到的新设大米零关税进口配额等问题，农业团体等则认为，这违反了优先确保农产品五大重要品目等禁区、若无法确保就退出谈判这一国会决议。对于本次协议达成的内容，总理您是否认为日本坚守了禁区？此外请问，总理您将会具体在什么时候对于遭受TPP影响的国内产业采取怎样规模的对策？

（安倍总理）

2013年4月，参众两院的农林水产委员会就TPP谈判一事讨论决议通过：为使大米、小麦、牛肉猪肉、乳制品、甜味资源作物等农林水产品重要品目能够继续再生产，而作为例外品目或再协商的对象；不承认即使是设定10年以上期限的分阶段消除关税也不予认可；将农林水产领域的五大重要品目等作为禁区进行最优先确保，如判定无法确保则应退出谈判等。

TPP为实现签署一揽子高水准的协议，废除关税的压力极大，但政府认真接受决议内容，从同年7月参加正式谈判以来，据以力争到最后一步。由此取得了美国等近年缔结的FTA中未能取得的高水准成果，确保了以五大重要品目为主的许多零关税例外。

此外，日本以国会决议为后盾，与各国进行了坚韧不拔的谈判，在坚持以五大重要品目为中心的国家贸易制度的同时，维持原有关税配额品目的配额外税率，创设关税配额以及新保障措施，并使削减关税时间长期化等有效措施得到了认可。

农业是国家的基础，守护美丽的田园风光是政治的责任。我们要让拥有热情的生产者安心从事农林水产业再生产，使之成为年轻人追梦的领域。

今后，将会对具体产生怎样的影响进行详查。同时，关于TPP协议的签署，在取得国会承认之前，整个政府将全权负责国内对策，结合谈判取得成果做好万无一失的准备。

（内阁广报官）

请干事社再提一个问题。

（记者）

我是干事社富士电视台的西垣，总理辛苦了。

我想就与此相关的内阁改组提问。关于TPP，从参加谈判到本次基本达成一致，还有作为内阁方针的此前通过的和平安全保障法制等，在设置内阁担当大臣的过程中，工作方式也发生了转变。

而且，本次内阁改组，总理提出了“1亿总活跃社会”的口号。在这个节点上，内阁今后的工作方针将会发生怎样的变化？此外，将随之启用怎样的人选？请总理谈谈您的想法。

（安倍总理）

阻止少子老龄化社会的发展，为创建每一个人都能发展的“1亿总活跃社会”，不是从一开始就有设计图的简单问题。为实现“希望出生率达1.8”、“护理零离职”等雄心勃勃的目标，整个内阁必须齐心协力，大胆制定并执行不拘一格的政策。

我认为，作为总司令的“1亿总活跃”担当大臣，需要具备排除省厅条块分割的广阔视野和大胆的政策构想能力，以及能够确保执行的强大突破能力。

不为标新立异，而是建立以工作为主、成果第一的体制。我所希望的人选，正是能够在新的体制之下真正拿出成果的内阁。

（内阁广报官）

接下来，请干事社以外的媒体提问，请举手。由我指名，请先报所属媒体名称和姓名，然后提问。

林达女士请。

（记者）

我是路透社的西谷。

今年4月，美国国防部长卡特曾表示，TPP协议的意义堪比航空母舰。意思是TPP不仅会带来经济优势，还会对本地区产生非常巨大的战略性意义。请问总理，您认为TPP会对日美关系、日中关系以及整个地区产生怎样的战略性意义？尤其是TPP会向中国传递一种怎样的信息？

（安倍总理）

TPP是亚太地区共享自由、民主、人权和法治等基本价值观的国家，共同建立的自由、公正、开放的国际经济体系，并会从根本上强化经济层面的法治。

在遵守适应新时代规则的基础上，这些国家将会加深相互依赖。而且正是这一点，我想如果未来中国也加入这个体系，不仅有利于我国的安全保障，还有利于整个亚太地区的稳定，并在战略上具有非常重大的意义。

由世界第一经济大国美国和世界第三经济大国日本参加的TPP，将成为世界最大的经济圈，而且也定会对目前正在谈判中的日欧经济合作协定、EPA谈判产生巨大的动力。

我认为，由TPP创造的经济新秩序意义重大，而且绝不会停步于TPP，而会成为制定今后“东亚区域全面经济伙伴关系”（RCEP）以及规模更大的亚太自由贸易圈FTAAP规则的基础，进而成为21世纪的世界标准。

（内阁广报官）

接下来，接受最后一个提问。

松本先生请。

（记者）

我是时事通信的松本，请允许我提问。

在野党有人要求公开本次 TPP 谈判的过程和信息，也有人希望尽快开始国会审议。

对此，政府和执政党内似乎有不召开临时国会的意见，总理您认为应该如何应对在野党这样的要求呢？此外，在目前阶段，请您谈谈对临时国会召开的看法？

（安倍总理）

通过 TPP 协议，消费者可以很方便地从海外获得更好更便宜的产品。

与此同时，如果农家能生产出更好的产品，能在海外获得高度评价，那么就可以出口到至今未能出口的国家。也就是说，逐步形成一个准确、高度评价附加价值的经济体系。

以亚洲新兴国家为中心，汽车、汽车零部件等工矿产品的关税很高，通过 TPP 协议，这些关税最终会基本全部废除。

放宽金融、流通等服务投资领域的准入条件，使本地区的金融机构和便利店等能更加容易地拓展海外业务。确保与国有企业之间的公平竞争条件、扩大对基础设施建设市场的准入等，衷心期待这能为我国企业海外发展提供巨大的帮助。

通过协调知识产权相关规则，加强对盗版、仿制品的对策等，将会使内容产业、本地品牌等日本优势在海外得到放心发展。

而且，TPP 将会给本地区的中小企业和中坚企业带来巨大机遇。这或许还未能得到充分理解，一般认为 TPP 只会给大企业带来机遇，但无疑也会给本地区的中小微企业带来巨大的机遇。

通过完善网络交易规则，可以使中小企业和中坚企业身在日本，却能在整个亚太地区开展业务。

通过完善原产地规则，中小企业可以维持在日本的生产基地，同时方便地开展海外业务。

此外，还将在TPP协议中加入促进中小企业利用TPP的各种框架，通过强化信息提供并举办研讨会等，使中小企业最大限度地灵活运用TPP所带来的优势。

TPP也会为消费者和劳动者带来好处。消费者可以通过网络轻松放心地从海外购买各种产品；劳动者通过在TPP中写入促使各国认真遵守劳动标准和环境标准的内容，来确保劳动者公平竞争的条件。

我希望为使我国企业最大限度地灵活运用TPP协议，使其能真正作用于我国的经济再生、地方创生而采取万全之策。

与此同时，我认为今后我们还需要认真说明TPP的准确内容及其优势。

关于临时国会，我认为这需要与执政党进行认真协商。本月以及11月，我需要出席诸多国际会议并有许多海外出差工作，希望与执政党进行讨论后再做决定。

无论怎样，TPP协议需要得到国会的批准，因此国会审议是必经之路。

（内阁广报官）

由于已经超出预定时间，安倍总理记者招待会到此结束。

感谢各位的配合。

（安倍总理）

谢谢！

# 参考文献

## 一、中文论著

王新生：《现代日本政治》，北京：经济日报出版社，1997年版。

刘明志等：《国际金融格局演进和上海机会》，北京：中国金融出版社，2012年版。

《跨太平洋伙伴关系协定（TPP）重要文献集》，上海：复旦大学金砖国家研究中心，2013年版。

贺平：《贸易政治学研究》，上海：上海人民出版社，2013年版。

赵晋平等：《跨太平洋伙伴关系协定：经济影响与对策》，北京：中国财政经济出版社，2013年版。

黄仁宇：《资本主义与二十一世纪》，北京：生活·读书·新知三联书店，2014年版。

《习近平谈治国理政》，北京：外文出版社，2014年版。

刘中伟、沈家文、宋颖慧：《跨太平洋伙伴关系协议：中国与亚太区域合作的新机遇》，北京：经济管理出版社，2014年版。

孙玉红：《多国博弈视角下TPP谈判引发的政策互动和中国的战略选择》，北京：对外经济贸易大学出版社，2014年版。

吴涧生、曲凤杰等：《跨太平洋伙伴关系协定趋势影响及战略对策研究》，北京：中国计划出版社，2014 年版。

黄洁：《TPP 视野下的中国自由贸易区战略研究》，上海：上海人民出版社，2016 年版。

中国社会科学院世界经济与政治研究所国际贸易研究室：《〈跨太平洋伙伴关系协定〉文本解读》，北京：中国社会科学出版社，2016 年版。

## 二、中文论文

于潇："从日本 FTA 战略看东北亚地区经济一体化的发展趋势"，载《现代日本经济》，2007 年第 5 期，第 15—19 页。

盛斌："美国视角下的亚太区域一体化新战略与中国的对策选择——透视'泛太平洋战略经济伙伴关系协议'的发展"，载《南开学报（哲学社会科学版）》，2010 年第 4 期，第 70—80 页。

陆建人："美国加入 TPP 的动因分析"，载《国际贸易问题》，2011 年第 1 期，第 43—52 页。

刘昌黎："日本参加 TPP 谈判的动因、制约因素与政策措施"，载《日本学刊》，2011 年第 1 期，第 65—78 页。

刘昌黎："TPP 的内容、特点与日本参加的难题"，载《东北亚论坛》，2011 年第 3 期，第 12—19 页。

李巍："东亚经济地区主义的终结？——制度过剩与经济整合的困境"，载《当代亚太》，2011 年第 4 期，第 6—32 页。

杨剑："美国二元战略伙伴系统的构建与调适"，载《现代国际关系》，2011 年第 10 期，第 1—10 页。

沈铭辉："跨太平洋伙伴关系协议（TPP）的成本收益分析：中国的视角"，载《当代亚太》，2012 年第 1 期，第 5—34 页。

刘中伟、沈家文："跨太平洋伙伴关系协议（TPP）：研究前沿与架构"，载《当代亚太》，2012 年第 1 期，第 36—59 页。

贺平：“日本参加TPP谈判的战略意图与政策论争”，载《日本学刊》，2012年第4期，第34—49页。

俞新天：“美国对冲政策的新特点与中国的应对”，载《国际问题研究》，2012年第5期，第55—68页。

彭支伟、张伯伟：“TPP和亚太自由贸易区的经济效应及中国的对策”，载《国际贸易问题》，2013年第4期，第83—95页。

倪月菊：“日本参与TPP谈判的动因、前景及影响”，载《国际问题研究系列》，2013年第5期，第1—5页。

熊李力、龙丝露：“日本加入TPP谈判的动机及其影响”，载《现代国际关系》，2013年第9期，第44—51、64页。

樊勇明、沈陈：“TPP与新一轮全球贸易规则制定”，载《国际关系研究》，2013年第5期，第3—15页。

王金波：“从TPP、TTIP看国际规则的最新发展趋势及其对中国的影响”，载《国际战略研究报告》，2013年第20期，第1—9页。

武心波：“试析‘安倍外交学’与‘安倍经济学’一体两面的战略互动关系”，载《日本学刊》，2014年第1期，第70—88页。

李巍、张玉环：“奥巴马政府国际贸易战略走向与中国的应对”，载《国际关系研究》，2014年第2期，第121—133页。

时殷弘：“日本政治右倾化和中日关系的思维方式及战略策略问题”，载《日本学刊》，2014年第2期，第1—14页。

李世晖：“日本国内的TPP争论与安倍政权的对应”，载《台湾国际研究季刊》，2014年第3期，第131—149页。

叶静：“分散性权威与政策跨国扩散——自由贸易区在中国的设立”，载《世界经济与政治》，2014年第7期，第139—155页。

赵春明、赵远芳：“国际贸易新规则的挑战与应对”，载

《红旗文摘》，2014 年第 21 期，第 18—20 页。

东艳、张琳：“美国区域贸易投资协定框架下竞争中立原则分析”，载《当代亚太》，2014 年第 6 期，第 117—131 页。

于洪洋：“国际政治视角下的‘安倍经济学’”，载《现代日本经济》，2014 年第 6 期，第 8—16 页。

唐国强、王震宇：“亚太自由贸易区：路线图与优先任务”，载《国际问题研究》，2015 年第 1 期，第 75—87 页。

盛斌、陈帅：“全球价值链如何改变了贸易政策：对产业升级的影响和启示”，载《国际经济评论》，2015 年第 1 期，第 85—97 页。

张季风：“‘安倍经济学’的挫败与日本经济走势分析”，载《日本学刊》，2015 年第 1 期，第 84—108 页。

徐修德、代同亮：“日本加入 TPP 谈判对相关经济体的影响及我国的应对”，载《太平洋学报》，2015 年第 8 期，第 90—97 页。

李巍、张玉环：“美国自贸区战略的逻辑——一种现实制度主义的解释”，载《世界经济与政治》，2015 年第 8 期，第 127—154 页。

潘晓明：“TPP 高标准国际贸易规则对中国的挑战及应对策略”，载《国际展望》，2015 年第 5 期，第 96—111 页。

张琳：“国际经贸新规则：中国自贸区的实践与探索”，载《世界经济与政治论坛》，2015 年第 5 期，第 140—158 页。

冯昭奎：“中日关系：我们该研究什么?”，载《当代世界》，2015 年第 11 期，第 8—13 页。

叶淑兰、刘晓凤：“‘超级第三者’：日本对中美构建新型大国关系的认知”，载《东北亚论坛》，2016 年第 1 期，第 66—74 页。

张宇燕：“多角度理解‘一带一路’战略构想”，载《世界经济与政治》，2016 年第 1 期，第 1 页。

门洪华："日本变局与中日关系的走向"，载《世界经济与政治》，2016 年第 1 期，第 72—90 页。

盛斌、高疆："透视 TPP：理念、特征、影响与中国应对"，载《国际经济评论》，2016 年第 1 期，第 20—36 页。

东艳、苏庆义："揭开 TPP 的面纱：基于文本的分析"，载《国际经济评论》，2016 年第 1 期，第 37—57 页。

雷达、朱丹："TPP 对世界经济格局的挑战"，载《国际经济评论》，2016 年第 1 期，第 58—69 页。

苏格："全球视野之'一带一路'"，载《国际问题研究》，2016 年第 2 期，第 1—13 页。

吴心伯："新常态下中美关系发展的特征与趋势"，载《国际问题研究》，2016 年第 2 期，第 14—28 页。

余淼杰、张睿："以我为主，为我所用：中国应积极主动寻求加入 TPP"，载《国际经济评论》，2016 年第 2 期，第 39—56 页。

宋泓："中国加入 TPP：需要多长时间？"，载《国际经济评论》，2016 年第 2 期，第 57—70 页。

张建平："中国与 TPP 的距离有多远？"，载《国际经济评论》，2016 年第 2 期，第 71—86 页。

## 三、中文译著

[日] 关谷俊作著：《日本的农地制度》，金洪云译，北京：生活·读书·新知三联书店，2004 年版。

[法] 托玛·皮凯提著：《二十一世纪资本论》，詹文硕、陈以礼译，台北：卫城出版社，2014 年版。

[美] 弗朗西斯·福山：《政治秩序与政治衰败：从工业革命到民主全球化》，毛俊杰译，桂林：广西师范大学出版社，2015 年版。

## 四、日文论著

中村靖彦『農林族——田んぼのかげに票がある』文春新書、2000 年。

生源寺真一『現代日本の農政改革』東京大学出版会、2006 年。

玉村千治編『東アジアFTAと日中貿易』アジア経済研究所、2007 年。

鈴木俊彦『協同組合再生の時代』農林統計出版、2008 年。

生源寺真一『農業再建——真価問われる日本の農政』岩波書店、2008 年。

本間正義『現代日本農業の政策過程』慶應義塾大学出版会、2010 年。

田代洋一『政権交代と農業政策——民主党農政』筑波書房、2010 年。

農文協編『TPP 反対の大義』農文協ブックレット、2010 年。

山本武彦編『国際関係論のニュー・フロンティア』成文堂、2010 年。

山下一仁『農協の陰謀:「TPP 反対」に隠された巨大組織の思惑』宝島新書、2011 年。

鈴木宣弘、木下順子『TPPと日本の国益』全国農業会議所、2011 年。

増田佳昭編著『大転換期の総合 JA』家の光協会、2011 年。

荻原伸次郎「日本の構造『改革』とPHP——ワシントン発の経済『改革』」(増補改訂版) 新日本出版社、2011 年。

石田信隆『TPPを考える:「開国」は日本農業と地域社会

を壊滅させる』家の光協会、2011 年。

渡邉頼純『TPP 参加という決断』株式会社ウェッジ、2011 年。

佐藤洋『TPPターゲット—アメリカの「モクロミ」と日本の進むべき道』新日本出版社、2011 年。

農文協編『TPPと日本の論点』農文協ブックレット、2011 年。

鈴木宣弘、木下順子『よくわかるTPP 48のまちがい』農文協ブックレット、2011 年。

小倉正行、合同出版編集部編『これでわかるTPP 問題一問一答』合同出版、2011 年。

ジャーン・ケルシー『異常な契約　TPPの仮面を剥ぐ』農文協、2011 年。

中野剛志、柴山桂太『グローバル恐慌の真相』集英社、2011 年。

小倉正行『TPPは国を滅ぼす』宝島社新書、2011 年。

関岡英之『国家の存亡—「平成の開国」が日本を亡ぼす』PHP 新書、2011 年。

生源寺真一『日本農業の真実』ちくま新書、2011 年。

中野剛志『TPP 亡国論』集英社新書、2011 年。

田代洋一『反 TPPの農業再生論』筑波書房、2011 年。

萩原伸次郎『日本の構造「改革」とTPP』新日本出版社、2011 年。

ジェーン・ケルシー編著『異常な契約—TPPの仮面を剥ぐ』環太平洋経済問題研究会、株式会社農林中金総合研究所ほか訳、社団法人農村漁村文化協会、2011 年。

杉本孝編著『東アジア市場統合の探索—日中韓の真の融和に向けて—』晃洋書房、2012 年。

『保護政策は正しい！ TPPはアメリカの策略だ！』宝島社、

2012年。

馬田啓一、浦田秀次郎、木村福成編著『日本のTPP戦略：課題と展望』文真堂、2012年。

田中祐二、内山昭『TPPと日米関係』晃洋書房、2012年。

井上寿一『"経済外交"の軌跡』NHK出版、2012年。

青地正史等編著『東アジア地域統合の探究』法律文化社、2012年。

羽場久美子『グローバル時代のアジア地域統合——日米中関係とTPPのゆくえ』岩波書店、2012年。

家近亮子、松田康博、段瑞聡編著『岐路に立つ日中関係—過去との対話・未来への模索—』（改訂版）晃洋書房、2012年。

PHP「日本のグランド・ストラテジー」研究会編『日本の大戦略—歴史的パワーシフトをどう乗り切るか—』PHP研究所、2012年。

山澤逸平、馬田啓一、国際貿易投資研究会編著『通商政策の潮流と日本：FTA戦略とTPP』勁草書房、2012年。

高原明生、服部龍二編『日中関係史1972—2012（政治）』東京大学出版会、2012年。

二木立『TPPと医療の産業化』勁草書房、2012年。

福間莞爾『JA新協同組合ガイドブック—組織編—』全国共同出版、2012年。

安倍晋三『新しい国へ美しい国へ完全版』文藝春秋、2013年。

石川幸一、馬田啓一、木村福成、渡邊頼純編著『TPPと日本の決断——「決められない政治」からの脱却』文真堂、2013年。

山澤逸平、馬田啓一、国際貿易投資研究会編著『アジア太平洋の新通商秩序：TPPと東アジアの経済連携』勁草書房、

2013 年。

萩原伸次郎『TPP　アメリカ発第3の構造改革』かもがわ出版、2013 年。

中川淳司『WTO 貿易自由化を超えて』岩波書店、2013 年。

中野剛志編『TPP　黒い条約』集英社新書、2013 年。

浦田秀次郎監訳『米国の研究者が書いたTPPがよくわかる本』日本経済新聞出版社、2013 年。

久保文明、高畑昭男、東京財団「現代アメリカ」プロジェクト編著『アジア回帰するアメリカ——外交安全保障政策の検証』NTT 出版株式会社、2013 年。

武本俊彦『食と農の「崩壊」からの脱出』農林統計協会、2013 年。

進藤栄一『アジア力の世紀—どう生き抜くのか』岩波新書、2013 年。

田代洋一『安倍政権とTPP—その政治と経済—』筑波書房ブックレット、2013 年。

田代洋一『TPP = アベノミクス農政—批判と対抗—』筑波書房ブックレット、2013 年。

山下一仁『日本の農業を破壊したのは誰か——「農業立国」に舵を切れ』講談社、2013 年。

原田泰、東京財団『TPPでさらに強くなる日本』PHP 研究所、2013 年。

山下一仁『農協解体』宝島社、2014 年。

山田正彦『TPP 秘密交渉の正体』竹書房新書、2014 年。

斎藤貴男『安倍改憲政権の正体』岩波ブックレット、2014 年。

本間正義『農業問題——TPP 後、農政はこう変わる』ちくま新書、2014 年。

石川幸一、馬田啓一、渡邊頼純編著『TPP交渉の論点と日本—国益をめぐる攻防—』文真堂、2014年。

原中勝征、TPP阻止国民会議編著『私たちはなぜTPPに反対するのか』祥伝社、2014年。

荒幡克己『減反40年と日本の水田農業』農林統計出版、2014年。

田代洋一、小田切徳美、池上甲一『ポストTPP農政—地域の潜在力を活かすために—』農文協ブックレット、2014年。

太田原高昭『農協の大義』農文協ブックレット、2014年。

農文協編『規制改革会議の「農業改革」20氏の意見—地域と共同を再生するとはどういうことか—』農文協ブックレット、2014年。

大泉一貫編著『農協の未来』勁草書房、2014年。

大泉一貫『希望の日本農業論』NHK出版、2014年。

石田信隆『「農協改革」をどう考えるかJAの存在意義と果たすべき役割』家の光協会、2014年。

田代洋一『戦後レジームからの脱却農政』筑波書房、2014年。

金子勝、武本俊彦『儲かる農業論　エネルギー兼業農家のすすめ』集英社新書、2014年。

服部信司『TPP交渉と日米協議—日本政府の対応とアメリカの動向—』農林統計協会、2014年。

宇沢弘文『社会的共通資本』岩波新書、2014年。

田代洋一『農協・農委「解体」攻撃をめぐる7つの論点』筑波書房、2014年。

五百旗頭真編『戦後日本外交史』（第3版補訂版）有斐閣、2014年。

安倍晋三『日本の決意』新潮社、2014年。

服部茂幸『アベノミクスの終焉』岩波新書、2014年。

柿崎明二『検証　安倍イズム——胎動する新国家主義』岩波新書、2015年。

田代洋一『官邸農政の矛盾—TPP・農協・基本計画』筑波書房、2015年。

飯田康道『JA解体1000万組合員の運命』東洋経済新報社、2015年。

作山巧『日本のTPP交渉参加の真実—その政策過程の解明—』文真堂、2015年。

伊藤元重『伊藤元重が語るTPPの真実』日本経済新聞社、2015年。

西村豪太『米中経済戦争 AIIB対TPP—日本に残された大逆転のチャンス』東洋経済新報社、2015年。

苫米地英人『TPPに隠された本当の恐怖~ついに明らかになった危険過ぎるシナリオ』サイゾー、2016年。

日本経済新聞社編『TPPがビジネス、暮らしをこう変える』日本経済新聞社、2016年。

農文協編『TPP反対は次世代への責任：この国の医・食・農・労働を守る16氏の提言』農山漁村文化協会、2016年。

田代洋一『TPPと農林業・国民生活』筑波書房、2016年。

鈴木宣弘『悪夢の食卓　TPP批准・農業解体がもたらす未来』KADOKAWA、2016年。

鈴木英夫『新覇権国家中国×TPP日米同盟』朝日新聞出版、2016年。

## 五、日文论文

坪田邦夫「新興国等の食料需給動向と日本農業の針路」、『農業経済研究』2009年第81巻第2号、60—75頁。

小島明「中国のFTA戦略と米国のTPP戦略」、『世界経済

評論』Vol. 54, No. 6, 2010, p. 5.

「特集TPP全解明」、『週刊東洋経済』第6314号、2011年3月12日。

「特集TPPから考える　地方と復興のかたち」、『現代思想』2011年6月号。

本田悦朗「アベノミクスの核心―『レジームチェンジ』で始まった日本経済復活シナリオ」、『外交』Vol. 18、March 2013、34—43頁。

首藤信彦、高安雄一、吉崎達彦「TPPとニッポン——その戦略的得失を問う」、『世界経済評論』Vol. 57, No. 5, 2013, pp. 7—28.

馬田啓一「TPPとアジア太平洋の新通商秩序——経済連携の潮流をどう読むべきか」、『世界経済評論』Vol. 57, No. 5, 2013, pp. 29—34.

金原主幸「TPP交渉参加後の七つの課題——本当の国益を確保するために」、『世界経済評論』Vol. 57, No. 5, 2013, pp. 35 – 39.

石田信隆「TPPと日本の経済・社会の将来」、『世界経済評論』Vol. 57, No. 5, 2013, pp. 40 – 44.

本間正義「食料と農業からみる日本のアジア戦略」、『フィナンシャル・レビュー』第116号、2013年、168・199頁。

金子勝「TPP問題を再考する」、『東亜』2013年8月号、10・19頁。

金堅敏「中国のアジア経済統合：FTA、RCEP、TPP」、『東亜』2013年8月号、28—39頁。

萩原伸次郎「アメリカの世界戦略とTPP—アメリカは、危機後の世界経済をどのように認識しているか—」、『国際アジア共同体ジャーナル』2014年第3・4合併号、61—65頁。

中川十郎「TPPと東アジア共同体」、『国際アジア共同体ジャーナル』2014年第3・4合併号、66—77頁。

鈴木宣弘「TPPと日本農業の再生」、『国際アジア共同体ジャーナル』2014年第3・4合併号、78—82頁。

田黒吉之「農業・農村とTPPを考える」、『国際アジア共同体ジャーナル』2014年第3・4合併号、83—86頁。

鈴木宣弘「RCEPへのシナリオをどう描くのか」、『国際アジア共同体学会2014年度秋季研究大会』（報告書）、1—21頁。

Kurt M. Campbell, Ely Ratner, "Far Eastern Promise", *FOREIGN AFFAIRS REPORT*, No. 5, 2014, pp. 49 - 58.

Richard Katz, "Getting TPP right is better than getting it fast", *FOREIGN AFFAIRS REPORT*, No. 6, 2015, pp. 23 - 25.

Richard Kats, "Free Trade and the TPP——Will Republicans Defeat the Trans - Pacific Partnership?", *FOREIGN AFFAIRS REPORT*, No. 11, 2015, pp. 66 - 68.

片田さおり「アメリカのTPP政策と日本」、『国際問題』2015年9月号、33—44頁。

石黒馨「官邸主導のTPP交渉と政治経済改革—二レベルゲーム分析—」、『国際政治』2015年9月号、31—44頁。

長久明日香「農業貿易自由化交渉と消費者—WTOドーハラウンドを事例に—」、『国際政治』2016年3月号、44—58頁。

冨田晃正「米国通商政策における利益集団と制度の交錯—貿易交渉権限を巡る議会と大統領の攻防—」、『国際政治』2016年3月号、74—88頁。

## 六、英文论著、论文

Petri, Peter, A., Michael G. Plummer, and Fan Zhai, *The Trans-Pacific Partnership and Asia-Pacific Integration: A Quantitative*

*Assessment*, Peterson Institute for International Economics, Washington D. C. , 2012.

Jeffrey J. Schott, Barbara Kotschwar and Julia Muir, *Understanding the Trans-Pacific Partnership*, Peterson Institute for International Economics, Washington D. C. , 2013.

"TPP Partners InviteMexico And Canada To Join TPP Talks, But Not Japan", *Inside U. S. Trade*, June 22, 2012, pp. 9 – 10.

## 七、报纸

《人民日报》

『日本農業新聞』

『日本経済新聞』

『朝日新聞』

『読売新聞』

『産経新聞』

## 八、网络资料

Office of theUnited States Trade Representative, https://ustr.gov/trade-agreements/free-trade-agreements/trans-pacific-partnership/tpp-full-text.

商务部国际贸易经济合作研究院："《跨太平洋伙伴关系协定》（TPP）中译文"，http://www.caitec.org.cn/article/gzdt/xshd/201512/1453.html.

商务部国际贸易经济合作研究院："《跨太平洋伙伴关系协定》（TPP）附件中译文"，http://www.caitec.org.cn/article/gzdt/xshd/201601/1547.html.

「農業・農協問題研究所」、http://www.nohken.net.

「全農協労連（全国農業協同組合労働組合連合会）」、http：//www.nokyororen.ne.jp.

「TPP阻止国民会議」、http：//tpp.main.jp/home/.

首相官邸、http：//www.kantei.go.jp/index.html.

農林水産省、http：//www.maff.go.jp/.

外務省、http：//www.mofa.go.jp/mofaj/.

経済産業省、http：//www.meti.go.jp/.

# 后　　记

当代史家邝士元先生有诗云："注史穷经不问季，半生心事语残篇；在山信有千秋业，风月平章一哂然。"小子不才，碌碌平庸，却亦欲铺陈高义，以学为伴，抱卷解经，求明求仁。然"墟墓兴衰百世迁，分无齐简缀新编；偷将董笔涂陈调，祸枣灾梨也夙缘"（邝士元·《题辞》），书稿付梓，亦心有戚戚焉！

奈何天赋不足，后天慵懒，TPP 之议始于庚寅仲夏，恰负笈瑞穗之际，不期稿成书出，六载寒暑将近，不胜羞赧也。而事虽至此，尤当心念一路相扶之人，遂不嫌赘语，老干新枝，一一道来。

"师者，所以传道授业解惑也。"师者于我非徒知遇之恩，"学高为师，身在为范"，风行而草偃，虽犹高山仰止，亦喜岱岳在侧，时时鞭策，步步学瞻。先有苏师智良及陈师丽菲伉俪、胡师令远，再有吴师寄南。更举杨师洁勉，兢兢业业，如霆如雷，虽无斯须自逸，犹不忘提携后辈，至公至诚，循循善诱，谆谆教诲，期以进步。

"益者三友，……友直，友谅，友多闻，益矣。"益者于我非止三处，亦师亦友者多矣！荆楚华翔、李巍、程保志，吴越江文君、祝鸣、周一骏、曹嘉涵、陈友骏，山东张建，江淮王玉柱，通州（南）杨震、陆王天宇，泾川查晓刚是也。前辈学长张春、王海滨、贺平、张哲馨是也。侪辈学人刘景瑜、张勇、熊淑娥是也。另，并向上海国际问题研究院世界经济研究所、亚太研究中心、上海市日本学会、中国社会科学院日本研究所诸公敬致谢忱！

“井蛙不可以语于海者，拘于虚也。”小子也愚，井底之蛙，所见不大；萤火之光，其亮不远。然幸赖瑞穗霞山会之邀，牛津拉纳·米特（Rana Mitter）教授之请，得以东渡西游，始知河伯比之北海犹礨穴之在大泽、稊米之在太仓也。以英伦言之：一者英伦实小而牛津大也。环宇诸国，无分男女，不论肤色，少年精英尽在于斯，“天下英雄，入吾彀中矣”。伦敦、牛津、剑桥三地可当太宗此言，遂知英伦非河伯也；二者牛剑两校双峰并峙，八百春秋融于今，病树前头万木春，何也？“苟日新，日日新，又日新”是也。

人生如梦，回首已是百年身；岁月蹉跎，几番风浪几晴和。亦曾立志曰：“漫教岁月醉华筵，沧海人间路几千；梦里山河天欲暮，落花时节有啼鹃”（邝士元·《题辞》）。书曰“非知之艰，行之惟艰”，当以“博学之、审问之、慎思之、明辨之、笃行之”为训，不移初志，一心一德，贯彻始终。

庙湾彧明谨识

丙申孟夏于美兰湖畔雅苑